마쓰시타 고노스케
「경영의 신」에게 인생을 묻다

디아스포라(DIASPORA)는 독자 여러분의 책에 관한 아이디어와 원고 투고를 기다리고 있습니다. 디아스포라는 전파과학사의 임프린트로 종교(기독교), 경제·경영서, 일반 문학 등 다양한 장르의 국내 저자와 해외 번역서를 준비하고 있습니다. 출간을 고민하고 계신 분들은 이메일 chonpa2@hanmail.net로 간단한 개요와 취지, 연락처 등을 적어 보내주세요.

마쓰시타 고노스케 「경영의 신」에게 인생을 묻다

초판 1쇄 발행 2010년 09월 20일
개정 1쇄 발행 2025년 07월 01일

지은이 이이다 후미히코
옮긴이 김종문
발행인 손동민
디자인 오주희

펴낸곳 전파과학사
출판등록 1956년 7월 23일 제 10-89호

주 소 서울시 서대문구 증가로18, 204호
전 화 02-333-8877(8855)
팩 스 02-334-8092
이메일 chonpa2@hanmail.net
공식 블로그 http://blog.naver.com/siencia

ISBN 979-11-94832-07-2 (03320)

마쓰시타 고노스케
「경영의 신」에게 인생을 묻다

이이다 후미히코 지음 김종문 옮김

전파과학사

한국의 독자 여러분에게

나는 이때까지 『사는 보람의 창조』, 『아빠 공부도 싫고 사는 게 지겨워요』, 『사랑의 논리』, 『트윈 소울』 등의 한국어판을 출판해왔습니다만 일본에서는 이미 20권 이상의 책을 내고 있습니다. 그 중에서 이 책 『「경영의 신」에게 인생을 묻다』는 상당히 이색적인 작품이며 일본에서도 비즈니스 세계에서 대단한 주목을 받았습니다.

왜냐하면 이 책은 대성공을 이룬 전설적인 경영자인 마쓰시타 고노스케 씨의 말을 인용하면서 기업 경영의 세계에도 의료분야에서 말하는 '스피리추얼 케어(spiritual care)'의 개념이 유효하다는 것을 나타낸 전대미문의 획기적인 책이기 때문입니다. '기업경영'과 '스피리추얼한 개념'과는 이때까지는 전혀 다른 것으로 생각되어 왔습니다만 나의 독자적인 분석에 의하면 이미 몇십 년전부터 마쓰시타 고노스케 씨가 기업경영에 스피리추얼한 개념을 응용해서 회사를 대성공으로 인도해간 것입니다.

한국에서도 많은 기업이 고도성장하는 시대는 끝나고 앞으로는 '사회적으로나 종업원 쪽에서 볼 때도 진정으로 훌륭한 회사'만이 살아남는 시대가 올 것입니다. 그러한 한국의 비즈니스 세계에서 이 책이 할 수 있는 역할이 대단히 클 것은 틀림없을 것 같습니다. 한국에서 비즈니스에 관계하시는 분들은 꼭 이 책을 읽고 진정으로 우수한 경영자나 기업인으로 자기 자신을 높여 훌륭한 경영을 실천하면서 의의 있는 인생을 살아가시도록 기원하는 바입니다.

또 나에 관한 최신 정보나 일본에서 180만 부의 베스트셀러가 된 나의 저서에 관해서는 다음의 웹 페이지를 참조해주시기 바랍니다.

http://homepage2.nifty.com/fumi-rin/

이이다 후미히코(飯田史彦)

프롤로그—시간과 공간을 초월한 생각

2008년 8월 20일(수)의 아침 일입니다. 왠지 잠이 덜 깬 나는 침대 위에서 몸을 뒤치면서 꾸벅꾸벅 잤다가 깼다가를 되풀이 하고 있었습니다. 그랬더니 나의 꿈속(에서의 일이라고 해둡시다.)에 어떤 인물의 상반신의 비전이 나타나더니 상냥하게 웃는 얼굴로 이렇게 말을 했습니다.

"쉬고 계시는데 대단히 실례가 되겠습니다만 당신에게 부탁할 일이 있어 왔습니다."

그 목소리는 일찍이 '마쓰시타 고노스케'(이하 존경하면서도 친밀감을 담아서 '고노스케 씨'라고 적도록 양해해주시기 바랍니다.)라는 이름으로 생애를 보내고 인류에게 많은 공헌을 한 어른으로부터의 말소리였습니다. 물론 나는 생전의 고노스케 씨를 만나본 일이 없으며, 그 목소리를 들은 적도 없습니다만 경영학자로서 과거 18년 간(대학원생 시대를 포함하면 23년 간)의 연구 생활을 보낸 나에게는 '경영의 신(神)'이라고 불리는 고노스케 씨의 모습은 생전의 사진으로 친숙하게 알고 있었습니다.

단, 말소리라고 하지만 마음속의 정보로서 전달되는 우주어 또는 정신어(精神語)[1] 같은 것이어서 실제의 소리가 되어 나의 고막을 진동시키는 것은 아닙니다. 따라서 아마도 생전의 고노스케 씨가 사용하던 관서(關西) 지방의 사투리가 섞인 일본말은 아니었습니다만 온후한 웃음을 품은 상반신의 비전에서 나오는 메시지의 파장(어조)은 나 같은 젊은 사람에게도 존댓말을 사용하고 계신다고 느낄 정도로 깊은 자애심에 가득 찬 것이었습니다.

(참고로 죽은 사람의 의식과 커뮤니케이션을 하는 나의 불가사의한 능력에 대해서는 나의 저서 『사는 보람의 창조 II—영원한 사랑 우연히 만나게 되는 생명』, PHP문고판 2007을 참고 바랍니다.)

"도대체 나 같은 사람에게 무엇을 바라고 계시는지요?"

나는 너무나 갑작스런 일에 놀라면서도 마음을 가다듬으면서 답을 했습니다. 아무튼 나는 경영학자로서 단순히 경영학의 범위 내에서 고노스케 씨를 알고 있을 뿐이며 친척이 되시는 분들이나 연고자 또는 제자들과도 아무런 교류가 전혀 없었습니다. 또 일찍이 고노스케 씨가 설립했다고 하는 PHP연구소로부터 좀 특별한 인연으로 저서를 출판하고는 있습니다만 고노스케 씨가 키워온 유명기업과의 직접적인 교류는 이때까지 한 번

1 텔레파시.

도 없었습니다. 나는 단지 장기간에 걸쳐 마쓰시타전기산업(松下電器産業 현 파나소닉회사)의 제품 구입자의 한 사람으로서 그 고마운 은혜를 향유하고 있을 뿐입니다.

그랬더니 과거 마쓰시타 고노스케라는 사람으로 인생을 보낸 그 분은 나의 망설임을 집작해주신 듯이 이렇게 말씀해주셨습니다. (이하 마쓰시타 고노스케 씨를 '고', 그리고 나를 '나'로 기술하겠습니다.

고: 나의 이 간절한 생각을 지금, 당신의 방법을 통해서 세상의 동지들에게 전달하고 싶습니다.

나: 그러나 생전의 고노스케 씨와는 교류가 없었을 뿐 아니라 할아버지와 손자, 아니 증손자만큼이나 나이가 떨어져 있어서, 지내온 시대가 전혀 다른 나 같은 사람이 무엇을 말하든 관계자 여러분이나 인생의 대 선배들로부터 "자기 분수도 모른 짓 작작 하시오." 하고 야단을 맞을 것이며 일소에 붙여버릴 것이 뻔합니다. 아마도 생전의 제자 되시는 분들은 "고노스케론을 쓰고 싶으면 우선 측근이었던 우리를 취재해야 할 것이야."고 말할 것입니다. 내가 제자의 입장이라면 그렇게 요구할 것입니다.

고: …(미소를 지으며 나를 바라보고 있습니다.)

나: 실례지만 고노스케 씨의 생각을 내 방법으로 세상에 전하는 시도 같은 것은 나에게는 결코 득이 될 것이 없음이 분명하며, 일부러 이런 성가신 문제에 말려 들어가고 싶지 않습니다. 이 세상에 살고 있는 나로서는 인간관계 상의 여러 가지 리스크가 너무나 큽니다. 오히려 내 개인적인 입장에서는 백해무익인 어리석은 짓이라고 친구들로부터 꾸중을 들을 것입니다.

고: 그런 걱정은 안 하셔도 됩니다. 나는 생전에 주위 사람들에게 사상이나 가치관이 다른 타인을 부정하는 것의 어리석음을 설득하고 중지를 모아 영지를 결집하는 것의 중요함을 호소해 왔습니다. 따라서 나의 이론을 정확하게 이해해주는 사람일수록 결코 당신의 수고를 비웃을 리가 없으며 오히려 고마운 지원자의 등장을 깊이 감사하여 크게 환영할 것입니다.

나: 그렇지만 나와 같은 발전도상에 있는 미숙한 자에게 고노스케 씨와 같은 큰 인물에 대해서 논할 자격이 있다고는 아무래도 생각할 수가 없습니다. 이미 고노스케 씨 자신이 평가 높은 책을 여러 권 발표하셨으며 또 고명한 제자 분들이나 유식한 분들에 의한 소위 말하는 '고노스케론'의 여러 가지가 산더미처럼 많이 세상에 나와 있지 않습니까. 새삼스럽게 나 같은 사람이 주제넘은 말을 할 사항은 더 이상 남아 있지 않을 것입니

다. 애초, 생전에 직접적인 면식도 없던 사람이 고인에 대해서 이야기하는 것 자체가 너무 오만하다고 비판을 받고 끝이 날 것이 분명합니다.

고: 과연 그럴까요? 어떤 인물에 대해서 이야기 하고자 할 때에 친하게 지내던 직접 아는 사람이 아니면 이야기할 자격이 없다고 한다면 인물연구는 물론 전기문학도 역사학도 성립할 수가 없습니다. 도요토미 히데요시(豊臣秀吉)를 만나본 일이 없는 사람이 도요토미 히데요시를 논하고 석가님과 일면식도 없는 사람이 석가님의 생각을 이야기하는 것은 극히 일반적으로 허용되는 것 아닌가요. 오히려 본인을 직접 알지 못하기 때문에 생각이 떠오르는 문제의식이나 본인과 대화를 한 적이 없기 때문에 순간적으로 번뜩이는 착안점도 많을 것입니다. 더욱이 본인의 친구나 관계자이기 때문에 역으로 가까운 인간관계 등의 여러 가지 사정에 묶여서 쓰고 싶어도 쓸 수 없는 일이 적지 않을 것입니다.

나: …그렇겠습니다. 분명히 말씀하신 그대로이긴 합니다만….

고: 더욱이 당신에게는 아무런 얽매임이 없는 자유스런 입장에 있다는 것뿐만이 아니고 당신의 독자적인 이론이나 실천이

라고 하는 대단히 강력한 무기가 있지 않습니까?

나: 내가 과거 십 수 년 간 해온 소위 말하는 『사는 보람론』의 저작이나 활동 말씀인가요?

고: 그렇습니다. 이 세상에는 경영의 연구자나 실천가는 많이 있지만 당신만큼 유익한 관점에서 파악하여 일찍이 없었던 연구영역을 제로의 상태에서 개척하여 드디어는 교수에의 길까지 깊이 연구한 분이 달리 누가 있겠습니까?

나: …아닙니다. 나의 업적 같은 것은 경영학회에서는 거의 평가를 받지 못하고 있어서 학자로서의 나는 아직 아무 것도 한 것이 없습니다. 오히려 나처럼 종래의 경영학에서 동떨어진 어리석은 연구자는 이 세상에 없을 겁니다. 경영학은 역사가 짧은 학문이기 때문에 이 영역에 인생론이나 우주론까지 끌어들여 당당하게 다수의 저서를 발표한 연구자는 인류사상 내가 처음이 아니겠습니까.

고: 그렇습니다. 일찍이 경영학자의 길에 뜻을 두었던 당신이 아무도 시도하지 않았던 전혀 새로운 광야를 개척해온 일… 그와 같은 것을 나도 경영자로서의 길을 걸으면서 어떤 때는 공

감을, 어떤 때는 비웃음을 사면서 여러 가지 희로애락 속에서 개척해 왔습니다. 이때까지 당신이 걸어온 가시밭길은 일찍이 내가 세상을 살면서 칭찬과 중상(中傷) 속에서 열심히 걸어간 그 길과 꼭 같은 천명(天命)입니다.

나: 같은 천명?

고: 그렇습니다. 하늘로부터 받은 명령, 즉 천명인 것입니다. 당신과 나는 시대나 환경도 떨어져 있고 인간으로서의 직접적인 교류를 가지지는 못했습니다만 그래도 시간과 공간을 초월하여 같은 천명으로 연결되어 있습니다. 따라서 지금 당신에게, 당신만이 할 수 있는 방법으로, 이 나의 생각을 널리 세상에 전해주기를 바라고 있는 것입니다.

나: …알겠습니다. 이와 같은 보잘 것 없는 나에게 기회가 주어진다면 도움이 될 수 있도록 미력하나마 성심성의껏 힘써보겠습니다. 단지 현재도 이 세상에 살고 있는 나로서는 여러 가지 일을 하고 있으므로 무엇을 얼마만큼이나 도움을 드릴 수 있을지 확실한 약속을 할 수는 없습니다만….

고: 중요한 것은 틀림없이 가능하다는 굳은 정신으로 임해주시

는 것입니다. 천명을 따르는 일이라면 틀림없이 이루어집니다. 당신이 나의 생각을 세상에 널리 전해주시겠다고 한다면 11월 달에는 경사스럽게 한 권의 책이 탄생하게 될 것입니다.

나: 11월? 지금이 8월이니까 내년 11월이겠군요?

고: 아닙니다. 내년 11월이면 이미 늦습니다. 내가 창립한 저 사랑하는 회사가 지금 점점 나에게서 떨어져 나가고 있습니다. 물론 그렇게 된다고 해도 회사 조직으로서 필연적인 생성과 발전의 과정이며 그러한 확실한 발전은 창업자인 나의 염원이기도 합니다. 그러나 사랑하는 그 회사가 동업 타사 중에서는 물론 세상에 존재하는, 그리고 역사상의 모든 회사와 다른 유일한 점… 그것은 내가 창업한 회사라는 것입니다.

나: 그렇겠습니다. 고노스케 씨가 말씀하신 그대로입니다. 경영전략으로서 효율과 업적의 향상을 획일적으로 추구해간다면 어느 회사도 결국에는 회사 이름만 다른, 꼭 닮은 조직이 되어버릴 위험성이 있습니다. 구미의 회사를 보면 알 수 있듯이 사업부 단위로 팔기도 하고 사기도 하고 있으면 어느 새 누가 창업해서 어떤 회사의 정신으로 걸어왔는지 전혀 모르게 되어버려, 어느 회사의 과거 발자취 같은 것은 아무렇지도 않게 되

어 갑니다….

고: 바로 그렇습니다. 지금이 바로 내가 사랑하는 그 회사뿐만이 아니고 저 격동의 시대를 같이 절차탁마하며 어렵게 같이 살아온 여러 사랑스런 회사들도 모두 같이 그런 위기에 처해 있다고 보겠습니다. 물론 회사라는 것은 그 시대마다의 경영자나 사원 여러분의 것이며, 대 전제로서 우선 지역 주민이나 국민이나 인류의 것입니다. 그러나 그와 동시에 조직이나 전략이 어떻게 변하더라도 각각의 회사를 목숨을 걸고 창업하여 열심히 발전시킨 창업자의 철학이나 이념이나 인생이라는 것을 언제까지나 잊지 않게 되기를 바라는 것입니다.

나: …유감스럽게도 나에게는 회사를 창업한 일이 없으므로 실제 체험 한만큼 공감하는 것은 불가능합니다만 고노스케 씨의 열정에는 정말 감동하지 않을 수 없습니다….

고: 이와 같은 나의 뜻은 결코 창업자의 애고이즘으로 말하고 있는 것은 아닙니다. 오히려 경영조직으로서의 필연적인 생성과 발전의 과정에 있어서의 개개 회사의 역사나 개성, 그리고 창업자의 열의나 고생이 담긴 경영이념이라는 것을 얼마나 잘 살리면서 계승 발전시켜 나가느냐 하는 것이 강력한, 사는

보람이나 일하는 보람에 찬, 직장 만들기에 연결되어 세상과 세상 사람들을 위해서 공헌하게 되는 것입니다. 나만이 아니고 일찍이 창업자로서의 길을 개척한 동료들은 모두 같은 생각을 가지고 있습니다.

나: 잘 알았습니다. 자금도 변함없는 고노스케 씨의 열정을, 이렇게 눈앞에서 연결되어, 직접 접하게 된 나는 정말 행복한 사람입니다. 고노스케 씨가 지금 이 시대에 온 세상 사람들에게 널리 전하기 바라는 것을 내 나름의 방법으로 협력하겠습니다.

고: 정말로 감사합니다. 잘 부탁드리겠습니다.

나: 그러나 이미 8월도 후반이므로 아무래도 한 권의 책으로서 금년 11월에 출판하는 것은 도저히 무리하고 생각합니다. 정직하게 고백하자면 부끄럽게도 나는 고노스케 씨의 책을 제대로 읽어본 일이 없습니다. 또 그런 종류의 책을 쓸 때의 매너로서 고노스케 씨를 논한 선인들의 귀중한 업적도 대강 훑어봐야 하기 때문에….

고: 물론, 많은 분들이나 제자들이 쌓아올린 업적에는 제각각의 귀중한 가치가 있고 나도 깊이 감사하고 있습니다. 그러나 당

신이 쓰게 될 이번 책에 관해서는 나의 발언집(發言集)만을 근거로 삼아주시면 되겠습니다.

나: 발언집?

高: 내가 신뢰하는 자들이 전 45권에 달하는 발언집을 일찍이 편찬해주었습니다. 당신이 쓰게 될 책은 순수하게 이 발언집만을 참고해주시면 됩니다.

나: 잘 알겠습니다. 소위 말하는 원전(原典) 주의라는 것이지요. 종교에서 말하자면 순수한 교조(教祖)님의 발언만을 고찰의 대상으로 한다는…

高: 바로 그렇습니다. 만약 당신이 지금 이렇게 인생을 회고하면서 발언하고 있는 내 말을 그대로 공표한다면 소위 말하는 영언(靈言)집이 되어버려 오컬트(occult) 책으로서 일반의 실소를 사게 되는 것으로 끝날 것입니다. 따라서 어디까지나 녹음이 되어 기록으로 남아 있는 생전의 발언, 즉 증거가 되는 나의 현실의 발언을 인용하여 그것을 근거로 하면서 시간과 공간을 초월한 나의 진정한 뜻을 당신의 소개나 논평이라는 형태로 전해주기를 바라는 것입니다.

나: 분명히, 원전주의를 당당하게 나타내는 그 방법이라면 다른 고노스케 논자인 여러분의 업적까지 비평해서 폐를 끼치지 않아 도리어 책의 내용에 대한 책임은 모두 내가 지면 되므로 오히려 마음이 편하기는 합니다. 그런 집필방법으로 괜찮다면 좋습니다만, 그렇다 해도 모두 45권이라면 그것을 숙독하는 것만으로 적어도 이해를 넘기게 될 것 같습니다… 나 같이 태평한 사람에게도 피할 수 없이 꼭 해야 할 일들이 달리 산더미처럼 많이 있으니까….

고: 물론 당신의 다망한 생활은 잘 알고 있습니다. 그러나 나도 많이 도와드릴 터이니 걱정 안 하셔도 됩니다. 바로 꼭 해야 한다고 생각하여 결사적으로 덤빈다면 잘 될 것입니다. 전신전령(全身全靈)으로 임하여, 하면 된다는 정신으로 큰 배에 탄 기분으로 해주시면 됩니다.

나: 결… 결사적이란 말씀입니까? …이미 나는 2년 전에 뇌출혈로 생명을 잃을 뻔 했으며 눈부신 빛의 세계에서의 임사체험까지 경험해왔으므로 그것으로 넌더리가 나서 당분간 결사적으로 무엇을 한다는 것은 피했으면 합니다만….

고: 그만하면 됐습니다. 더 이상 문답은 필요 없을 것 같습니다.

어쨌든 결사적으로 일을 추진해주시면 잘 될 것입니다. 전신 전령으로, 하면 된다는 정신을 가지고 큰 배에 탄 기분으로 해 주시면 고맙겠습니다.

나: 자… 잘 알겠습니다. 이렇게 된 바에는 나도 각오를 하고, 나의 변변치 못한 명예를 걸고 도전해 보겠습니다만 생명에는 지장이 없도록 부탁드립니다.

이런 경위를 거쳐 이 책이 탄생했습니다.

그래서 내가 돌연 "이번 11월을 목표로 하여 고노스케 씨에게서 배우는 인생론을 출판하고 싶은데." 하고 말했더니, PHP연구소의 출판부 편집장은 "예? 11월이라구요? …지금이 이미 8월 20일인데요." 하고 깜짝 놀라고 있었습니다.

더욱이 "예, 오늘 아침에 고노스케 씨 본인이 나타나서 아무래도 11월이 아니면 안 된다고 말씀하셨습니다."고 우는 소리로 말했더니 "틀림없이 11월은 우리 회사의 창립기념일과 고노스케 씨의 생일이 들어 있는 특별한 달이기는 하지만…." 하는 답변에 이번에는 내가 "예? 그렇습니까?" 하고 놀랐습니다.

또 "나는 PHP나 파나소닉의 사원이거나 어용작가도 아니며 경영학자로서의 객관성을 유지하므로 단순히 고노스케 씨를 절찬만하는 소위 말하는 '앞잡이 노릇하는 책'을 쓸 생각은 없습니다. 따라서 관계자 여러분들로부터 비판이나 불만이 생겨 작가로서 양보할 수 없는 부분에서 충돌할 경우에는 앞으로는 PHP와의 관계를 해소하지 않을 수 없게 되는데….” 하고 정직하게 불안을 말한바, 편집장을 비롯한 스텝 여러분들은 “다양한 견해에 귀를 기울여 중지를 결집시키는 것이 고노스케 씨의 방법이기 때문에 이이다 선생의 독자적인 고찰에 대해서 화를 내는 사람은 있을 수 없으므로 아무쪼록 좋은 대로 논평해주십시오.” 하고 말했습니다. 나는 ‘정말이구나. 고노스케 씨가 보증해준 그대로구나’라고 PHP연구소의 사려깊음을 잘 알게 되었습니다.

그 날부터 『마쓰시타 고노스케 발언집』이라는 전 45권, 총계 15,000쪽 이상이 되는 아찔할 정도로 많은 ‘보물의 산’과의 격투가 시작되었습니다. 편집자들에 의하면 이 발언집을 편집했을 당시는 “구석구석까지 전부 읽어볼 사람이 과연 나타날까?” 하고 그 분량의 많음과 내용의 풍부함에 압도당했었는데 ‘적어도 여기에 이이다 선생이라는 사람이 한명 나타났습니다’라고 기뻐했습니다.

그런데 골판지 상자 여섯 개에 꽉 들어찬 상태로 집에 도착한 전 45권의 『발언집』을 눈앞에 두고 “역시 이것은 읽기만 하는데도 내년이 돼 버리겠군.” 하고 절망하던 내 눈에 뛰어 들어온 것은 한권만이 빛이 나고 있는 제41권의 모습이었습니다. 그래서 “혹시 이 책의 지정된 쪽을 열어보라는 고노스케 씨의 어드바이스가 아니겠는가.” 하고 꺼내어 보니, 바로 한 부분이 빛나 보이지 않겠습니까? 황급히 열어보니까 그 쪽에는 고노스케 씨 자신의 말로 다음과 같이 적혀 있었습니다.

우리 인간에게 있어서 가장 소중한 것은 역시 서로가 행복하게 살아가는 것일 겁니다. 기업의 모습이라는 것은 서로가 인간의 행복에 과연 바람직한가, 아닌가 라는 관점에서 생각하지 않으면 안 된다는 것은 말할 나위도 없습니다.

대규모 기업, 거대기업에 의해서 아무리 경제성이 높아지고 생산성이 향상되더라도 그 경제성, 생산성이라는 것에 의해서 인간의 행복, 공동생활의 안정이 손상 또는 훼손되는 일이 있어서는 안 된다고 생각합니다.

인간이 기업이라는 것에 윗자리를 빼앗겨서는 안 된다는 것입니다. 어디까지나 인간이 상석(上席)을 유지하고 있으면서 인간에 의해서 기업이 구사된다는 모습이 바람직한 것입니다.

『마쓰시타 고노스케 발언집』 제41권 183쪽 4행,
1971년, 『PHP』 5월호(76세 때)

이 순간 나는 나도 모르게 소리를 지르며 마음의 무릎을 치고 있었습니다. 왜냐하면 이 말씀은 바로 내가 2007년 가을에 발표한 『사는 보람의 창조 III—세계표준의 과학적 스피리추얼 케어(spiritual care)를 목표로』(교토대학 100주년 기념홀에서의 나의 강연을 책으로 만든 것)에서 말한 다음의 말과 완전히 일치하고 있었기 때문입니다.

'경영(management)'이란 모든 경영자원(사람, 물건, 자금, 지식, 정보, 기술, 경험 등)의 가치를 최대한으로 발휘시키면서 모든 존재(인간, 생물, 식물, 지구, 우주 등)의 행복을 추구하는 것이다.

나는 27세 때 '인사관리론(Human Resource Management)' 담당 조교수로서 현직에 취임한 이래 18년 간에 걸쳐 '경영학자'라는 입장에서 연구를 계속해왔습니다. 경영학이라는 학문의 최대 특징은 실천적 학문이기 때문에 탁상의 공론이 아니고 실제로 쓸모가 있지 않으면 평가되지 않는다는 것입니다. 아무리 훌륭한 발상이라 할지라도 현실적으로 사회에서 실천하기가 어렵다든지, 실천해봤자 이 세상을 위해서, 사람들을 위해서 쓸모가 없는 것은 경영학적으로 봐서 '우수하다'는 평가를 받을 수는 없습니다.

그런 의미에서 경영학은 의학과 닮았습니다. 의학자도 또한 '어떻게 하면 인명을 구할 수 있는가?'라고 하는 명료한 목적을 가지고 '인명을 구하기 위해서 쓸모가 있는 것을 탐구한다'는 문제의식이 대단히 명확하기 때문입니다. 경영학이나 의학에서도 '흥미가 있지만 쓸모가 없다'는 테마는 그 연구자의 개인적인 취미로서 재미가 있을지는 모르지만 훌륭한 연구로서 칭찬받지는 못합니다.

그렇다면 의학에서 말하는 '인명을 구한다'라고 하는 대 목적에 부합하는 경영학의 대 목적이란 무엇이겠습니까? 그것이야 말로 대학에서 담당하고 있는 '경영학 입문'의 제1회 강의 모두에서 소개하는, "경영이란 모든 경제자원의 가치를 최대한으로 발휘시키면서 모든 존재의 행복을 추구하는 것이다."고 하는 나의 정의에 집약되어 있는 것입니다.

즉, 나에게 있어서 경영학이란 '모든 존재의 행복을 추구하는 학문'이며 경영학자라는 것은 '행복을 추구하는 방법에 관해서 연구하는 자'라는 것이 됩니다. 더욱더 추가한다면 경영자라는 것은 '모든 존재의 행복을 추구하는 자'라는 것이 되겠습니다.

그리고 나의 연구실(세미나)에는 "이이다 선생이 제1회째 수업에서 최초로 말한 그 경영의 정의를 듣고 이 선생에게 지도를 받고 싶다고 생각했습니다."고 말하는 학생이 여럿 모여 옵니다. 20세 전후의 젊은이에게 있어서도 이와 같은 나의 정의에 대해서 마음에 와 닫는 것이 있는 모양입니다. 또는 아직 기업조직에 물들지 않는 미경험의 순진한 학생이기 때문에 이와 같은 나의 '경영'의 정의를 우습게 여기지 않고 순수하게 받아들이는지도 모르겠습니다.

이와 같은 나의 독자적인 정의는 "기업의 모습이라는 것은 서로가 인간의 행복에 과연 바람직한가, 아닌가 라는 관점에서 생각하지 않으면 안 된다."는 고노스케 씨의 주장과 일치하는 것이었습니다. 더욱이 고노스케 씨는 이와 같은 주장을 아직 내가 아홉 살의 어린이었던 1971년에 이미 공표하고 계셨습니다. 오사카에서 만국박람회가 개최되었던 다음 해에 해당하며, 일본이 고도 경제 성장의 극치에 있던 이 시대에 '인간이 기업이라는 것에 윗자리를 빼앗겨서는 안 된다'라고 경종을 울린 고노스케 씨는 정말로 훌륭한 혜안을 가졌던 분이라고 말할 수 있습니다.

나는 제41권의 183쪽에 적힌 고노스케 씨의 말씀을 읽고 '틀림없이 고노스케 씨는 나와 같은 뜻을 가진 위대한 선인이었다'라고 깨닫게 되었습니다. 그 결과 솟아나는 용기와 사명감에 불타는 나는 '전신전령을 다해서, 하면 된다는 정신으로, 큰 배에 탄 기분으로 하시면 됩니다'라는 엄하면서도 애정에 찬 고노스케 씨의 응원에 힘입어, 한달 반이라는 단기간에 이 책의 집필을 끝마치는데 성공한 것입니다.

그러면, 지금부터 '경영의 신'이라고 불리는 역사에 이름을 남긴 위대한 인물의 시간과 공간을 초월한 진정한 뜻을 추구하는 지적 탐구의 여행으로 같이 출발합시다!

서론—일곱 가지 말에 포함된 수수께끼

이 책을 집필함에 있어서 나는 저자로서 '마쓰시타 고노스케라는 경영자를 잘 알지 못하는 사람들, 그것도 기업인뿐만이 아니고 주부나 젊은이들도 흥미를 가지고 읽을 수 있는 책'을 목표로 하여 '읽을거리로서의 재미'를 최우선했습니다.

물론 공상소설이 아니므로 고노스케 씨의 사고방식의 본질을 잘 파악하면서 실존한 인물에 관한 고찰이라는 매너는 벗어나지 않도록 명심했습니다. 그러나 단순한 위인전을 쓰는 것이 목적이 아니고 제목과 같이 고노스케 씨의 발언에서 배우는 인생론이므로 어디까지나 '논하는 나나 독자인 여러분이 인생이나 천명(天命)이나 우주에 관해서 이야기한 고노스케 씨의 발언을 근거로 한다면 어떤 생각을 할 수 있을까?'라는 문제의식을 가지고 써나가겠습니다.

따라서 이 책의 주된 자리는 고노스케 씨가 차지하는 것이 아니고 논자인 나와 독자인 여러분에게 주어지는 것입니다. 그렇게 하는 것이야 말로 고노스케 씨가 의도하는 것이라는 것을 여기서 확실히 확인해 두시기 바랍니다.

지금 『마쓰시타 고노스케 발언집』 전 45권을 모두 읽고 난 후의 나의 마음속에는 고노스케 씨가 이 세상 여러분에게 전하고 싶은 생각을 상징하는 것으로서, 다음의 일곱 가지 발언이 빛이 나 보입니다. 이 책을 시작함에 있어서 가장 적절하고 또한 동시에 이 책의 결론도 겸하고 있는 이런 발언을 일곱 가지의 수수께끼로 만들어 지적인 추리 퀴즈 형식으로 우선 소개하겠습니다.

간단히 알 수 있는 것뿐만이 아니고 여간해서 맞히기 어려운 것도 포함되어 있습니다만, *또는**자 부분에 어떤 어구가 맞겠는지 알 수 있겠습니까?

'첫째 말'의 수수께끼

지금은 아직 **로 나타나 있지 않는 것, *에 보이지 않는 것, 그런 것이 있는 것입니다. 대단히 **한 것으로 그런 것을 확실히 붙잡지 않으면 안 됩니다. 없는 것은 붙잡을 수가 없습니다. 그렇지만 그런 것이 아니고 있는 것입니다. **로 보이지는 않지만 큰 *이 있습니다. 그것을 붙잡지 않으면 안 됩니다.

『마쓰시타 고노스케 발언집』 제42권 324쪽 1행

1975년 10월 1일, PHP연구소 운영방침 발표 간담회(80세 때)

'둘째 말'의 수수께끼

이것을 여러분에게 말씀드리면 "마쓰시타 씨, 실례되는 말씀을 하지 마시오. 그런 것은 다 잘 알고 있어요." 하고 말씀할는지 모르지만 한 가지 예를 들면 우리 인간에게는 남자는 남자로서, 여자는 여자로서 ** 이라는 것이 주어져 있습니다. 남자는 여자에게 ** 을 가지게 되고 여자는 남자에게 ** 을 가지게 되는 ** 이라는 것이 주어져 있다는 것을 인식하는 것이 인간 본질의 일부를 인식하는 것입니다.

나이를 먹으면 ** 이라는 것이 싹트기 시작하는 것은 인간의 본질상 그렇게 되어 있는 것입니다. 그래서 남녀가 서로 ** 를 하게 되는 것입니다만, 이 ** 이라는 것을 여러 가지로 처리하지 않으면 안 되는 경우가 생긴다고 봅니다. 이 처리하는 경우에 있어서 이 ** 이 그 사람의 * 적인 것인지, * 적인 것인지 라는 것입니다. 이것은 나는 대단히 재미가 있다고 하면 어폐가 있겠습니다만 신중한 고려를 하지 않으면 안 된다고 생각합니다. 서로가 ** 를 하고 있는 그 ** 의 처리에 관해서, 이것은 * 이 인간에게 준 것이라는 인식을 하고 있는 것과 자기 마음에로의 ** 이라는 생각을 가지고 있는 것과는 제각기 그 처리 방법이 달라집니다.

＊적으로 사물을 보느냐, ＊적으로 보느냐에 따라 분명하게 차이가 생긴고 봅니다. 그런데 나는 이것을＊적인 것으로 보는 것입니다. ＊＊은＊＊인 것이라는 말씀입니다. 거기서 사물의 판정이라는 것이 생깁니다. 이것은＊＊만이 아닙니다. 서로가 가지고 있는 ＊명이라고나 할까, 일에 대해서도 같은 말을 할 수가 있습니다.

『마쓰시타 고노스케 발언집』 제36권 392쪽 7행

1948년 11월 3일, PHP운동 2주년 기념강연회(53세 때)

'셋째 말'의 수수께끼

어쨌든 이 우주의 기본적인＊, 만물의 근원적인＊을 우리는 분명히 인식하고 그것을 중심으로 하여 일상의 생활 속에 모든 것을 만들어나가지 않으면 안 됩니다. 우리는 생활, 생활이라고 말하고 있지만 그 기반은 이＊에 의해서 지탱되는 것이며, 이것에 감사하는 것에서부터 현실의 생활을 과오 없이 진행해 나갈 수 있다고 생각합니다.

그런데 어떤 설이라 할지라도＊설입니다. 과학의 원리도 일단은 모두＊설인 것입니다. 일단 정한 설로 우주의 신비를 풀어나가서 그 시대의 사람들이 납득할 수 있는 동안은 그것은 * 리라고 믿는 것입니다. 그러나 앞이 막힌다든지 또는 보다 더 넓게 사실을 증명할 수 있는 새로운 발견이 생겨나면 이것이 대신 * 리가 되는 것입니다.

* 이 존재한다는 것도 * 설인 것입니다. 실제는 모릅니다. 왜 * 설이 필요한가 하면 인간의 번영하는 생활에 쓸모가 있는 것, 필요한 것은 * 설로서 인정하면 됩니다. 그것을 믿으므로 써 번영을 이룰 수가 있다면 * 설이라도 좋다고 생각합니다. 이때까지의 불교도 * 설입니다. 그리고 거기에서 인간의 현실의 생활이 번영하는 것입니다. 반대로 번영이 파괴된다면 그것을 버리고 새로운 근거를 찾지 않으면 안 됩니다. 그리하여 이 새로운 * 설로 인간의 생활이 번영한다면 그것으로 족한 것입니다. 즉 번영을 가져오는 것이 * 리라고 생각해도 좋다고 봅니다.

『마쓰시타 고노스케 발언집』 제37권 266쪽 8행

1950년 5월, 'PHP의 말, 29'(55세 때)

'넷째 말'의 수수께끼

그 후 장사를 해서 대단한 불경기를 맞기도 했고 그 외에도 여러 가지 일이 있었습니다만, 그럴 때마다 언제나 '그것은 나의 * * 이라, 어떻게 할 수가 없다, 어찌되었든 결국은 나는 이런 입장에 서게 되었으므로 그 이상 아무 것도 생각할 필요가 없다, 오늘 하루를 충실하게 살아가면 그것으로 되는 것이다'라는 생각이 무의식 중에 있었습니다. 따라서 그럴 경우에도 조금도 당황하지 않고 처리할 수 있었다고 생각합니다. 그리고 무엇이 가장 올바른 길인가를 생각해서, 내가 내 나름으로 이것이 좋은 길라고 생각하는 것을 그대로 해나갔습니다. 이런 식으로 하여 어느 듯 오늘에 이르렀습니다.

그렇게 생각해보면 내가 오늘날까지 오게 된 것은 한 가지는 나에게 그런 소질이라고 할까 ** 이 있었다는 것을 지금 솔직하게 인정하고 있습니다. 그러나 그 이상으로 나는 세상에서 말하는 불행한 환경에 얽매이지 않았다고 생각합니다.

즉, 나의 환경이 불행했기 때문에 여러 가지를 체험할 수가 있었습니다, 다른 사람이 놀고 있을 때 나는 걸레로 마루를 닦지 않으면 안 되었습니다. 그러나 걸레질을 한다는 것에 이루 표현할 수 없는 인생의 교훈이 포함되어 있었습니다. 그런 것이 알게 모르게 내 몸에 배어 있었습니다. 그때는 지금 말한 바와 같은 해석이나 이해를 할 수 없었다고 생각합니다만, 지금에 와서 보면 그것이 인생 체험이고 교훈으로서 몸에 배어갔다고 생각합니다. 그것이 쌓여서 어떤 큰일에 부닥쳤을 때, 이것은 이렇게 하면 된다든가, 저렇게 해야 된다는 등, 자연적으로 처리할 수 있게 되었다고 생각합니다.

『마쓰시타 고노스케 발언집』 제11권 85쪽 4행

1962년 5월 8일, 게이오(慶應) 의숙(義塾)대학 특별강연회(67세 때)

'다섯째 말'의 수수께끼

어떻게 보면 대단히 좋은 시대에 태어났다고 생각할 수도 있습니다. 내 자신 아직 살아 있어서 다행이라고 생각합니다. 이것은 정말 살아 있는 ** 입니다.

가부키(歌舞伎)[1] 라든지 그런 ** 을 돈을 내서 보고 '아아, 재미있다. 배우는 정말 잘하고 있구먼!' 라고 말하며 우리는 감상을 하고 있습니다. 그러나 지금 이 세상은 정말로 살아 있는 ** 입니다. 우리는 배우이며 주인공입니다. 지금 그런 ** 을 하고 있다고 생각하지 않으면 안 됩니다. 그런 자기 자신을 생각해 보면 천재일우의 호기에 태어났다고 생각해도 좋다고 생각하는 것입니다. 서로가 과거 몇 천억 사람의 누구보다도 축복받은 시대에 태어난 것을 기뻐하고, 명배우로서의 ** 을 하지 않으면 안 된다는 것입니다.

『마쓰시타 고노스케 발언집』 제5권 384쪽 6행

1975년 7월 4일, 도쿄전력노동조합노조 제20회 대회기념 문화강연회(80세 때)

1 일본의 전통 민중 연극.

'여섯째 말'의 수수께끼

이 세상에는 이치상으로 또렷하게 결론지울 수 없는 일도 많이 있습니다. 그런 일들도 세상이 더 진보하면 또렷한 결론이 나게 될는지는 모르지만 지금 현재로서는 그렇게 되지 않는 것이 많이 있습니다. 이러한 이치상으로 또렷한 결론을 지을 수 없는 것이 성립한다는 것에서 이치상으로 설명이 안 되는 한 가지 **, 큰 **이라는 것이 거기에 강력하게 작용하고 있음을 감지하게 된다는 것입니다.

여러분이 마쓰시타전기회사에 입사해주신데 대해서도 나는 한편으로는 그러한 양자 간에 강한 **이 있어서 그것으로 서로가 맺어졌다고 생각해본다면 어떻겠습니까? 이치를 떠나서 말입니다. 바꾸어 말하자면 그런 **을 지니고 있다는 것입니다. 여러분이 마쓰시타전기에 사원으로 들어와서, 그리하여 사원으로서 사회인으로서 사회에서 활동하게끔 **을 타고난 것입니다. 이렇게 생각할 수도 있다고 나는 생각합니다.

그렇기 때문에 나는 서로가 어떤 면에서는 대단히 강하게 결합하고 있다고 생각합니다. 그런 **을 가지고 있습니다. 이치가 아닙니다. 여러분이 마쓰시타회사에 들어왔다는 것은 **이 그렇게 만든 것입니다.

"너무 구식 사고방식이다."고 여러분은 생각하실는지 모르지만, 나는 진심으로 여러분을 맞이하는 것은 ** 이라는 생각을 가지고 있습니다.

여러분에게 충분히 시험을 치르게 하고 심사를 거쳐 이 사람은 이상적인 사원이 될 수 있는 사람이라고 생각해서 마쓰시타전기가 채용한 것입니다. 그러나 그렇게 생각은 하지만 전부가 전부 다 그렇겠느냐 하면 그렇지 못한 사람도 그 중에는 있을 것으로 생각합니다.

여러분은 마쓰시타회사에 들어와서 성실하게 일을 해서 사회를 위해서 국가를 위해서, 또 회사를 위해서 노력하겠다는 결의를 가지고 있겠지만, 시간의 흐름에 따라 그런 결의도 점점 약해져서 바람직하지 못한 사원으로 되어버리는 사람도 그중에는 있다고 생각합니다. "아아, 골치하픈 사람이야."고 회사가 생각하게 되는 사람도 여러분 중에는 한 두 사람 생길는지도 모릅니다.

그러나 그것은 지금 말씀드린 바와 같이 비록 그런 사람이 생겨도 "그것은 ** 이다. 회사가 가지고 있는 ** 이다. 따라서 그 ** 에 따라 그 사람을 허용해 나가자." 이런 생각을 회사도 역시 가져야 한다고 생각합니다. 이와 마찬가지로 여러분도 좋은 회사인 줄 알고 들어 왔지만 전부가 좋은 점만 있는 것은 아닙니다.

그 중에는 마음에 들지 않는 점도 있겠고 바람직하지 못한 점도 있을 겁니다. 그렇지만 "이것 역시 나의 ** 이다. 따라서 어느 정도는 이것을 수용해 나가자. 그리고 협력해 나가자."고 생각을 하는 것입니다.

그렇게 생각하게 되면 여러분 중에 바람직하지 못한 사람이 생겨도 회사 역시 따뜻한 마음을 가지고 줄곧 그 사람을 대할 수가 있으며, 여러분도 재미없는 회사라고 생각하드라도 성의를 가지고 회사를 지켜보자는 생각을 가지게 될 것으로 생각합니다. 그와 같이 맺어진 **, 맺어진 ** 이라는 것에 입각해서 마음을 넓게 가지고 사물을 생각하면 참기 어려운 것도 참고 용서하기 어려운 것도 서로 용서하자는 기분이 됩니다. 거기에 진정한 결합이라는 것이 생겨나, 서로의 힘은 두 배, 세 배가 되고 네 배가 되어 작용하게 된다고 나는 생각합니다.

『마쓰시타 고노스케 발언집』 제32권 271쪽 14행

1961년 4월 3일, 마쓰시타전기회사 신입사원 도입 교육(67세 때)

'일곱째 말'의 수수께끼

인간의 행복에 대해서 말입니까? 그것은 어려운 문제입니다. 어떤 것이라고 말해야 될는지? 인간의 행복이라는 것은 완전하게 답을 드릴 수 없습니다만 두 가지 견해가 있을 것으로 생각합니다.

한 가지는 ** 적으로 행복하다고 생각하는 것. 다른 한 가지는

**적으로 행복하다고 생각하는 것입니다. 이 두 가지가 일치하는 것이 우선 행복이라고 생각해도 좋을 것 같습니다. 이 말은 사람에 따라 행복관이 다르며, 또 ** 적으로 봐서 저 사람은 행복하다는 것도 또한 중요한 문제라고 생각합니다.

따라서 이 두 가지가 일치된 모습에서 대략 행복이라는 것을 생각할 수 있다고 생각합니다. 그 이상의 것은 그렇게 간단히 답을 할 수가 없겠습니다.

『마쓰시타 고노스케 발언집』 제2권 104쪽 5행

1963년 11월 8일, 은행 경영상담소 경영강연회(68세 때)

…어떻습니까?

*자 부분에 어떤 어구가 들어가는지 추리를 해보셨습니까?

이들 중요한 수수께끼의 답은 이 책의 어딘가에 반드시 등장합니다. 마치 해리 포터나 인디애나 존스와 같은 모험가가 된 기분으로, 또는 셜록 홈즈나 코난과 같은 명탐정이 된 기분으로 어디에 어떤 답이 숨겨져 있는가를 찾아봐주시기 바랍니다!

차례

서장

마쓰시타 고노스케의 생애

이 책은 『마쓰시타 고노스케 발언집』(전 45권)을 근본으로 하여 원전(原典)주의 이념하에 집필해갑니다만, 고노스케 씨의 발언의 배경을 추찰하기 위해서는 고노스케 씨의 인생에 관해서 최소한의 지식을 가질 필요가 있습니다. 그러나 내 자신은 고노스케 씨의 인생에 관해서는 거의 알지 못하며, 고노스케 씨가 발표한 저서마저도 대표작의 이름을 기억하고 있을 정도일뿐, 부끄럽게도 아직 읽어보지 못했습니다.

따라서 내 자신의 공부도 겸해서 1993년에 『THE 21』(PHP연구소)이라는 경영정보지의 특별 증간호로서 발행된 『지금이니까 마쓰시타 고노스케』에서 '마쓰시타 고노스케가 걸어온 길—몇 살 때 무엇을 생각하고 어떻게 행동했는가?' 라고 제목이 붙은 문장을 여기에 소개합니다.

정말로, 파란만장, 질풍노도의 인생이라고 평해도 좋은 도요토미 히데요시(豊臣秀吉)[1]의 소설 『대합기(大閤記)』를 연상케 하는 입신출세의 기록이며 내 자신도 대단히 재미나게 읽었습니다.

또 고노스케 씨의 인생을 이미 잘 알고 계시는 분들이나 '우선 빨리 발언 내용을 알고 싶다' 라고 희망하시는 분은 이 「서장(序章)」은 뒤로 돌리고 「제1장」에서부터 읽어주시면 되겠습니다. 또 이 문장은 내가 찾아낸

---

1 옮긴이 주: 도요토미 히데요시(豊臣秀吉, 1537~1598년)
일본의 전국시대 장군. 천한 농민 출신으로 가장 낮은 병사로 출발하여 후일 천하를 지배한 입신출세의 신화적 인물. 영주인 오다 노부나가(織田信長)의 최말단 가신으로 들어가 뛰어난 지능과 사람 마음을 잘 읽는 재주가 있어 전쟁에 나갈 때마다 혁혁한 공을 세워 전 군의 대장까지 올라간다. 영주의 신발 지키기로 있을 때와 말 관리자로 있을 때의 일화는 유명하다. 일본의 천하를 통일한 영주가 일시의 방심으로 암살당하자 암살자 아케지 미쓰히데(明智光秀)를 토벌하여 천하를 손에 쥔다. 후일 임진왜란을 일으켜 조선을 침략했다가 실패하고, 61세로 병사하였다. 어린 아들을 후계자로 대를 잇게 하여 정권을 유지하려했으나 17년 후 도쿠가와 이에야스(德川家康)에 의하여 멸망당한다.

것이 아니고 '고노스케 씨의 인생에 관해서 잘 요점을 정리한 것을 보내 달라'는 나의 요청에 따라 PHP연구소 출판부의 편집장이 보내주신 것임을 정직하게 전해드리는 바입니다.

탄생(1894년)—행복했던 유소년 시대

마쓰시타 고노스케는 1894년 11월 27일, 현재의 JR 와카야마(和歌山) 철도의 센다(千旦)라고 하는 무인역에서 걸어서 5분 정도의 거리에 있는 곳에서 태어났다.[1] 여덟 형제자매 중 삼남, 막내둥이었던 고노스케는 부모에게서 특별히 귀여움을 받으며 자랐다. 수령 800년이 넘는 큰 소나무 밑에 집이 있었다고 하여 마쓰시타(松下)란 성을 쓰게 되었다고 한다. 마을에서는 소지주의 계급에 속했으며 상당한 자산가였다. 어릴 때의 고노스케는 아이 보는 사람과 함께 고기를 낚기도 하고 술래잡기도 하면서 평온한 나날을 보낸다. 그러나 그런 행복한 생활도 길게 계속되지는 않았다.

4세(1899년)—아버지가 쌀 시장 투기에서 실패

아버지 마사쿠스 씨는 논밭 일은 소작인에게 맡기고 마을 회의나 지방

1 현재의 지명은 와카야마시 네기(禰宣), 아버지의 이름은 마사쿠스(政楠), 어머니의 이름은 도쿠에였다.

자치단체의 일을 보는 쪽이 많았다. 진취성이 풍부하고 당시 활기를 띠기 시작한 쌀 투기에 손을 댄다. 그러나 익숙하지 못한 일이 잘 될 리가 없어 결과는 실패하여 마쓰시타 일가는 선조 대대로 물려받은 토지와 집도 팔고, 정든 고향을 떠나 와카야마시로 이사를 간다. 아버지는 얼마 되지 않는 자본을 밑천으로 하여 신발 가게를 시작했지만 오래 가지 못하고 2년 남짓 후에 폐점하였다. 1902년에 창립된 지 얼마 되지 않던 사립 오사카 맹아학교에 직장을 얻어 단신으로 오사카로 출발한다.

9세(1904년)—초등학교 4학년 때 도제(徒弟) 견습생으로 떠난다

고노스케가 다니던 초등학교는 오노(雄) 초등학교. 담임인 무라카미 선생의 귀여움을 받아 장기를 배우기도 하며 즐거운 학교 생활을 보내지만, 4년 수료를 눈앞에 두고 학업을 중단하지 않으면 안 되었다. 오사카에 가 있던 아버지로부터 도제 견습생으로 보내라는 편지가 왔던 것이다. 고노스케는 늦은 가을의 기노가와(紀川)역에서 어머니와 헤어져 혼자서 기차를 탔다. 어머니는 눈물을 흘리며 "몸조심해라. 그리고 가게 주인에게 잘 보이도록해라." 등 세세하게 주의를 주었다. 고노스케는 어머니와 헤어지는 슬픔과 처음 기차를 타보는 즐거움, 아직 보지 못한 상업도시 오사카에 대한 동경 등 희비가 섞인 형용하기 어려운 생각에 잠겨 있었다. 이때의 정경은 언제까지나 고노스케의 눈에 새겨져 떠나지 않았다.

최초의 도제(徒弟) 견습 생활은 오사카시 남구 야하다수지(八磻筋)[1]에 있었던 미야타(宮田)라는 화로를 파는 가게에서 시작되었다. 여기서 한 일은 아침 일찍 일어나 걸레질 청소를 하고 어린 애를 돌보는 동안 틈을 내서 화로를 닦는 것이었다. 고향 집에서 상당히 어려운 궁핍한 생활을 해온 고노스케에게 있어서 그 일은 그렇게 힘든 일이 아니었다. 단지 가게 문이 닫히고 잠자리에 들어가면 어리기도 했지만 자꾸만 어머니 생각이 나서 우는 날이 계속되었다. 견습생으로서의 급료는 매월 초하루와 15일에 각 5전씩. 그러나 고향에선 어머니에게서 1전을 얻어서 근처의 과자점에서 눈깔사탕 2개를 사 먹는 것이 낙이었던 고노스케에게 있어서 백동(白銅)으로 된 5전 짜리는 손에 쥐어본 일도 없던 것이어서 너무나 기뻐서 어머니 생각으로 생긴 '울보'병도 나아 버렸다. 그로부터 80년이 지난 만 90세 때, 이때까지 가장 기뻤던 일은 무엇이냐는 질문에 이때의 5전에 관한 추억을 들고 있을 정도였다.

10세(1905년)—고다이(五代) 자전거 점으로 옮긴다

미야타 화로 가게는 고노스케가 들어간 지 불과 3개월 만에 문을 닫게 되어 고노스케는 주인의 친지였던 고다이 자전거 점으로 옮기게 되었다. 장소는 아와지(淡路) 거리. 당시 자전거의 대부분은 미국제나 영국제여서

---

1 현재의 지명은 中央區 西心齊橋2丁目.

값도 100~150엔이라는 말하자면 최첨단 문명의 이기였다. 고노스케는 고다이 부부나 선배 장인들로부터 귀여움을 많이 받았다. 어느 날 당시에는 아직도 진귀했던 사진을 전원이 찍게 되었는데, 고노스케는 운 나쁘게 심부름을 가게 되었으며 돌아왔을 때는 이미 사진 촬영이 끝나버렸다. 기대하던 고노스케가 낙심하여 울기 시작한 것을 본 고다이 부인은 고노스케를 사진관으로 데리고 가서 특별히 같이 사진을 찍었다. 이 한 장의 사진이 고노스케의 가장 오래된 사진이 되었다.

11세(1906년)—아버지가 갑자기 죽는다

이 해에 어머니와 누이가 고향을 떠나 오사카에 이주해왔다. 어머니는 고노스케를 가까이에서 키우고 싶어서 "차재에 낮에 급사 일을 하면서 야간학교에 다니는 것이 어떻겠는가? 아버지 하고 의논해 볼께." 하고 말했다. 고노스케도 그렇게 했으면 하고 기대에 부풀었으나 아버지는 고노스케를 타일렀다. "나는 반대다. 이때까지 대로 견습 생활을 계속해서 앞으로 실업가로 성장하기를 바란다. 그것이 너를 위해서 가장 좋은 길이야." 고노스케는 아버지의 말에 수긍하고 견습 생활을 계속하기로 했지만 후일에 "역시 아버지는 합당한 생각을 가지고 계셨다고 나의 오늘이 있음을 되돌아보고 곰곰이 회상하게 된다."고 술회하고 있다. 그 아버지도 1906년 사소한 병이 원인이 되어 돌아가신다(만 51세). 이미 두 형님도 세상을 떠난 뒤라 고노스케는 어린 11세로 마쓰시타 가문을 지켜야 하는 중책을 맡게 된다.

13세(1908년)—처음 자전거를 판다

수업을 쌓는 동안 고노스케는 점포의 지배인을 따라 거래선을 도는 경우도 있었다. 자기 스스로가 자전거를 팔아보고 싶다는 생각이 간절했지만 아직 거기까지는 맡겨지지 않았다. 그런데 어느 날 '자전거를 보여 달라'는 전화가 걸려 왔다. 때마침 지배인이 자리에 없어 고다이 점포 주인은 고노스케에게 가보라고 명령한다. 열심히 설명하는 고노스케에 대해서 상대방은 '너는 정말 열심히 잘하는 아이이다. 사주겠으니 10% 깎아라'고 말한다. 고노스케는 기뻐서 뛰어 돌아가 주인에게 보고한바, 주인은 10%나 깎아서 팔 수는 없다고 말한다. 그러나 고노스케는 고객을 생각해서 '그렇게 말하지 말고 깎아주자'고 울면서 사정해서 주인이 기가 막혀버린다. 결국 5% 만 깎아서 팔게 되는데, 고노스케의 열성과 순정에 감동한 그 고객으로부터 '네가 고다이 점포에 있는 한 자전거는 고다이에서 사주마'라고까지 말하게 되어 크게 명목을 세웠던 것이다.

15세(1910년)—오사카 전등(電燈)회사에 채용된다

오사카시에 전차가 운전을 개시한 것은 1903년 9월. 1909년에는 전시가지에 개통된다. 고노스케는 전차를 보고 신시대의 도래를 예감하게 된다. "전차가 다니게 되면 자전거의 장래는 위험하게 되는 것 아닌가? 앞으로는 전기의 시대다." 그렇게 생각하게 되자 애가 타서 가만히 있을 수가 없어 전직하기로 결심한 고노스케는 자형의 소개로 오사카 전등회사에 입사를 지원한다. 단, 고다이 점포의 주인에게 양해를 구해야 되겠는데 아무래도 말을 꺼낼 엄두를 못 낸다. 결국 고노스케는 어린 마음으로 생각하여 '어머니 병환'이라는 전보를 치게 하여 옷 한 벌만 가지고 주인집을 나간다. 그러고 나서 오사카 전등회사에 결원이 생길 때까지 3개월 동안 시멘트 회사에서 임시 운반공으로 일한다. 이때 오사카 항구에 있는 매립지로 가는 증기선박에서 떨어져 구사일생으로 살아나기도 한다.

1910년 10월 21일, 오사카 전등회사의 한 영업소의 내선(內線) 견습공으로 채용된다. 고노스케는 옥내의 배선 공사 담당자의 조수로서 전선 등을 실은 손수레를 끌고 전등을 새로 증설하는 가정이나 사무소를 돌았다. 고노스케는 적성이 있었던 모양이다. 보통의 경우 견습공의 근무는 일 년으로 되어 있었지만 불과 3개월 만에 공사 담당자로 승격하는 동시에 신설된 다른 다카주(高津)[1] 영업소에 전근하게 된다.

---

1 현 中央區 高津.

17세(1912년)—간사이(關西)상공학교의 야간부에 다니다

고노스케는 오사카 전등회사에 채용된 후 16세부터 결혼하는 20세까지 하숙 생활을 하게 된다. 하숙 동료 중에 당시 야학부로서는 유일하게 면학기관이었던 간사이 상공학교에 다니던 사람이 있었다. 그는 고노스케에게도 간사이 상공학교에 다닐 것을 권유한다. 원래가 일을 하는 것이 즐거워서 학교에 가는 것 같은 것을 생각해보지도 않던 고노스케는 동료가 공부를 하여 부쩍부쩍 성장해가는 모습에 자극을 받아 간사이 상공학교 야간부 예과에 입학한다. 일 년 후 예과를 수료. 입학자 500명 중 수료증서를 받은 사람은 370~380명, 고노스케의 성적은 175번째였다. 드디어 다음해 본과의 전기과에 진학한다. 그런데 본과의 수업은 모두가 구술필기였다. 초등학교를 4년까지밖에 다니지 않았던 고노스케는 한문자를 잘 몰라 수업 때 스피드를 따라가지 못했다. 유감스럽게도 중퇴하지 않을 수 없었다.

19세(1914년)—폐렴 카타르 병에 걸린다

오사카 전등회사에서 고노스케가 배선공으로서 종사한 큰 전기공사에는 다음과 같은 것이 있었다. 우선 하마테라(浜寺) 공원의 해수욕장 일루미네이션.(1912년) 이것은 당시로서는 대단히 진귀한 점멸광고로, 직공 15명 중의 한 사람으로서 2개월 동안 현장에서 묵으며 공사에 종사했다. 다음으로 신세계의 통천각(通天閣, 初代)의 개업직전의 공사에 참가하여 10일 정도 통천각의 천장 속에서 묵었다. 또 소극장이었던 아시베(芦辺) 극장을 영화관으로 개조하는 3조의 공사 인원의 총책임자로 임명되었다. 고노스케는 타고난 천성적인 책임감으로 반 년 동안의 공사 기간 중 숨 돌릴 새도 없이 일에 집중한다. 그러나 연말 개관일까지 시험 점등 준비가 끝나지 않을 것을 알게 된 고노스케는 최후의 삼일 동안 한잠도 자지 않고 철야작업을 감행하여 무사히 시험 점등을 끝마치는데 성공한다. 그런데 찬바람이 부는 옥외 공사에서의 무리가 화가 되어 원래 몸이 약했던 고노스케는 얼마 후 폐렴 카타르란 병에 걸린다.

20세(1915년)—이우에(井植) 무메노 씨와 결혼한다

1913년 어머니가 타개하니 고노스케의 친척은 큰 누님 한 사람뿐이었다. 이 누님에게서 빈번하게 결혼 이야기를 해오게 되어 드디어 고노스케는 누님이 권하는 이우에 아가씨와 맞선을 보게 된다. 1915년 5월, 장소는 마쓰시마(松島)[1]의 극장 '하찌지요자(八千代座)'의 앞. 당시 서민의 맞선은 거리에서 서로 마주 스치고 지나가면서 보게 되는 것이 일반적인데 고노스케도 누님 부부와 분비는 인파 속에서 상대를 기다리고 있었다. 그러나

1 현재의 福島區 千代崎.

맞선을 보는 것 같다는 주위 사람들의 눈초리를 의식하여 너무 흥분한 탓으로 그만 상대의 얼굴을 보는 것을 놓쳐버렸다. 결국 자형의 '그렇게 나쁘지 않아, 결정해, 결정해버려'라는 말에 따르기로 하여 1915년 9월, 19세의 이우에 무메노 씨와 결혼한다. 새 보금자리는 $4m^2$와 $9m^2$의 방 두 칸밖에 없는 단층 연립주택이었다.

22세(1917년)—오사카 전등회사를 퇴직하고 독립한다

고노스케의 공사 기술은 보통을 능가하는 것으로 사내의 기능 경연대회에서 몇 번이고 일등을 차지했을 정도였다. 따라서 승급도 승격도 빨라 결혼하고 1개월 후에는 일급 74전, 그러나 1년 3개월 후에는 일급 83전이 된다. 그리하여 1917년 봄에는 배선공의 동경의 대상이던 '검사원'으로 최연소로 승격한다. 검사원의 일은 공사 담당자가 한 일을 검사하고 그 잘 잘못을 판정하는 것인데, 책임이 무거운 임무이기는 했지만 곧 그 요령을 터득한 고노스케는 하루 15가옥에서 20가옥을 도는데 반나절에 끝낼 수 있을 정도가 되었다. 이때 쯤 해서 두 가지 일이 고노스케의 마음을 무겁게 짓누르게 된다. 한 가지는 그 동경하던 지위인 검사원의 일에 어딘지 부족함을 느끼게 되었던 것과, 또 하나는 자기의 건강에 대해서였다. 폐렴 카타르에 걸렸던 고노스케는 의사에게서 좀 요양하도록 권고를 받고 있었던 것이다.

고노스케는 검사원이 되기 조금 전에 전기 소켓의 개량을 생각해 내어 여러 가지 연구를 거듭하여 시작품을 만들었던 일이 있었다. 자신이 있었으므로 상사에게 보였지만 의외로 별 쓸모가 없다는 혹평을 받아 분한 마음을 가진 일도 있었다. 그 후 검사원이 되어 시간적 여유가 생긴 고노스케는 또 소켓의 연구에 몰두하기 시작한다. 건강에 불안을 느끼고 "불안정한 일급 생활을 하는 것보다 차라리 처와 둘이서 무언가 장사를 시작해 봤으면." 하고 생각하고 있던 고노스케는 어떻게든 소켓을 쓸모 있는 물건으로 만들고 싶은 생각을 억제할 수가 없어 여기서 독립하기로 결심한다. '실업으로 입신출세하라'는 아버지의 말도 뇌리에 박혀 있었으므로 드디어 1917년 6월 15일에 사표를 내고 오사카 전등회사를 퇴직한다.

독립함에 있어서 고노스케의 수중에 있던 자금은 약 7년 간 근무한 퇴직 위로금 33엔 20전[1]과 회사의 적립금 42엔, 거기에 저금이 20엔 정도, 합계 100엔에 못 미치는 금액이었다. 이 금액으로는 기계를 한 대 살 수도 없고 금형을 한 개 만들 수도 없었다. 실로 무모한 이야기였다. 그러나 고노스케 자신은 '앞길의 광명을 향해서 온 몸에 사기가 충만한 상태였다'라고 한다.

공장은 집의 9m² 방의 반에 마루를 깐 곳. 남은 4m² 한 칸에서 생활하는 형편이었다. 그리고 일손은 오사카 전등 시대의 동료 두 사람과 무메노 부인의 처남인 이우에 도시오 씨[2]가 고등 초등학교를 졸업하였으므로 불

---

1 일금 83전의 40일분.

2 산요전기의 창업자, 고인이 됨.

러들였다. 그런데 문제의 핵심인 반죽의 제조방법을 몰랐다. 아무데서도 비밀로 하여 가르쳐주지 않았다. 그래서 다른 반죽 공장의 주변에서 원료의 파편을 주워 와서 연구하여 겨우 대망의 소켓이 만들어진 것은 독립한 4개월 후인 10월 중순이었다.

그런데 문제는 소켓의 판매였다. 아무런 판매 루트도 없었다. 값을 얼마를 받아야 하는 지도 몰랐다. 열흘간이나 오사카 시내를 돌아다녔지만 겨우 100개 정도 팔아서 10엔 남짓한 매출을 얻었을 뿐이었다. 결국 이 소켓은 전망이 없다는 결론에 도달한다. 그렇다면 처음으로 되돌아가서 개량을 하지 않으면 안 되었다. 그러나 자금은 이미 바닥이 났었다. 당장 내일의 생계도 어렵게 되어 전 동료 두 사람은 떠났다. 당시의 궁핍한 사정을 알 수 있는 것으로서 1965년경의 고노스케 자택 창고에서 발견된 전당포 통장이 있다. 거기에는 부인의 옷뿐만이 아니고 남자용 옷도 전당포에 맡기고 돈을 꾸어다 쓴 기록이 남아 있다. 고노스케가 대중 목욕탕에 가야 하는데 돈이 없어 부인이 화제를 다른 곳으로 돌려 목욕탕에 가는 것을 잊게 했다는 일화도 있다. 이렇게 팔방이 꽉 막힌 상태였음에도 불구하고 고노스케는 별로 심각하게 생각지도 않았으며, 다른 일을 찾아서 하는 것도 전혀 생각하지도 않고 오로지 소켓의 개량에만 몰두하고 있었다.

23세(1918년)—두 개의 신제품이 궁핍함을 구한다

궁핍한 상태가 계속되는 동안 연말이 가까워져 과연 이 연말을 넘길 수 있을까 하고 불안에 사로잡혀 있을 때, 생각지도 않게 선풍기의 한 부품[1] 1,000개를 연내에 납품해 달라는 주문을 받았다. 그리고 결과가 좋으면 전 선풍기 모두에 응용하겠다고 했다. 그래서 고노스케는 이우에 소년과 주야를 무릅쓰고 제작에 몰두하여 겨우 납기에 맞추어 완납할 수가 있었다. 이것으로 160엔의 매출이 올라 원가를 빼고도 80엔의 이익이 나왔다. 고노스케가 독립해서 처음 얻은 이익이며 더군다나 어려울 때였으므로 온 집안의 기쁨은 컸다. 납품한 상대방의 평판도 좋아서 다음 해 연초에는 2,000개의 추가 주문이 들어오게 되었으며, 이것을 계기로 계속해서 주문이 오게 되었다. 문제의 소켓은 팔리지 않았지만 고생한 보람이 있어 의외의 방향에서 운이 터졌음에 감동하여 고노스케는 새삼스럽게 전기기기의 제작에 본격적으로 도전할 것을 결심한다.

그러기 위해서는 그때까지의 집이 너무 좁았다. 그래서 1918년 3월 7일, 오사카시 기타구[2] 오오히라 마치라는 곳에 적당한 집이 있어 거기로 이사를 갔다. 동시에 마쓰시타전기기구제작소를 창립한다. 오오히라 마치의 집은 일 층에 세 칸, 이 층에 두 칸의 방이 있는 이 층 집이고, 별도로 6평 정도의 앞마당이 있어 전에 살던 집보다 약 세 배의 넓이가 되었다. 이

1 애자 판: 碍盤.

2 현재의 후쿠시마구.

층을 거주에 쓰고 일 층을 마루로 하여 공장으로 만들었다. 계속해서 애자판(碍盤)을 만들면서 '개량 어태치멘트 플러그[1]'을 제작한다. 오래 된 전구의 꼭지쇠를 이용한 것으로 당시로서는 참신한 디자인이었으며 더욱이 시중가보다 30% 정도 저렴했으므로 잘 팔렸다. 고노스케 부부와 이우에 소년 세 사람이 밤늦게까지 작업을 해도 주문을 다 소화할 수가 없어 비로소 4, 5명의 사람을 고용하게 된다.

다음으로 고안해낸 것이 '쌍등 용 삽입 플러그'였다. 이것은 당시 이미 널리 판매되고 있던 것을 고노스케가 연구 개량한 것으로, 앞의 '아타친'보다 더 평이 좋았다. 이 두 개의 제품에 의해서 마쓰시타전기의 기초가 마련되었으며, 보잘 것 없었지만 그래도 업계의 일부에 그 이름이 알려지기 시작했다. 이 해 말에는 종업원도 20명 정도가 되었다.

25세(1920년)—침목 조직 보일회(步一會)를 결성

1918년 11월에 제1차 세계대전이 종결된다. 일본 경제는 호황에서 서서히 불황의 양상을 띠기 시작하여 1920년 3월에는 주식시장의 대 몰락이 일어나 전후 공황(恐慌)이 돌발한다. 기업의 도산이 속출하고 거리에는 실업자가 넘쳐 흘렀으며 사회 불안이 일거에 높아졌다. 그 와중에서도 마쓰시타전기제작소는 오히려 순조롭게 판매를 늘려 아무 일 없이 잘 지냈

1 통칭 아타친.

다. 그러나 고노스케는 이 격동기를 맞아 '회사가 장차 발전해나가려면 전원이 마음을 한 곳으로 모으지 않으면 안 된다'라고 생각하여 자기를 포함한 종업원 28명 전원을 회원으로 하는 보일회를 결성한다. 그 후 보일회는 1946년에 노동조합이 격성될 때까지 종업원의 복지 증진이나 운동회, 문화 활동 등의 친목행사의 실행조직으로서 활발한 활동을 하는데 큰 역할을 했다.

이 해의 6월에는 공장에 처음으로 전화를 가설한다. 당시 전화는 1,000엔 이상 하는 고가의 것으로 전화가 있고 없음은 그 공장이나 상점의 신용의 척도가 될 정도였다. 그래서 처음으로 전화로 주문이 왔을 때 고노스케는 '정말 놀라운 일이여. 전화로 주문이 왔어!'라고 크게 감격했다. 그리고 '드디어 제대로 된 공장이 되었다'는 기쁨이 종업원 전원의 가슴에 펴져 나갔던 것이다.

27세(1922년)—자력으로 공장을 건설한다

마쓰시타전기기구제작소의 매출은 매년 늘어나서 옆집을 빌려 작업장을 확장했지만 주문을 다 소화할 수가 없게 되었다. 그래서 같은 동내에 있던 100평 남짓한 토지를 빌려 공장을 새로 건설할 것을 결심한다. 공장, 사무소, 주택 등 합계 75평 정도의 건물을 자기가 스스로 설계했다. 그런데 건축비는 7,000엔이었는데 수중에는 4,500엔밖에 없었다.

고노스케는 공장만 우선 짓기로 했지만 건축업자가 '한꺼번에 같이 짓는 것이 싸게 먹히니까 꼭 그렇게 하도록 하세요'라는 말을 했다. 그렇다면 '부족분의 2,500엔에 대해서는 분할 지불 조건으로 하되 그러나 건물은 담보로 잡지 않는다'는 조건을 제안한다. 당시의 상식으로 본다면 무리한 이야기로 건축업자는 기가 막혔지만 결국 그 조건을 승낙했다. 고노스케도 여기에는 감동했지만 "나는 이것을 은혜를 입었다고 생각하지는 않겠소. 당신도 거래상의 편이를 위해서 나에게 찬성했으니까." 하고 업자에게 다짐을 하여 역으로 업자를 감동시켰다. 견습생 생활에서 세어서 18년째, 자력으로 공장을 세웠을 때의 일화다. 이 해 말에는 종업원이 50명을 넘게 된다.

28세(1923년)—포탄(砲彈)형 전기 램프를 개발

상인으로서의 고노스케의 독창성을 나타내는 좋은 예가 '포탄형 전지식 자전거 램프'의 발매다. 당시 자전거의 등화 불빛은 태반이 촛불이나 석유램프로서 바람이 불면 금방 꺼져버리는 불편한 것이었다. 전지식도 있었지만 수명이 2~3시간 정도였으며 고장도 많고 실용적이지 못했다. 그래서 고노스케는 반 년 동안에 걸쳐 수십 개 이상의 시작품을 만들어본 결과 30~40시간 동안 켤 수 있고 디자인도 참신한 제품을 만드는데 성공한다. 그런데 어느 도매상도 전지식 램프는 못쓴다고 하는 뿌리 깊은 선입견을 가지고 있어 고노스케가 아무리 열심히 설명을 해도 상대를 해주지 않았다. 그러는 동안에 이 제품의 재고가 3,000~4,0000개나 쌓이게 되어 궁지에 몰리게 된다.

그러나 고노스케는 절망하지 않고 도매상이 취급해주지 않는 것은 제품의 진가를 이해하지 못하기 때문이라고 생각해서 직접 소매점에 무상으로 두고 와서 실제로 점등시험을 해본 뒤에 결과가 좋으면 사줘도 좋다는 유례가 없는 방법을 취했다. 만약 잘 안 되면 공장은 도산한다는 바로 배수의 진이었다. 결과는 대 성공으로 그 진가를 알게 된 소매점에서 줄줄이 주문이 들어와 2, 3개월 후에는 월 2,000개나 팔리게 되었으며, 다음해에는 월 10,000개 이상 팔리는 주력 상품으로 성장했다.

'포탄형 전지식 자전거 램프'의 판매는 오사카 시내에서는 잘 팔리고 있었으나 전국적으로 판매하는데 있어서 오사카와 같은 방법으로 직접 판매하는 것은 코스트 상 맞지 않았다. 그래서 고노스케는 각지에 특정한 대리점을 만들어 일정 구역 내의 판매를 일임하도록 했다. 이것으로 나라(奈良), 나고야(名古屋)를 비롯하여 각지에 대리점이 생겼으며, 발매 당초에는 도매상들에게 경원당했던 이 램프도 반 년 후에는 대리점이 되기 위해서 보증금을 낼 정도로 그 평판이 바뀌었다.

32세(1927년)—스미토모(住友)은행과 거래를 개시

당시 마쓰시타가 주로 거래를 해온 은행은 쥬고(十五)은행이었다. 그런데 1925년 9월에 근처에 스미토모은행의 지점[1]이 개설되어 거듭되는 거래의 권유를 받게 된다. 일 년 남짓 지나서 너무나 열심히 권유를 하므로 고노스케는 '2만 엔까지 우리의 필요에 따라 대출을 해준다면 거래를 시작해도 좋다'라고 하는 이례적인 제안을 한다. 고노스케 쪽에서 본다면 스미토모은행이 마쓰시타를 진정으로 신용하고 있는지를 알아보는 것이었다. 결국 지점장인 다케다 씨가 고노스케의 진의를 파악하고 열심히 뛰어다녀 1927년 2월부터 전대미문의 약속 하에 거래가 시작되었다.

그로부터 2개월 후 금융 공황이 발발, 5대 은행의 하나였던 쥬고은행마저도 지불 정지 상태가 되었다. 곤란하게 된 고노스케는 스미토모은행에 2만 엔에 관한 건을 문의해봤더니 약속대로 이행한다는 답을 받았다. 그 결과 금융 공황에서 빠져나올 수 있었으며 동시에 고노스케는 스미토모 정신의 진수에 접할 수 있었던 것 같아 깊은 감명을 받았다.

1927년 4월, 대망의 네모꼴 램프를 완성한다. 이때 처음으로 '나쇼날'의 상표를 붙여 '나쇼날 램프'로 명명하고 발매에 앞서서 1만 개를 각 판매점에 무료로 제공한다. 이것이 효력을 나타내어 다음 해 3월에는 월 3만 개가 팔리는 히트 상품이 된다.

---

1 西野田 支店.

참고로 '나쇼날'을 상표로 출원 등록한 것은 1925년 6월 어느 날, 신문을 보고 있던 고노스케에게 '인터나쇼날'란 문자가 눈에 띄게 되었는데, 이상하게 인상에 남아 사전을 찾아봤더니 '국제적'이란 의미였다. 참고로 '나쇼날'을 찾아봤더니 '국민의, 전국의'라고 되어 있어 고노스케는 이 말이야 말로 국민의 필수품을 만들고자 하는 자기의 생각에 꼭 알맞은 말이라고 판단한다.

또 '나쇼날 램프'의 발매에 즈음하여 고노스케는 처음으로 신문광고를 낸다. 개인 경영의 작은 공장에 지나지 않는 마쓰시타로서는 대단한 모험이었다. 사흘 밤낮을 생각한 끝에 지어낸 글귀는 '구입해서 안심, 사용해서 이득이 되는 나쇼날 램프'였다. 1927년 4월 7일의 신문에 실린 이 광고는 흑색 바탕에 흰색 글씨로 세 줄로 된 문안으로 지면의 중앙에 위치해 있었으므로 대단히 사람들의 눈길을 끌었다.

같은 해인 1927년 4월에 발매된 것이 다리미 '슈퍼 아이론'이었다. 당시의 다리미는 사치품으로 연간 10만 대 정도밖에 생산이 안 되고 있었다. 고노스케는 그 총 대수보다 많은 월간 1만 대라는 양산에 의해 값을 시중가보다 30%가 싼 3엔 20전까지 끌어내린 결과 이것 또한 대 히트. 이 배경에는 포드의 대량생산 방식에 흥미를 가졌던 고노스케의 '적당한 가격으로 품질이 좋은 물건을 만들면 대중들이 반드시 좋아한다'는 신념이 깔려 있었다.

34세(1929년) — 강령(綱領), 신조(信條)를 제정한다

1928년의 '마쓰시타전기기구제작소의 매출은 월 10만 엔, 종업원도 300명이 되었다. 업무의 내용도 확대되고 회사에 대한 사회적 평가가 높아짐에 따라 고노스케는 "회사는 사회로부터 빌린 것이다. 충실하게 경영하여 그 책임을 완수하지 않으면 안 된다."고 생각하게 되었다. 그래서 완공이 가까워진 제2차 본점과 공장으로 이전하기 직전인 1929년 3월, 회사명을 '마쓰시타전기(電器)제작소'로 개칭함과 동시에 회사 강령과 신조를 제정했다. 이 강령은 기업으로서의 마쓰시타전기의 사명과 목적을 나타낸 것으로 그 후의 마쓰시타전기의 경영방침의 기초가 되었다.

이 시대에 '영리와 사회 정의의 조화'를 높이 처든 것은 주목할 만하다고 하겠다. 덧붙여서 말한다면 현재의 마쓰시타전기의 강령은 '산업인으로서의 본분에 투철해야 하며, 사회 생활의 개선과 향상을 도모하여 세계 문화의 진전에 기여할 것을 기약한다'이며 신조는 '향상과 발전은 서로의 친화와 협력이 없으면 성취하기 어려우며, 각자는 지성을 다하여 일치단결하여 회사 업무에 임해야 한다'로 개정되었다.

35세(1929년) — 미증유의 불황을 이겨낸다

1927년의 금융 공황에 연이어 1929년 10월 24일 뉴욕 월 가에서의 주가 대 폭락을 계기로 세계 공황이 발발한다. 일본 경제도 통렬한 타격을 받았으며 마쓰시타전기도 연말에는 매출이 끊어졌고, 창고는 재고가 가득 쌓이게 되었다. 이때쯤에 고노스케는 몸 상태가 좋지 않아 자택에서 요양을 하고 있었는데 회사 간부가 찾아와서 이 곤경을 빠져 나가려면 종업원을 반감시킬 수밖에 없다고 진언한다.

그때까지 좋은 안이 생각나지 않았던 고노스케였지만 이 진언을 듣는 순간 타개의 길이 번뜩 머리에 떠올라, "생산은 반감시키지만 종업원은 해고해서는 안 된다. 급여도 전액 지급한다. 그 대신 점원은 휴일을 반납하고 모두 판매에 전력을 다하라."고 지시한다. 이 방침은 전 종업원에게 쾌재를 부르게 한다. 그 실행에 일치단결한 결과 2개월 후인 1930년 2월에는 창고 재고가 일소되었을 뿐 아니라 풀 생산에 들어갈 정도로 활기를 띠게 되었다.

36세(1931년)—적정이윤, 공존공영을 부르짖다

일본에서 라디오 방송이 시작된 것은 1926년. 1930년에는 연간 20만대 이상의 라디오가 생산되고 있었다. 그러나 고장이 잦았으며 간혹 듣고 싶은 방송을 고장으로 들을 수 없게 되었다. 고노스케도 분개하여 '고장이 나지 않는 라디오'를 만들기로 결심한다. 어느 라디오 메이커와 제휴하여 자회사를 설립하여 마쓰시타의 라디오로서 판매했지만 고장으로 인한

반품이 속출했다. 라디오는 라디오 전문점에서 취급하는 것이 당시의 상식이었는데 일반 전기점에서 취급하다보니 라디오에 대한 지식과 기술이 부족한 것이 원인이었다. 여기에 대해서 고노스케는 마쓰시타전기가 독자적으로 라디오 개발에 도전하기로 결심한다. 연구부에 절대 고장이 일어나지 않는 라디오를 만들도록 지시한다. 3개월간의 고투 끝에 드디어 '삼구(三球)식 라디오'를 완성한다. 이것이 도쿄 중앙방송국[1] 의 라디오 세트 콩쿠르에서 일등으로 당선된다. 고노스케 자신이 '상식이나 선입견에 사로잡히지 않는 것이 얼마나 중요한가를 몸소 배웠다'라고 술회하고 있다.

또 라디오 세트의 판매에 있어서 적정치 못한 가격은 너무 높아도, 너무 낮아도 죄악이라는 소신을 판매 대리점 사람들에게 호소하여 '공존공영'의 원칙을 명백히 했다. 1932년이 되니 라디오 중요 부분의 특허를 어느 발명가가 소유하고 있어서 라디오 설계상에 큰 장애가 되고 있음을 우려한 고노스케는 이 특허를 매수한 후 동업 메이커도 자유롭게 사용할 수 있도록 무상으로 공개한다. 이것은 업계에 큰 뉴스로 전달되었다. 이것으로 마쓰시타는 업계 전체의 발전에 큰 공헌을 했다고 해서 화제가 되었으며 세간의 칭찬을 받았다.

---

1 NHK의 진신.

37세(1932년)—진사명(眞使命)의 감득(感得)과 명지(命知)[1] 원년

고노스케는 특정한 종교에 관심을 가지지 않았다. 그러나 주위 지인들의 거듭되는 권유를 거절할 수가 없어 가벼운 마음으로 천리교 본부를 견학한다. 1932년 3월의 일이다. 거기서 건물의 장대함에 놀라는 동시에 교조님이 진행하는 각종 공사나 제재소에서 일하고 있는 신자들의 기쁨에 넘친 봉사하는 모습에 감동한다. 혼자 귀로에 든 전차 안에서 앞서 본 일을 생각했다. 그것은 훌륭한 경영으로 생각되었다. 도대체 종교와 경영이 어디가 어떻게 다른가…. 고노스케는 그날 밤 늦게까지 생각을 계속해서 한 가지 결론에 도달한다. "과연, 종교는 고민하는 사람들을 구제하고 안심을 주고 인생에 행복을 가져다주는 성스러운 사업이다. 그러나 사업경영도 인간 생활에 필요한 물자를 생산하는 성스러운 사업이 아니겠는가. 그리고 '옛날부터 404가지 병보다 빈곤만큼 고통스러운 것은 없다'는 속담이 있지만 우리는 그 빈곤을 없애기 위해 열심히 노력해서 생산을 하여 이 세상에 물자를 풍부하게 공급해 내는 소중한 사명이 있다."고 자각했다.

2개월 후인 5월 5일, 고노스케는 전 사원을 오사카의 중앙전기구락부에 소집하여 자기가 느낀 사업의 진정한 사명에 대해서 말한다.

> 산업인의 사명은 빈곤의 극복이다. 그렇게 하기 위해서는 물자

---

1 사명을 안다.

의 생산을 계속하여 부를 증대시키지 않으면 안 된다. 수돗물은 값이 있는 것이기는 하지만 지나가는 사람이 이것을 마셨다고 해서 책망을 당하지는 않는다. 그것은 양이 많고 가격이 너무 싸기 때문이다. 산업인의 사명도 수돗물과 같이 물자를 값싸게 무진장으로 만드는 것이다.

이 사명을 달성하기 위해서 고노스케는 건설시대 10년, 활동시대 10년, 사회에의 공헌시대 5년, 합해서 25년을 한 묶음으로 하여, 이것을 열 묶음 되풀이한다고 하는 장대한 250년 계획을 제시했다. 이 숭고한 사명, 원대한 이상에 대해서 전원이 놀라고 감동한다. 어느새 회장은 흥분의 도가니가 되어 연배가 많은 사원에서 견습사원에 이르기까지 잇따라 단상으로 올라가 감격이나 결의를 표명했으므로, 고노스케 자신이 어리둥절할 정도였다. 마쓰시타전기는 이 해를 명지 제1년으로 하여 그 후 매년 5월 5일을 창업기념일로 하고 있다.

38세(1933년)—사업 부제(部制)의 발족

마쓰시타전기가 실시하게 된 사업부제의 시초는 1927년에 전열부를 설치했을 때였다. 이때 고노스케는 생산 판매에 관한 일체를 책임자에게 일임하는 방법을 취했다. 그리고 1933년 5월 고노스케는 라디오 부문, 램프와 건전지 부문, 배선기구·합성수지·전열 부문의 3개 부문을 각기 제1, 제2, 제3의 세 '사업부'로 나눠 제품 분야별의 자주책임제를 만들었다. 이렇게 함으로써 각 사업부는 그 산하에 공장과 출장소를 가지고 연구 개발에서 생산 판매, 수지 계산에 이르기까지 일관해서 담당하는 독립채산의 사업체가 되었다.

이런 조직 체제는 달리 예가 없었으며 물론 마쓰시타회사로서는 획기적인 기구 개혁이 되었다. 고노스케는 사업부제를 도입한 목적에 관해서 '자주책임경영의 철저'와 '경영자의 육성'이라는 두 가지를 들고 있으나, 이 독창적인 제도가 마쓰시타전기가 오늘과 같이 크게 된 한 가지 요인이 된 것은 더 말할 나위도 없다.

39세(1934년)—'점원(店員) 양성소'를 설립

고노스케는 일찍부터 '사업은 사람이다'라는 신념으로 1922년에 오오히라 마치에 본점과 공장을 신축했을 당시부터 '물건의 생산과 교육이 동시에 이루어질 수 있는 공장학교'를 만들었으면 하는 꿈을 가지고 있었다.

그 꿈이 '점원 양성소'로서 실현된 것이 1934년 4월. 초등학교 졸업자를 대상으로 하여 3년 간에 구제(旧制) 중학교 5년 간의 산업·공업과정 수료와 동등한 학력을 익히게 하는 동시에 인간적 수양을 가해서 졸업과 동시에 실무가 가능한 사원을 육성하는 것이 목적이었다. 1935년 12월에는 '사원(社員) 양성소'로 개칭하게 되었으며 1936년 5월에는 '공원(工員) 양성소'도 병설되었다. 그러나 이것들은 그 후 제2차 세계 대전이 격화됨에 따라 부득이 폐쇄하게 되었다.

40세(1935년)—교만함을 훈계하는 기본 내규를 제정

1935년 12월, 마쓰시타전기의 종업원은 약 3,500명, 연간 생산 판매액은 1,200만 엔, 제품은 약 600종, 판매망도 해외까지 뻗어서 떠오르는 해와 같은 신장을 이루었다. 이 달에 마쓰시타전기 제작소는 주식회사로 개조되었으며 '마쓰시타전기산업주식회사'로서 새로운 스타트를 시작한다. 동시에 사업부제를 더욱더 발전시킨 '분사(分社)제'를 도입한다. 마쓰시타전기산업주식회사는 지주회사로서 인사, 경리 면에서 분사를 관리한다. 각 분사는 보다 철저한 자주책임경영 체제하에서 생산판매를 하게 되었다. 이때 고노스케는 업무 내용의 급격한 변화로 인하여 경영이 방만하게 되고 종업원이 교만하게 되는 것을 훈계하는 의미의 기본 내규를 제정한다. 즉 전 회사가 한 가지 경영 이념에 근거하여 운영하지 않으면 안 된다는 신념의 표현이었다. 그 제15조에는 '마쓰시타전기가 장차 얼마나 커지든지 간에 항상 한 상인이라는 관념을 잊지 말 것이며, 종업원 또는 그 점원임을 자각하여 꾸밈없이 진지하고 마음이 곧고 건전하며, 겸양을 제일로 살고 업무에 임한다'라고 되어 있다.

45세(1940년)—최초의 경영방침 발표회

1937년 7월에 중일 전쟁이 발발하여 일본은 전쟁의 길로 들어가게 되어, 그 후 8년 간에 걸친 고달픈 '겨울 시대'를 맞이한다. 이 시대에 산업인들은 엄한 통제와 물자 부족 속에서 형용하기 어려울 정도의 힘들고 고통스런 경영을 강요당한다. 마쓰시타전기도 물론 예외는 아니었다.

1938년에는 국가 총동원령이 제정되어 전쟁 수행을 향해서 원료 자재나 생산품목의 통제가 시작된다. 고노스케는 어디까지나 본래의 사업인 전기 기구의 생산에 전념하지만 경우에 따라서는 군수(軍需)품 생산에도 협력한다는 기본방침을 제시하여, 이해부터 병기(兵器) 부품의 수주가 시작된다.

그러나 고노스케는 전쟁으로 인하여 사업 본래의 목적을 잃게 된다든지, 또 군수품 생산에 진출함으로써 경영이 방만하게 되는 것을 경고하기 위해서 1939년 3월에 '경영의 마음가짐', '경제에 대한 주의 사항', '사원 지도 시 및 각자의 주의 사항'을 전달한다. "경영이든 장사든 이것들은 모두 공적인 일이며 사사로운 것이 아니다."로부터 시작되는 마음가짐과 주의 사항은 격동하는 정세 하에서 사원들에게 마음의 기둥이 되었다.

1940년 1월에는 처음으로 '경영방침 발표회'를 개최한 자리에서 고노스케는 '국책 수행을 위해서 전력을 다해서 협력을 하지 않으면 안 되지만, 일반 국민을 생각한다면 우리 회사의 전통인 평화산업도 중요하다'라고 호소한다. 이 신념하에 상품의 품질 악화 조짐이 나타나기 시작한 8월에는 '우량품 제작 총동원 운동'을 제창하여 일 년 간에 걸쳐 불량품의 근절에 맞붙는다. 또 1942년 10월에는 '품질 열화 방지에 대한 통고문'을 내고 품질 유지를 위한 전원의 분투노력을 가일층 요망하고 있다.

또한 '경영방침 발표회'는 1934년경에 시작된 연말 좌담회를 계승한 것으로 이 해를 제1회로 하여 그 후 매 년 1월 10일 길일을 택하여 연례행사가 된다.

48세(1943년)—부득불 민수(民需)에서 군수(軍需)로

1941년 12월 8일 태평양 전쟁이 시작된다. 이때 고노스케는 47세였다. 마쓰시타전기도 군의 요청으로 항공기용의 전장품, 무선기, 휴대 무선기, 방향 탐지기, 레이더 등의 생산을 시작한다. 그리하여 1943년 4월에 국가에서의 강한 요청으로 마쓰시타조선주식회사를 부득불 하게 된다. 이것은 라디오 공장의 흐름작업을 응용하여 전체를 8공정으로 나눠 선체를 레일 위에 올려서 하루에 한 공정씩 이동하여 그대로 진수시킨다는 독창적인 공법을 생각해내 비상한 주목을 끈다. 같은 해 12월에 제1회 진수식을 거행하여 그 후 종전까지 56척의 배를 건조했다. 여기에 주목한

군(軍)은 고노스케를 불러서 같은 방식에 의해서 '목제 비행기'의 양산을 요청해 왔다. 이것만은 그 대단했던 고노스케도 거절했지만 결국 끝까지 거절을 못하고 무리인줄 알면서도 받아들이지 않을 수 없었다.

1943년 10월에 마쓰시타비행기주식회사를 설립한다. 불과 일 년 몇 개월 만에 제1호기를 완성[1] 하여 1945년 1월에 그 진공(進空)식을 거행했으며 그 후 전쟁이 끝날 때까지 3대를 만들었다.

이 조선과 비행기의 제조는 전후 마쓰시타전기가 '전쟁으로 인한 제한(制限)회사의 지정'이나 '재벌 지정'을 받게 된다든지 고노스케 자신이 '공직 추방'이 되는 원인이 된다. 또 이런 회사는 고노스케 개인이 차입금으로 만들었으므로 대금 지불 불능에 의한 방대한 빚이 고노스케를 괴롭히게 된다. 그러나 반면, '분야 외의 미지의 사업일지라도 전원이 일치단결하여 임한다면 저절로 지혜나 착상이 솟아나서 어떤 어려움도 극복된다는 사실을 알게 된 귀중한 체험이었다'라고 고노스케는 술회하고 있다.

고노스케는 전국(戰局)이 한창 악화되고 있던 무렵 '이럴 때일수록 명랑한 마음의 양식이 필요하다'는 견지에서 '사내 연예(演藝)대회'를 실시하고 있었다. 1944년 9월, 8일간에 걸쳐 오사카의 기타노 극장을 빌려 기획, 연출에서 출연까지 모두 종업원의 손으로 이루어졌다.

전쟁으로 암울한 나날을 보내고 있던 종업원과 그 가족에게 오래간만에 밝은 웃음이 되살아난 것이다.

---

1 애칭 "명성(明星)".

50세(1945년)—즉시 민수 부활을 선언

1945년 8월 15일. 일본 국민은 역사상 처음 맛보는 패전이라는 사실을 앞에 두고 그저 망연자실하여 말 못하는 허탈감에 좌절되고 있었다. 이 모습을 목격하고 있던 고노스케는 그 날 밤잠을 이루지 못하면서 '지금이야말로 명확한 방침 하에 전원이 일치단결하여 부흥에 힘을 쏟아야 되겠다'라고 결심한다. 다음 날 8월 16일, 간부를 강당에 집합시켜 즉시 민수 산업에 복귀할 방침을 명시했다. 다음 8월 21일에는 '마쓰시타전기 전 종업원에게 고한다'는 통지문을 내고 "생산이야 말로 부흥의 기초다. 전통의 마쓰시타 정신을 되살려 국가 재건과 문화선양(宣揚)에 이바지하자."고 호소한다. 같은 해 10월에는 라디오, 전기 곤로 등의 민수 생산이 재개된다. 그리고 11월, 고노스케는 '고임금, 고능률'을 목표로 '사업의 전문 세분화'를 추진할 방침을 발표하고 적재적소에 의해 각자의 능력을 충분히 발휘하도록 하여 위기를 넘어설 체제를 정비하려고 생각했다. 이 방침에 따라 사원, 공원의 구별 폐지, 전원 월급제, 8시간 노동제 등의 새로운 시책이 잇따라 실시된다.

51세(1946년)—회사 해체의 위기를 맞이한다

1945년 10월 GHQ[1]는 당시의 시데하라 내각에 대해서 노동조합 결성 장려를 포함하는 민주화 5대 개혁을 명령한다. 12월에 노동조합법이 공포된다. 마쓰시타전기에서도 전통 있는 보일회를 대신하여 15,000명, 42 지부로 구성된 노동조합이 결성된다. 고노스케는 그 결성대회(1946년 1월)에 초대받지 않는 채로 출석하여 축사를 한다. "이 조합의 결성에 의하여 우리 회사의 민주 경영에 박차가 가해질 것으로 생각한다. 이것을 계기로 해서 전원이 일치하여 진리에 입각한 경영을 해나가고 싶다. 올바른 경영과 올바른 조합은 반드시 일치한다고 믿는다." 짧지만 종업원에게 전폭적인 신뢰를 둔 이 호소에 대회장에서 큰 박수가 일어나 내빈으로 참석한 노동운동의 투사들에게도 큰 감명을 주었다.

같은 1월에 고노스케는 '기술 고양(高揚) 운동을 제창하고 품질향상을 위하여 제품검사소를 설립하여 스스로 그 소장 직에 취임할 것을 결정'하여 보통이 아닌 의욕을 나타낸다. 그러나 거기에 생각지도 않던 거대한 장벽이 기다리고 있었다. GHQ의 각종 명령이었다.

3월에는 '제한회사의 명령'을 받아 모든 회사 자산이 동결되는 것을 비롯하여, 6월에는 '재벌 가족의 지정', 7월에 '배상 공장의 지정, 8월에는 '군수보상(軍需補償)의 중지', 11월에 '공직 추방의 지정', 12월에는 '지주(持株)회사의 지정', 그리고 1948년 2월에는 '집중 배제(排除)법의 적용'이

1 연합군 총사령부.

라는 일곱 가지 제한을 받아 마쓰시타전기는 해체 위기에 빠지게 된다.

그러나 고노스케는 이러한 지정에 대해서 납득할 수가 없었으며, 특히 '재벌 가족의 지정'에 대해서는 '마쓰시타전기의 사업은 본래 평화적 생활필수품의 생산판매다. 군부의 엄한 요청으로 할 수 없이 분야 외의 일을 했기 때문에 나는 큰 빚을 진 전쟁 피해자다. 빚 때문에 꼼짝 못하는 재벌이 어디 있겠는가. 이 재벌 지정은 분명히 잘못된 것이다. 잘못은 바로 잡아야 한다'라고 결심하여 그로부터 4년 간 고노스케 자신이 50회 이상에 걸쳐 GHQ에 출두하여 항의를 되풀이 하는 동시에, 다카하시 당시 상무이사(현 고문)도 100회 가까이 GHQ에 출두하여 지정해제의 교섭을 계속하게 된다.

그렇다하더라도 '공직 추방의 지정'에 관해서는 그 대단한 고노스케도 사장의 퇴진을 각오했다. 구 군수회사의 임원 전부에 적용되는 것이며, 항변의 여지가 없다고 생각했기 때문이다. 그러나 의외의 일이 일어난다. 마쓰시타전기를 붕괴의 위기에서 구하기 위해서는 사장을 잃어서는 안 된다는 소리가 종업원이나 관계 거래 선에서 일어났으며, 어쩐 일인지 노동조합이 중심이 되어 고노스케의 추방 해제 운동을 전개한 것이다. 조합원과 그 가족이 서명한 15,000통에 달하는 탄원서를 가지고 GHQ나 정부당국에 진정하고 다녔다. 경영자의 추방 운동이 격화하고 있던 당시로서는 이례적인 일로 정부 당국에 깊은 감명을 주었다. 그런 효과가 있었던지 불과 반 년 후 1947년 5월에는 해제가 된다.

또 이 해 11월 3일, 고노스케는 PHP연구소를 창설한다. 전후의 악성

인플레, 대 흉작에 의한 식량부족, 도덕의 문란, 인심의 황폐, 그에 대한 정부의 무책, 그리고 마쓰시타전기가 생각한 대로 물건을 만들어 내지 못하는 초조함…. 고노스케는 생각했다. “정직하게 성실하게 일하고 있는 인간이 왜 이렇게 고통을 받지 않으면 안 되는가? 인간에게는 본래 평화롭고 행복한 생활을 실현하는 힘이 주어져 있을 것이다. 중지를 모아 생각한다면 반드시 풍족하고 평화로운 생활, 행복한 생활이 실현될 것이다. 이 세상에 물심양면의 번영을 가져오게 하므로써 진정한 평화와 행복을 실현하는 길을 탐구하자.” 그 염원에 입각하여 PHP[1]가 태어난 것이다.

다음 해인 1947년 4월에는 월간지 『PHP』를 창간한다. 고노스케는 스스로 각지를 다니면서 연구회나 학습회를 열어 PHP의 취지를 호소했다.

55세(1950년)—제한해제와 한국특수(特需)

마쓰시타전기는 3년에 걸쳐 적자 경영이 계속되어 위기에 몰린다. 고노스케는 1949년 1월의 경영방침 발표회에서 “이렇게 많은 사람들의 노력의 성과가 흑자가 되지 못하고 국가의 번영, 사회의 번영, 종업원의 생활 향상이 되는 성과를 얻지 못한다면 마쓰시타전기는 존재할 가치가 없는 존재다. 존재할 가치가 없는 존재라면 마쓰시타전기는 해산해도 좋다고 생각한다.” 하고 말하며 비통한 각오를 피력했다. 더욱이나 이 해 연

1 Peace and Happiness through Prosperity = 번영에 의한 평화와 행복

말에는 '물품세의 체납 왕'으로서의 고노스케의 이름이 대대적으로 보도됐다.

그런데 1950년 6월, 한국 전쟁이 일어난다. 그 후 일본의 산업계에 유엔군으로부터 대량의 물자가 발주되어 일본 경제는 숨을 되돌리게 되는 것이다. 마쓰시타전기도 일곱 가지 제한이 순차적으로 해제되어 거지반 자유의 몸이 되기도 하여 고노스케는 경영 재건에 전력으로 매진한다. 그 결과 업적은 단시일에 호전하여 11월 말에는 대전 후 처음으로 주주 배당을 하게 되었으며, 30% 배당할 정도가 되었다.

56세(1951년)—처음으로 미국에 간다

1951년 1월, 고노스케는 우리는 세계 인류의 일원이라는 자각 아래 경영을 재검토하고 그 성과를 급속도로 올리기 위해서 '마쓰시타는 오늘부터 재 개업한다'는 마음가짐으로 경영에 임하고자 한다고 강력하게 선언하고, 시야를 넓히기 위해 처음으로 미국 시찰을 갈 것을 발표한다.

미국에서의 고노스케는 놀라움의 연속이었다. 낮에도 휘황하게 켤 수 있는 전기[1], 공원(工員)의 임금 이틀 분으로 살 수 있는 라디오[2], 여자 공원의 초임금이 일본의 사장 급…. 풍요로움에 있어서 천양지차가 있음을 실

1 일본에서는 정전이 일상의 다반사였다.

2 일본에서는 1.5개월 분.

감한 고노스케는 4월에 귀국 후 '민주주의는 번영주의다. 일본도 진정한 민주주의가 되면 반드시 번영한다'라고 하는 생각을 발표해서 많은 사람들의 지지를 얻었다.

57세(1952년)—필립스 회사와의 제휴

전부터 구미의 선진 기술을 도입하는 것이 전후 일본의 재 부흥에 불가결하다고 생각하고 있던 고노스케는 1951년 10월에서 12월에 걸쳐 다시 미국으로 갔으며, 이번에는 유럽도 돌아 기술 제휴 선을 찾았다. 결국 네덜란드의 필립스 사와 교섭을 시작했지만, 상대 쪽에서는 제휴의 조건으로 로열티[1] 7%를 요구해 왔다. 미국이면 매출의 3%가 상식이었으므로 높다고 하지 않을 수 없다. 그러나 상대 쪽은 '그만한 가치가 있다'라고 양보를 하지 않았다. 그래서 고노스케는 '경영에도 가치가 있다'는 신념으로 '경영지도료'를 역으로 요구한다. 필립스 사는 당황하지만 그 주장에 일리가 있다고 판단한다.

그 결과 1952년 10월, 필립스 사의 기술지도료 4.5%에 대해서 마쓰시타전기의 경영지도료 3%로 계약이 성립하여 12월에 신 회사 '마쓰시타전자공업'이 발족한다. 그 후 이 비율은 3%와 2%로 개정이 되지만 1967년에는 드디어 동액인 각각 2.5%가 된다.

---

1 기술제휴료.

61세(1956년)—'5개년 계획'을 발표한다

1955년 후반에서부터 일본 개국 이래 호경기가 시작되어 실질 경제 성장률은 연 8.8%에 달하고, 그 해의 경제 백서는 '이제는 전후(戰後)가 아니다'라고 선언한다. 고노스케도 또 재건의 시기가 끝나고 본격적인 활동기에 들어갔음을 감지하고 1956년 1월의 경영방침 발표회에서 '마쓰시타전기 5개년 계획'을 발표했다. 내용은 1960년에 220억 엔의 매출을 800억 엔으로, 11,000명의 종업원을 18,000명으로, 30억 엔의 자본금을 100억 엔으로 한다는 것. 너무나 구상이 큰 데에 전원이 놀랐다. 또 당시 민간 기업에서 이러한 장기계획을 발표하는 곳은 없었으며 각 방면에 큰 반향(反響)을 불러 일으켰다. 고노스케는 '이 계획은 반드시 실현할 수 있다. 왜냐하면 이것은 일반 대중의 요망이기 때문이다. 우리는 대중과 보이지 않는 계약을 하고 있는 것이다'라고 호소해서 전원의 분발을 촉구했다. 결국 이 계획은 4년만에 거의 달성되었으며, 5년 후인 1960년에는 매출 1,514억 엔, 종업원 28,000명, 자본금 150억 엔이 되어 목표를 훨씬 상회하게 되었다.

65세(1960년)—'주휴 2일제'를 발표한다

개국 이래 계속되는 호경기로 일본 경제는 번영을 구가(謳歌)하고 있었지만 그것은 두터운 보호정책의 덕분이었다. 1959년의 GATT총회에서는 외국으로부터 강하게 무역자유화 압력을 받았으며, 1960년에는 일본 정부도 3년 후에 자유화율을 90%로 할 것을 발표한다. 이러한 정세를 본 고노스케는 "국제 경쟁에서 이기기 위해서는 설비의 개선이나 오토메이션을 추진함과 동시에 일의 능률을 크게 높이지 않으면 안 된다. 그렇게 하려면 미국과 같이 주 2일의 휴식이 필요하다. 그렇게 되어야 비로소 세계의 메이커로서 타사와 호각의 장사를 할 수 있다고 생각한다. 5년 후에 주 2일의 휴일을 얻을 수 있도록 주 5일제를 실시하고자 한다."고 말하여 사원 전원을 놀라게 한다. 그리하여 5년 후인 1965년 4월에 심각한 불황에 직면하고 있었음에도 불구하고 계획대로 실시하게 된다.

66세(1961년)—사장 퇴임, PHP연구를 재개

1961년 1월의 경영방침 발표회에서 방침을 발표하고 단상에서 내려온 고노스케는 아직 박수 소리가 끊이지 않는 상태에서 다시 등단한다. 거기서 "작년에는 여러분의 협력을 얻어 5개년 계획도 무사히 완료되었고 나도 나이가 만 65세가 되었다. 오래 전부터 적당한 시기에 사장직에서 물러서야 하겠다고 생각하여 50세 때에 '양주(陽洲)'라는 호(号)를 붙여서 은퇴하려고 생각했는데 때마침 전쟁 중이어서 실행할 수가 없었고, 전후의 곤란한 시기에 책임상 은퇴할 수가 없어 1951년부터 재건에 매진했다. 그로부터 10년, 오늘 이러한 성황을 볼 수 있게 된 것은 정말로 기쁘다. 그래서 여러 가지로 생각한 결과 이 차제에 사장을 은퇴하고 회장으로서 후방에서 경영을 지켜보고자 한다. 내가 은퇴해도 경영은 충분히 잘 해나갈 수 있다고 생각한다. 이것을 전기로 하여 새로운 구상 하에 활동해주기 바란다."고 말했다. 전혀 예기치 않았던 고노스케의 퇴임 인사에 대회장은 일순간 떠들썩했지만 금방 조용해졌다. 새로운 사장에는 마쓰시타 마사하루(正治) 부사장이 취임하여 전원에게 큰 전기(轉機)를 자각시켰다.

고노스케는 회장으로 물러선 것을 계기로 1950년에 경영 재건을 위해서 일시 중단한 PHP연구를 재개한다. 1961년 8월, 지난해에 구입한 교토 히가시야마산 언저리에 세운 건물을 '신신앙(眞眞庵)'이라고 이름 짓고 여기를 PHP연구의 본거지로 정하고, 열 명 남짓한 연구소원과 함께 연구에 몰두하게 된다. 이것으로 1947년 이후 발행해온 『PHP』 잡지의 편집에 더하여 여러 가지 활동이 전개되어가게 된다.

69세(1964년)—아타미(熱海) 회담을 계기로 현장에 복귀

동경 올림픽을 맞이하여 일본의 고도성장은 그 세력을 그칠 줄 몰랐다. 그러나 1963년 말에 이르러 과열 기미가 있던 경기를 억제하기 위해서 금융 긴축이 강화되면서 차입금에 의한 설비투자를 계속해오던 산업계는 급속한 전환이 필요하게 되었다. 전기기기 업계도 또 주력 상품의 보급이 어느 정도 한 바퀴 돌게 되어 수요가 침체한 탓도 있어 판매 부진에 따른 시장 경쟁의 격화, 판매점의 경영악화가 눈에 띠기 시작했다. 이 사태를 우려한 고노스케는 1964년 7월 아타미(熱海)에서 사흘간에 걸친 '전국 판매 회사, 대리점 사장 간담회' 소위 말하는 '아타미 회담'을 개최했다. 이때 고노스케는 연속 13시간 이상 단상에 계속 서 있으면서 판매 회사나 대리점 사장으로부터 불만이나 요망에 귀를 기울였다. 고노스케가 쇼크를 받은 것은 순조롭게 수익을 올리고 있는 곳은 170개사 중 불과 20개사 정도밖에 없었다는 것이다.

드디어 최종일이 되어도 불만은 끝나지 않았다. 아무런 결론을 찾을 수가 없었던 것이다. 그래서 고노스케는 "3일간 충분히 서로 협의했으므로 더 이상 따지는 것은 그만합시다. 잘 반성해보면 결국은 마쓰시타전기기가 잘못했습니다. 이 한 마디로 끝난다고 봅니다. 앞으로는 마음을 바꾸어 재출발하겠으므로 아무쪼록 잘 협력해주시기 바랍니다." 하고 빌듯이 호소하며 말을 잇지 못했다. 보고 있으니 고노스케는 손수건으로 눈물을 닦고 있었다. 갑자기 전원이 덩달아 눈물을 흘려 대회장은 일전하여 숙연하게 되었다. 회담은 감격의 눈물과 함께 막을 내렸다. 폐회에 임하여 고노스케는 한 장씩 정성을 다해서 휘호(揮毫)를 한 '공존공영'의 색종이를 사장 한 사람 한 사람에게 전달했다. 그 후 고노스케는 병으로 요양 중인 영업본부장의 직무를 대행하여 연초에는 '직거래 제도'나 '신 월판(月販) 제도' 등의 획기적인 새로운 판매 제도를 내새워 불황 극복에 전력을 경주한다.

78세(1973년)—회장에서 상담역으로

1973년 마쓰시타전기는 창업 55주년을 맞이했다. 7월의 임원회에서 고노스케는 회장직을 사임하고 상담역에 취임한다고 발표한다. 그 후의 기자 회견 석상에서 "나도 이제 달력 나이로 80세가 되어 지금이 가장 좋은 기회입니다. 이 55년 간에 해야 할 일은 모두 했습니다. 지금은 내가 생각해도 잘했다고 내 자신이 나의 머리를 쓰다듬어주고 싶은 심경입니다."고 담담하게 이야기했다. 이때 사회의 많은 사람들의 지원에 감사하기 위해 각 지방 자치단체에 총액 50억 엔의 '사회 복지 대책 자금'을 기증할 것도 발표하여 많은 국민에게 깊은 감명을 주었다.

또 고노스케는 이 외에도 사회에 대해서 여러 가지 기증을 하고 있다. 예를 들면 1964년 교통사고 다발지였던 오사카 역에 당시로서는 일본 최대의 육교를 기증하여 오사카시의 교통안전 대책에 큰 역할을 했다. 더욱 1968년에는 총액 50억 엔의 '아동의 교통 등 재해방지 대책 자금'을 기증하여 교통 유아(遺兒)가 격증하고 있던 당시에 밝은 뉴스로서 큰 화제를 불러 일으켰다. 이 자금은 전국 각지에서 아동의 교통의식을 높이기 위한 교통공원 만들기 등에 활용되었다.

또 1968년 인구 과소(過疎)문제가 심각화하고 있던 중에 '과소문제는 정부가 해야 할 문제지만 민간 기업으로서도 되도록 협력해야할 것이다. 일시적으로 다소 이익이 적다하더라도 기업으로서는 과소문제로 고민하는 지방에 공장을 건설하는 것도 중요하다'라는 신념에서 당시 가장 인구 감소가 심했던 가고시마(鹿兒島)현에 공장 건설을 발표하여 해당 지방에서뿐만 아니라 전국에서 칭찬을 받았다. 그 후 마쓰시타전기는 이 생각에 입각하여 지방 공장의 전개를 적극적으로 진행시켜 1994년까지 전국 47개 도부현(都府縣) 중 공장이 없는 곳은 다섯 현뿐이다.

83세(1978년)—창업 60주년 식전에서의 감동

1978년, 마쓰시타전기는 창업 60주년을 맞이한다. 병 요양 후의 몸이었지만 고노스케는 이 해 1월의 경영방침 발표회에 출석하여 "지금으로부터 60년 전에 마쓰시타전기를 창업했을 때는 불과 세 사람이었습니다. 60년 후인 오늘날에는 6만 명이 넘는 인원이 되었습니다. 관계회사를 포함하면 15만 명에 이릅니다. 이렇게 많은 사람들이 모두 마쓰시타전기에서 일을 하고 있다고 생각하니 나로서는 꿈만 같습니다. 제로에서 이렇게까지 할 수 있었습니다. 60년이라면 개인이라면 '환갑'이라고 하여 또 새롭게 원점에 되돌아가서 하나에서부터 다시 시작한다는 관습이 있습니다. 마쓰시타전기도 오늘 한 번 더 원점으로 되돌아가서 15만 명에서 재출발하는 것입니다. 이 다음 60년에는 나는 물론 여러분들도 안 계실지 모르지만 어쨌든 발전한 거대한 모습은 상상을 초월할 정도가 되어 있을 것으로 생각합니다." 하고 말하여 연단에서 걸어 나와 깊이 고개 숙여 세 번 큰절을 하면서 '여러분 정말 감사합니다'라고 말했다. 고노스케가 머리 숙여 절을 할 때마다 큰 박수가 일어나서 대회장은 감동의 소용돌이에 휩싸였다.

94세(1989년)—최후까지 상대방을 헤아리다

쇼와(昭和) 일본 천황의 서거를 뒤따르듯 4월 27일 오전 10시 6분 고노스케는 94세 5개월의 생애를 마감한다. 잠자고 있는 듯한 편안한 얼굴이었다고 한다. 4월 30일 오전 11시부터 가족장이 거행되었다. 가족장 참례자는 12,000명에 이르렀으며 분향하고자 하는 사람들의 행렬은 일시 1킬로미터를 넘었다고 한다. 마쓰시타그룹 각사의 합동 장례식은 5월 25일에 이루어졌다. 사외 15,000명, 사내 5,000명이 참례하였으며 전 세계에서 보내온 조전(弔電)은 11,000통 이상으로 민간인으로는 최대 규모가 되었다.

마쓰시타기념병원의 요코오(横尾定美) 원장에 의하면 고노스케의 건강에 이변이 나타난 것은 4월 6일, 감기가 들어 38도의 고열이 나타났으므로 뢴트겐 촬영을 해보니 기관지 폐렴으로 판명되었다. 고노스케는 2년 전부터 성대의 위축으로 인하여 목소리가 거의 나오지 않는 상태에서 말을 걸어도 작은 목소리로 "응." 하고 고개를 끄덕이는 것이 고작이었다. 그런데 4월 20일 요코오 원장이 기관에 괴인 담을 튜브로 빨아낼 때에 '지금부터 튜브를 목에 넣습니다. 잠깐만 참아주십시오'라고 말을 건넸더니 고노스케는 쥐어짜듯 '아닙니다. 부탁드리는 것은 내 쪽입니다'라고 쉰 목소리로 답을 했다고 한다. 이것이 고노스케의 마지막 말이 되었다. 요코오 원장은 '그 한 말씀은 평생 잊을 수가 없습니다. 고통스런 병상에 있으면서 상대방을 배려하는 상담역님의 모든 것을 말해주는 말씀이었다고 생각합니다'라고 이야기하고 있다.

계명(戒名)은 '광운원석진행(光雲院釋眞幸).

화로를 파는 집의 어린 머슴을 시작으로 23세에 회사를 세우고 전쟁, 불황 등 여러 가지 난국을 극복하여 입지전 중의 인물로 평가됨과 동시에 일본인에게 꿈을 계속 심어준 진정으로 웅혼장대(雄渾壯大)한 길을 걸었던 사람이었다.

제1장

고노스케, 인생을 말한다

그러면 길었던 (그러나 중요한) 서론을 종료하고 드디어 본론의 개막입니다.

본장에서는『마쓰시타 고노스케 발언집』(전 45권) 중에서 '인생'에 관해서 배울 수 있는 발언에 주목하여 고노스케 씨의 말씀 중에서 무엇을 배울 수 있느냐에 관해서 고찰을 깊게 해보겠습니다.

(발언집에는 빈칸이 거의 없어 일반서로서 소개하기에는 좀 읽기가 까다로운 점이 있어 내 나름의 문학적 판단에 근거해서 적절한 장소에 빈칸을 삽입하는 것을 용서해주시기 바랍니다. 또 발언의 선출에 있어서는 되도록 추상적인 규범(規範)이나 전문적인 경영론은 피하고 일반 독자 쪽에서 본 재미와 알기 쉬움을 중요시했으므로 고노스케론의 대 선배 되시는 여러분으로부터는 왜 그 중요한 발언을 수록하지 않는가라는 꾸지람을 받을 것을 충분히 각오하고 있습니다.)

제1절 열중하고 즐기고 성장한다

고노스케 씨는 알기 쉬운 사례를 들면서 교묘하게 청중의 흥미를 끄는 명인입니다. 그와 같은 구체적인 예증(例證)된 화술을 몇 가지 소개하겠습니다. 우선은 어떤 일에 대해서 열심히 도전하는 것의 가치를 설명한 이 이야기부터입니다.

영원히 네가 있는 한 사주겠다

나의 한 가지 사례를 말씀드리겠습니다만 나는 15세 때 이미 자전거 상점에서 고용살이를 하고 있었습니다. 달력 나이로 15세였으니까 만으로 말하면 13세입니다. 중학교 1학년 정도의 모습이었다고 생각되는데 거래선에서 자전거를 사고 싶으니 견본을 가지고 오라는 것이었습니다. 지배인이 항상 가게 되어 있는데 그때 마침 지배인이 없었습니다. 그래서 나는 그 당시 고오기치(幸吉)라고 불리고 있었는데 '고오기치, 네가 이 자전거를 가지고 가거라'고 사장님에게서 명령을 받았습니다.

나는 당시 나 혼자서 한 대의 자전거를 팔아보겠다는 희망을 가지고 있었습니다. 그러나 여간해서 팔려 나가는 것을 허가해주지 않았습니다. 어린 아이였으니까 언제나 지배인이 갔습니다. 내 단독으로 팔아보고 싶었지만 기회가 오지 않았는데 마침내 그런 기회가 온 것입니다. 그래서 나는 작심하여 내가 가지고 가서 팔아보겠다고 나선 것입니다.

거래선에 자전거를 가지고 가서 나는 어린 아이였지만 그 자전거의 성능, 가격 등을 열심히 설명했습니다. 나는 당시 미소년이었습니다.(웃음과 박수) 그때 상대방 주인은 내 설명을 듣고 있었습니다. 나는 그런 희망을 품고 있었기 때문에 열심히 설명했습니다. 그 주인이 어떤 점이 마음에 들었는지 모르지만 가까이 와서 내 머리를 쓰다듬어주었습니다. "너는 귀여운 녀석이야. 잘 알았어. 사주마." 이렇게 된 것입니다. 이건 꿈같은 일이었습니다.

'사주시겠습니까?', '사주마. 그 대신 10% 깎아줘'라고 말하는 것이었습니다. 실제로 우리 가게에서도 10% 깎아서 파는 경우가 있었습니다. 그래서 나는 '10%를 한꺼번에 깎을 수는 없습니다'라고는 말하지 않았습니다. (웃음)

'잘 알았습니다. 돌아가서 그렇게 말하겠습니다'라고 말하고 대단히 기쁜 마음으로 돌아왔습니다.

이것으로 완전히 팔렸다고 생각한 나는 돌아와서 주인에게 그렇게 말했습니다. '팔고 왔습니다. 10% 깎아서 팔고 왔습니다', '어떻게 된 거야?', '이렇게 이렇게 됐습니다', '그러면 안 돼!', '왜요?', '처음부터 한꺼번에 10%나 깎는다는 건 안 되는 거야. 처음에는 5% 깎아주겠다고 그렇게 이야기하는 거야. 이것이 상술이야. 한 번 더 갔다 와!'라고 말하는 것입니다. (웃음)

주인이 말하는 것을 이해하지만 한 번 더 가면 되는데, 나는 이상하게도 그것이 슬프게 느껴졌습니다. 그래서 훌쩍이며 울기 시작했습니다. 그러다 보니 답변이 늦어버려 상대방도 급하게 서두르고 있었으므로 상대방의 지배인이 뛰어와서 '아무런 답변이 없는데 어떻게 된 겁니까?'라고 묻는 것이었습니다. 그랬더니 우리 주인이 '고오기치는 당신 집 앤지 우리 집 앤지 알 수 없군요. 깎아주자고 울고 있어요'라고 말했어요. 상대방을 위해서 깎아주자고 말하며 울고 있다고 생각했던 모양입니다. 내가 울고 있었던 것은 사실입니다. 그래서 그 지배인이 돌아가서 그쪽 집 주인에게 '그 소년 말입니다. 깎아주자고 주인에게 울면서 호소하고 있다고 해요' 이렇게 된 것입니다.

상대방 주인은 대단히 감동했습니다. (웃음). '그래? 그렇다면 5%만 깎아서 사주어라'고 말하여 그 자전거가 팔렸던 것입니다. 이상한 일입니다. 그리고 그때 상대방 주인이 '너는 열성이 대단한 아이야. 감탄했어. 그래서 네가 이 점포에 있는 한 자전거는 다른 데서는 안사고 네 가게에서만 사주마'라고 말해주었어요. 자전거 한 대만 팔았어도 좋았는데 영원히 네가 있는 동안 사주겠다고 하니 이건 위대한 성과였습니다.

이 일을 생각해보면 결국, 가격이 적정한가 하는 것도 물론 중요하지만 그 이상 중요한 것이 무엇인가 하면 열심히 팔겠다는 열의에서 생겨나는 여러 가지 모습이라고 나는 생각합니다. 그 모습에 사람들은 감동합니다. 그리하여 자전거가 팔린 것뿐만 아니고 영원히 '네가 있는 가게에서 사주겠다'는 것까지 약속한다는 것은 대단히 흥미 있는 일이라고 생각합니다.

『마쓰시타 고노스케 발언집』 제11권 62쪽 8행째
1962년 4월 9일, 오사카증권업협회 오사카증권연수소 제1기 연수(67세 때)

왜 나는 고노스케 씨의 이 발언을 본장의 첫 머리에 가져왔을까? 이유는 고노스케 씨가 67세인 이해 1962년에 내가 태어났기 때문입니다. 극히 개인적인 이유이므로 독자 여러분은 실망하셨겠습니다만 우선은 이런 방법으로 고노스케 씨와 내가 '할아버지와 손자' 이상의 연령차가 있음을 나타내어 이 책을 읽게 될 때 참고 정보로 알고 계셨으면 합니다.

그런데 고노스케 씨는 자기 자신과 마찬가지로 목전의 일에 열심히 도전하는 사람을 대단히 좋아합니다. 일본 역사상 그와 같은 인물의 대표를 찾아낸다면, 도요토미 히데요시(豊臣秀吉)가 아직 기노시타 토오키치로(木下藤吉郎)로 불리고 있을 때가 생각납니다. 고노스케 씨는 젊은 시절의 히데요시(도요토미)에 대해서 다음과 같이 분석하고 있습니다.

왜 히데요시(秀吉)가 그렇게 출세했을까?

그러면 왜 히데요시가 그렇게 출세하게 됐을까? 또 그렇게 많은 일을 했을까 하는 것인데 이것은 여러 가지 그에게 특색이 있었기 때문일 것입니다. 그 중 한두 가지를 들어보고자 합니다. 첫째로 히데요시는 소년시절부터 줄곧, 내가 느끼는 범위에서는, 대단히 명랑한 사람이었던 것 같습니다. 웬만한 일에는 불평을 말하지 않는 사람이었던 것 같습니다. 그것이 대단히 많은 사람들에게 호감을 갖게 한 한 가지 요인이 아니었나 생각합니다. 그 사람은 영주였던 노부나가(信長)를 섬기게 되었는데 최초엔 신발 지키기였습니다. 그 후에 마부를 맡게 되었는데 당시로서는 가장 낮은 일부터 시작했지만 그런 낮은 일에도 별로 불평을 말하지 않았습니다. 오히려 일을 얻었다는데 대한 감격 쪽이 더 강했습니다. 힘든 일이라기보다도 일이 있다는 것에 대해서 대단한 기쁨을 느꼈던 것이 아닌가 생각합니다. 그렇기 때문에 명랑한 성격을 가지고 있는데다 그런 현실적인 기쁨이 더해져서 더욱 더 열심히 한 것 같이 생각됩니다만, 열심히 일한 것 중에 이런 것이 있습니다.

어떤 일이냐 하면 마부로서 말을 책임지고 보호하는 역할을 맡게 된 것입니다. 그때 말에게 주는 사료가 있었습니다. 이것은 일정한 양이 주어지지만 말에게 먹이는데 있어 충분한 양이 공급되지 않는 것입니다. 혹은 보통의 양이 공급되었을지 모르지만 이것만으로는 충분히 말을 먹일 수가 없었으므로 그는 자기 급료의 일부를 덜어 당근을 사서 말에게 먹였다는 것입니다.

이것을 잠깐 생각해보면 그렇게까지 안 해도 되지 않나 생각합니다만 그는 그렇게 한 것입니다. 왜 그런 짓을 했을까? 출세하기 위해서였을까? 칭찬을 받기 위해서였을까? 여러 가지 생각할 수는 있겠습니다만 나는 그렇게 생각하지 않습니다.

말을 책임지는 일을 맡은 이상은 역시 거기에 애정이라는 것이 생겨서 말이 귀엽다, 또 잘 키우고 싶다는 마음에서 그는 자기의 급료를 덜어서 말에게 준 것으로 느껴집니다. 이것은 보통으로는 잘할 수 없는 일이라고 생각합니다. 보통의 경우 그 당시라 할지라도 그런 일을 하는 사람은 없었습니다. 대부분은 그 반대였습니다. 말의 사료 값으로 받은 돈의 일부를 자기 포켓에 넣는 사람은 있어도 히데요시와 같은 일을 하는 사람은 적었습니다. 그렇기 때문에 그 근무상태는 특별히 눈에 띄었을 것이라고 생각합니다. 대단한 감명을 주었다고 생각됩니다. 그 중에는 그렇게까지 해서 무슨 소용이 있느냐고 오히려 동료들로부터 미움을 샀을 경우도 있지 않았나 생각됩니다. 그러나 모두가 다 미워하지는 않았을 것입니다. 그 중에는 역시 그 성의를 인정한 사람도 많이 있었을 것으로 생각합니다.

그래서 한 가지 일을 해도 지금 말씀드린 대로 자기의 급료를 떼어서라도 그것에 열중했다는 것이므로 나는 거기에 성과가 올랐을 것이 틀림이 없다고 생각합니다.

『마쓰시타 고노스케 발언집』 제11권 103쪽 12행째

1963년 2월 6일, 우정성(郵政省) 긴키(近畿)관내훈련생 연수회(68세 때)

이와 같은 젊었을 때의 히데요시의 모습에 고노스케 씨는 자기의 소년 시절을 회상하며 감개무량했을 것입니다. 무슨 일이든 호기심을 가지고 열중하는 타입의 사람에게 있어서는 이와 같은 히데요시의 『태합기』[1] 나 또는 에디슨의 전기(傳記) 등을 읽으면 '그래 그래!' 라고 공감할 수 있을 것이 틀림없습니다.

이와 같은 히데요시의 삶을 고노스케 씨는 경영의 영역으로 가지고 와서 예시합니다. 예를 들면 만두집을 창업하는데 해당시키면 어떻게 설명이 될까요.

연구를 하지 않고 만두집이 성공한 예는 없습니다

어느 동네에 만두집을 창업하겠다고 할 때에 이 만두집 주인이 성공하겠다는 집념이 상당히 강력하지 않으면 성공할 수가 없습니다. 우선 만두를 만들어 점포 앞 진열대에 전시를 합니다. 그러나

1 히데요시의 전기 소설.

그것만으로는 안 됩니다. 자기 점포 앞에 진열함과 동시에 그 동네에 있는 다른 만두집의 앞을 지나봐서 다른 만두집의 크기, 어떤 모습을 하고 있는가, 어떤 진열 방법을 하고 있는가 등을 살펴봐야 합니다. 그리고 한 번 다른 집 물건을 사서 자기 집 것과 먹어서 비교해봐야 합니다. 그때 자기가 먹어봐서는 역시 편견이 있을 수 있으므로 자기 집 것이 더 맛이 있을 거라고 생각할지 모릅니다.

또는 역으로 너무 걱정이 되어 다른 집 것이 더 맛이 있다고 생각할지도 모릅니다. 그래서 제3자에게 시식을 의뢰합니다. '자기 집 것이다, 다른 집 것이다'라고 말하지 않고 '둘 다 내가 만든 것인데 어느 쪽이 더 맛이 있는지 시식을 해봐주세요'라고 만두 맛을 비교적 잘 아는 사람에게 비교를 받아보는 것입니다. 그렇게 하면 이쪽이 더 맛이 있다든지 다른 쪽이 더 맛이 있다든지를 알 수 있게 됩니다. 그렇게 되면 내가 만든 것보다 다른 사람이 만든 것이 더 맛이 있다는 것을 알게 되며, 이러면 안 되겠다고 생각하게 되면 거기에 흥미를 가지고 더욱 더 연구를 하게 된다는 것입니다.

그러는 동안에 어느 듯 '저쪽 집 만두가 어딘지 모르게 좀 다르다. 같은 값으로 사게 될 바에야 저쪽 만두집에 가서 사자'라고 말하여 2~300미터 멀어도 이쪽 집에 와서 사게 됩니다. 그렇게 해야만 그 만두집은 성공하게 되는 것입니다. 이와 같이 한 동네에서 만두집을 해서 성공하는데도 그만큼의 노력이 필요한 것입니다. 그런 연구를 하지 않고 만두집이 성공한 예는 없습니다.

『마쓰시타 고노스케 발언집』 제42권 39쪽 15행째

1946년 5월 12일, PHP연구소 직원에 대한 강화(講話) (52세 때)

만두집이든 무엇이든 하겠다고 하면 호기심과 향상심의 덩어리가 되어 철저하게 정보를 모아서 연구할 필요가 있다… 한마디로 표현하면 '노력'이라는 것의 가치를 고노스케 씨는 이와 같이 여러 가지 방법으로 설득을 하고 있습니다. 고노스케 씨의 발언집에는 수많은 장소에서 여러 종류의 청중을 향해서 노력하는 것의 가치를 설득한 말이 넘쳐흐르고 있습니다.

예를 들면 고노스케 씨가 68세 때에 소년 시절을 되돌아본 다음과 같은 추억담을 들어보겠습니다.

오늘은 내가 생각해봐도 정말 일을 열심히 잘했다

나는 어렸을 때부터 여러 가지 입장에서 일을 해왔지만 어린 소년 점원 노릇을 하고 있었을 때를 지금 생각해보면, 소년 점원의 일에 대해서는 "정말 성실하게 잘했다. 거기에서 나는 정말 사는 보람을 느끼면서 일했다."고 느끼는 것입니다. 그 당시에 큰 회사를 차리겠다는 야심 같은 것은 사실 없었습니다.

결혼하고부터는 나는 몸이 약했으므로 회사에 근무하고는 있었지만 간혹 회사를 쉬었습니다. 쉬면 일급이었으므로 급료가 나오지 않았습니다.

그렇게 되면 당장 생활이 어려워집니다. 그래서 생각한 것이 “내 몸이 반 이상 상한 상태였으므로 작은 단팥죽 집을 하면 간혹 쉬어도 처가 대신해주므로 손님은 올 것이다.”고 극히 간단한 일밖에 생각하지 않았습니다. 그 정도의 생각이 고작이었습니다.

그러나 그렇게 생각하는 반면으로 그날그날의 일은 몸 상태가 좋을 때는 열심히 했습니다. 그래서 단팥죽 집 대신에 전기용품 가게를 했는데 (웃음) 전기용품 가게도 작은 소켓을 만들어 그 소켓을 파는 일부터 시작했습니다. 그 당시에는 소켓을 만드는 소규모 공장으로서는 성실하게 했습니다. 그리고 그날그날을 즐겼습니다. 그날그날을 감격하며 일한 것에 지니지 않았습니다.

내 자신으로서는 그날그날이라는 것을 비교적 열심히 무난하게 해 왔던 것에 지나지 않습니다. 그것도 대단히 열심히 했는가는 나도 잘 모르겠습니다. 그렇지 않았던 일도 있었던 것 같은데 그러나 나는 한 번 이런 일을 절실히 느낀 일이 있습니다.

그것은 장사를 시작한지 4, 5년 지났을 때입니다. 점점 바빠져 갔으므로 밤늦게까지 일을 했습니다. 여름철의 어느 날이었는데 그 당시는 일이 끝나면 목물을 합니다. 최근에는 어느 가정에서도 목물을 잘 안하는 모양입니다만 그 당시는 40년이나 전 이야기니까 목물을 했습니다. 대야에 더운 물을 담아서 목물을 하게 되었는데 나는 그때 정말 충실감이라는 것을 맛보았습니다. 그 충실감이란 것이 어떤 것이냐 하면 '오늘은 내가 생각해봐도 정말 일을 열심히 잘했다'라는 느낌을 가지는 것입니다. 내 스스로 등을 물수건으로 닦고 얼굴을 씻고 하는 동안 지금 말한 것과 같이 "정말 오늘은 잘했다."는 기분을 진심으로 절실히 느꼈던 것입니다. 그런 모습이 나에게는 대단히 행복했다고 생각합니다. 고통은 아무 것도 없고 즐거움뿐이었다고 생각합니다.

그것이 점점 누적이 되어 오늘과 같이 많은 사람들로부터 지지와 찬성을 얻어서 마쓰시타전기라는 회사를 경영하기 시작했습니다. 처음부터 결코 이런 일을 하겠다는 높은 희망 같은 것은 하나도 없었습니다. 이것은 거짓 없는 나의 술회입니다. 그날그날을 나는 즐겨왔다고 생각합니다.

결국 나는 우리 인간은 그럴 수밖에 없다고 생각합니다. 물론 그 중에는 장래 이렇게 될 것이라는 계획을 세워서 열심히 노력하는 사람도 있을 것이며 또 그것은 그것으로 훌륭하다고 생각합니다만 여간해서 자기가 세운 계획이라는 것이 그대로 되지 않습니다. 3년 간 열심히 찾아도 신부 깜을 구하지 못했다가도 우연한 기회에 쉽게 구했다는 것과 같습니다. 즉 운명의 신이 작용하지 않으면 안 되는 모양입니다. (웃음)

남성이든 여성이든 나날의 충실한 생활 태도에 대해서 그런 눈에 보이지 않는 한 가지 작용이 일어나고, 그래서 부지부식 간에 한 가지 운명이라는 것이 거기에 형성되어가는 것이라고 나는 생각하는 것입니다.

『마쓰시타 고노스케 발언집』 제32권 35쪽 4행째

1963년 10월 11일, 제1회 BS전국대회(68세 때)

그날그날을 즐겁게 충실하게 하며 눈앞의 일을 열심히 하고 있으면 자기 자신도 모르는 사이에 어떤 운명이 형성되어간다… 그런 어떤 운명이야말로 고노스케 씨의 경우에는 '언젠가는 창업을 해서 대 성공한다'라고 하는 입신출세의 길이었을 것입니다.

스스로의 일에 대해서 긍지를 가지고 즐기면서 책임을 다하는 것의 중요성에 대해서 간혹 고노스케 씨는 '사원 가업(稼業)이라는 말로 설명을 합니다. 사원 한 사람 한 사람을 사원 가업이라고 하는 비즈니스를 창업하고 있는 경영자로 간주하는 그 유익한 발상에 대해서 고노스케 씨는 밤거리 우동 노점상의 사례를 들면서 교묘하게 설명하고 있습니다.

나의 직업이 밤거리 우동 노점상 주인이라고 한다면

그것이 무슨 말이냐 하면 여러분은 소위 말하는 사원 가업이라는 하나의 독립 경영 체의 주인공이며 경영자라는 사고방식입니다. 사회 전체에서 본다면 자기의 일은 마쓰시타전기의 사원이라는 직업입니다. 그러나 그 실체는 자기는 사원이라는 가업의 경영자이다고 하는 생각을 철저하게 가질 수 없을까 하는 것입니다. 나는 이렇게 생각할 수 있느냐 없느냐에 따라 대단히 큰 차이가 생긴다고 생각합니다.

오늘 날 독립한 경영자는 많이 있으며 그 경영하는 방식은 여러 가지 있습니다. 각각 그 사람의 취향에 따라 자주독립의 형태로 경영이 이루어지고 있습니다. 보통 우동집 주인도 마찬가지입니다. 또 밤거리 우동 노점상 주인도 독립해 있습니다. 그런 사람들은 그 일들을 자기 혼자서 하고 있습니다. 자기 혼자서 독립 경영체로서 거기에 온 정성을 다하며 자기 사업이라는 관점에서 사물을 보며, 사물을 판별하고 그리고 시비를 가리고 있는 것입니다.

그러나 대 회사의 소위 말하는 샐러리맨, 사원이라는 사람들은 거기까지 철저하질 못합니다.

회사의 사원이라는 입장에 있어서 요컨대 주어진 일을 수행하고 있다는 정도의 마음가짐으로 끝내고 있지 않나 생각합니다.

그것을 한 발 더 앞으로 나아가서 나는 마쓰시타전기라는 한 회사 속에서 사원 가업을 하고 있는 독립 경영체라고 생각하고 여러분 한 사람 한 사람이 자기의 독립 경영체로서 나는 마쓰시타전기의 사원 가업을 하고 있다고 하는 마음가짐으로 사물을 보고, 사물을 판단할 수는 없는 것일까? 또 그렇게 하는 것이 잘못된 것인지 아닌지에 대해서 한 번 생각해봐달라는 것입니다.

만약 사원 가업에 철저해진다면, 예를 들면 명령을 받은 범위 내에서만 일을 끝낼 수는 없을 것으로 생각합니다. 자기의 가업이 밤거리 우동 노점상 주인이라면 스스로 앞장서서 우동을 판다는 마음가짐으로 일을 하지 않을 수 없을 겁니다. 경우에 따라서는 노점을 강변에 차려서 손님을 부를 필요도 있을 것입니다. 또 오늘의 국물 맛이 어떤지 자기가 먼저 먹어보고 좀 짜다든지 싱겁다든지 스스로 맛을 보고 생각하는 일도 할 것입니다.

다행이 첫 손님이 왔을 때 그 손님에게 우동을 건네면서 우선 제일 먼저 하게 되는 말은 '오늘의 맛을 어떻습니까?'가 될 것입니다. 자기는 이것으로 좋다고 생각하지만 손님에게 '오늘의 맛은 어떻습니까?'라고 묻는다. 나는 좋다고 생각하지만 손님은 어떻게 느끼고 있을까? 이런 것은 당연히 물어봐야 한다고 생각합니다. 이것을 묻지 않는 밤거리 우동 노점상의 주인이라면 그것은 자기가 하고 있는 장사를 대단히 무시하고 있거나 멸시하고 있는 것이라고 생각합니다.

그런데 자기 장사를 대단히 열심히 한다면 국물의 맛, 우동의 온도가 어느 정도인지 나는 좋다고 생각하는데 손님은 어떻게 이것을 판정해주는 것인지를 듣고 싶을 것입니다. 열심히 일을 한다면 당연히 그렇게 될 것입니다. 그리하여 손님으로부터 '오늘의 맛은 좋은데요'라는 말을 들으면 대단히 안심을 하게 되고, 그렇다면 이대로 하면 되겠구나 하고 생각할 것입니다.

그렇게 노력하는 모습에서 나는 독립자영(自營)의 꽃이 핀다고 생각합니다. 모든 독립자영이라는 것은 나는 그런 것이라고 생각합니다. 그런 일을 하지 않는 경영자라는 것은 적격(適格)성이 결여되어 있다고 말할 수 있습니다. 적격성이 없는 사람은 자연히 낙오됩니다. 진정한 독립경영자에게는 우동의 맛을 그런 식으로 물어볼 정도의 열의가 당연히 생길 것이라고 생각합니다.

여러분이 마쓰시타전기의 사원이라는 것에 대해서 '이것은 나의 가업이다.", "나는 마쓰시타전기의 사원 가업의 주인공이다. 이것은 내 집의 사업이며 또한 이것은 말하자면 내 개인의 사업이다. 나는 그런 의미에서 '마쓰시타전기의 사원이다'." 하는 생각이 철저해진다면 여러분의 머리에서 무엇이 생각날 것인가 하면 상상도 할 수 없는 위대한 힘이 생겨날 것으로 생각합니다.

이와 같이 그러한 소기업체가 집합하여 이 마쓰시타전기라는 사회를 구성해 간다면 나는 이 마쓰시타전기라는 사회가 대단히 훌륭한 것이 되어 다른 사회에 그 좋은 점을 옮기게 될 것으로 생각합니다. 나아가서는 그것은 일본 전체 사회의 발전에 연결될 것으로 생각합니다. 그런 심경이 된다면 일을 할 때 수반되는 고통이라는 것이 없어질 것입니다. 일하는 즐거움, 자기 가업이 번영해 가는 모습을 보는 기쁨에 시간 가는 줄도 모르게 될 것으로 생각합니다.

『마쓰시타 고노스케 발언집』 제23권 259쪽 7행째

1963년 1월 10일, 마쓰시타전기 1963년도 경영방침 발표회(68세 때)

이와 같이 고객에게 맛의 평가를 묻지 않는 밤거리 우동 노점상이 있다면 '그것은 자기가 하고 있는 장사를 대단히 무시하고 있거나 멸시하고 있는 것이라고 생각합니다'라고 단언하는 고노스케 씨. 밤거리 우동 노점상이 격감한 현재로선 현실적인 비전이 잘 떠오르지 않을지 모르지만 단순한 '우동집'이나 '국수집'이라는 말로 표현해도 될 곳을 굳이 운치가 넘치는 '밤거리 우동 노점상'이라는 어구로 묘사하는 데에 고노스케 씨의 화술의 교묘함을 엿볼 수 있습니다. 아마도 그 당시의 사람들은 '밤거리 우동 노점상'이라는 말이 품기는 초라하지만 따뜻한 분위기에 휩싸여 자기를 그 주인이나 손님으로 간주하면서 무의식 중에 그 이야기에 빨려 들어갔을 것입니다.

이 발언 중에 각각의 사원이 "나는 사원 가업이라는 비즈니스의 경영자다." 하는 높은 의식을 가지고 긍지를 가지고 살아가는 것의 중요함을 호소한 고노스케 씨. 그와 같은 의식을 가지고 일을 하면 '여러분의 머리에서 무엇이 생겨나느냐 하면 상상도 할 수 없는 위대한 힘이 생겨난다'라고 하는 교묘한 말솜씨에도 나는 감복해버렸습니다.

더욱이 고노스케 씨는 다음과 같은 구체적인 예를 제시하면서 이 '사원 가업'의 중요성을 강조하고 있습니다.

상사가 적절한 지도자가 아닌 경우는 어떻게 하는가?

그래서 오늘날 존재하고 있는 어떠한 회사도 거기에 관해서 여러 가지 연구를 거듭해왔습니다. 더구나 그것을 회사 자체의 힘으로 습득하고 있는 것입니다. 그리하여 점점 더 신장해나갑니다. 만약 이런 일을 게을리 하고 또 제대로 하지 못한다면 경쟁의 장에서 낙오하게 됩니다. 이것은 여러분들 개인에 대해서도 마찬가지라고 생각합니다.

지금 말씀드린 것은 그런 이야기입니다. 여러분은 금후 직장이 주어질 것입니다. 그 직장에 있어서 기술자든 업무 사원이든 간에 스스로 열의를 가지고 연구를 하지 않고는 잘 해나갈 수는 없다고 생각합니다. 학교 선생님이 여러분을 적당히 지도를 잘 해도 여러분 자신이 열의가 없다면 어떻게 할 수가 없습니다. 다행히 여러분은 그런 열의를 가지고 학교 선생님의 가르침에 잘 따랐기 때문에 오늘이 있게 된 것입니다.

회사는 여러분을 훌륭하게 육성하는 데만 몰두할 수는 없다고 나는 생각합니다. 직장을 주고, 일을 주고 그리고는 어떤 요망을 하게 됩니다. 그 범위 내에서 여러분은 어떻게 하면 그것을 더 잘할 수 있는가를 생각하고 거기에 여러 가지 연구를 해서 스스로를 육성해 나가겠다는 각오가 없으면 안 된다고 생각합니다.

다행이도 어떤 직장에는 대단히 적절한 지도자로서의 주임이 계십니다. 그런 주임은 사람을 잘 길러내는 사람입니다. 그런 직장에 배정이 되면 그 사람은 행복한 사람입니다. 그렇게 되면 일이 대단히 잘 된 것이지요. 그러나 그런 대단히 적절한 사람만 있는 것은 아닙니다. 그렇지 않는 경우가 나는 오히려 더 많다고 생각합니다. 그렇게 되면 어떻게 할 것인가? 자기를 잘 지도 육성해줄 지도자가 있으면 여러분의 노고도 줄게 되지만, 그렇지 않는 경우에 비관하든지, 희망을 잃든지 하면 아무 것도 이루어낼 수가 없습니다. 오히려 나는 그런 적절한 지도자를 가지지 못하는 경우에 자기 스스로가 고안해서 일을 해 나가는 곳에서 진정한 도야(陶冶)가 이루어지고, 진정한 수련이 된다고 생각합니다.

『마쓰시타 고노스케 발언집』 제32권 74쪽 13행째

1958년 4월 4일, 마쓰시타전기 입사식(63세 때)

내가 놀란 것은 고노스케 씨가 '지도자로서 적절치 못한 상사도 존재한다'는 것을 신입사원의 입사식에서 언명하고 있는 점입니다. 더구나 '그렇지 않는 경우가 나는 오히려 더 많다고 생각한다'라고까지 철저하게 고백하고 있습니다. 평범한 경영자 같으면 '우리 회사에는 훌륭한 상사만 있으므로 안심하셔도 됩니다'라고 말할 것이 분명한데 '지도자로서 적절한 상사만 있는 것이 아니므로 자기 스스로가 고안하면서 노력해주기를 바란다'라고 역설적인 '부탁'으로 승화(昇華)시켜나가는 가치전환의 화술에 나는 깜짝 놀랐습니다.

그래서 고노스케 씨의 화술의 교묘함에 감탄하게 되는 명언의 하나를 다음에 소개하겠습니다.

명인이 되는 것은 대단히 어렵다. 그러나 잘하게 될 수는 있다

이 세상에는 백발백중이라는 말이 있습니다. 명인이면 백발백중입니다. 그러나 보통사람이면 백발백중이 될 수는 없습니다. 많이 쏘면 한 두 방은 맞출 수 있을지 모르지만 명인과 같이 될 수는 없습니다. 우리는 경영에 있어서도 또는 한 가지 일의 분야에 있어서도 명인이 된다는 것은 대단히 어렵습니다. 그러나 잘하게 될 수는 있다고 생각합니다. 잘하게 되는 단계까지 가지 않으면 진정으로 경영을 담당해도 어렵다고 생각합니다.

그럼에도 불구하고 잘하지도 못하면서 십년을 하루 같이 거기에 아무런 진보가 없이 자기 자신의 고집만을 부리고 있는 그런 사람이 가령 있다고 한다면 그 사람 자신으로서도, 또 그 주위, 회사, 사회, 국가에 대해서도 아무런 공헌을 할 수 없는 사람이라고 나는 생각합니다.

우리는 그렇게 되어서는 안 되겠습니다. 마쓰시타전기도 그렇게 되어서는 안 되겠습니다. 마쓰시타전기의 명인이 된다는 것은 그것은 가능하다고 생각하지 않습니다. 또 거기까지 갈 수도 없다고 생각합니다. 그러나 잘 하게 될 수는 있다고 생각합니다. 마쓰시타전기의 경영은 잘하는 경영이라고 하는 데까지는 될 수 있다고 생각합니다.

『마쓰시타 고노스케 발언집』 제31권 156쪽 11행째
1962년 11월 27일, 마쓰시타회장 탄생일축하회(68세 때)

만약 고노스케 씨가 "명인이 되라!"고 명령한다면 우리 같은 보통 사람은 "그런 건 무리입니다." 하고 풀이 죽게 될 것입니다. 그러나 "명인이 되는 것의 어려움은 잘 알고 있으므로 그런대로 잘 할 수 있게는 되어 달라."는 말로 권유를 받으면 "잘 알았습니다. 그것으로 족하다면 할 수 있는 데까지 해보겠습니다." 하고 겨우 답할 수 있는 용기가 날 것입니다.

고노스케 씨는 이와 같이 상대에 대해서 되도록 무리한 난제는 요구하지 않습니다. 오히려 제각기 독자적인 가치를 가지는 많은 전문가(사원 가업이라는 기업가)가 건실하게 힘을 합치면서 나아가는 것의 가치를 여러 가지 발언을 통해 강조하고 있습니다. 그 대표적인 것의 하나가 다음 말이라고 할 수 있을 것입니다.

진실을 전하면서 많은 사람에게서 듣는다

내가 장사를 시작했을 당초에 전기(電機)업계에 있었던 것은 아닙니다. 장사를 시작할 6년 정도 전에는 오사카의 센바라는 곳에 있는 어느 소매점에 소년 점원으로 있었으며 그 후 6년 간은 오사카 전등회사의 배선공으로 일하고 있었습니다. 따라서 장사 내용도 달랐고 전기업계라는 것도 알지 못했습니다. 말하자면 전혀 미지의 세계에 뛰어든 것입니다.

이와 같은 전혀 경험이 없는 아마추어가 전기기구의 제조에 뛰어 들어가서 재료를 구입하고 더구나 유치한 제품이지만 제조를 해서 그것을 팔고 고객이 사준다는 것입니다. 그것을 얼마에 팔아야 되는 지, 어느 정도의 이익을 얹어서 팔아야 되는지 전혀 몰랐습니다.

그러나 장사는 해나가야 했으므로 모든 것은 거래선 고객이 가르쳐주었습니다. 전기기구상에게 가서 "이런 것을 만들었습니다. 이것을 얼마로 사주십시오."가 아니고 "얼마로 팔면 되겠습니까?" 하고 이런 것을 도매점의 주인이나 지배인을 만나서 가르침을 받아서 해왔습니다.

오늘날의 마쓰시타전기가 만든 것은 원가가 얼마이며 그리고 이것을 어떻게 선전하고 어떻게 판매하면 좋다, 소매점에는 어떤 것을 어필하면 된다, 도매상에는 어떤 이야기를 해야 하며, 도매상의 이익은 어느 정도면 적당하다 하는 것까지 우리가 미리 정해서 그것을 상대에게 이야기해서 납득을 해주도록 부탁하는 형태가 되어 있습니다. 그러나 애당초는 그 반대였습니다. 상대방이 가격을 매겨주고 상대방이 이런 정도면 좋을 것이라고 가르쳐주는 것을 그대로 일 년 간 했습니다.

그런데 그때 내가 터득한 것은 결국은 진실을 호소하는 것이었습니다. "나는 이렇게 했다. 원가는 이 정도 먹혔다." 하는 말을 함으로써 "그렇다면 얼마 정도로 팔면 될 것 아닌가. 얼마에 사주겠다. 그렇게 하면 돈을 남길 수 있지 않겠는가. 이런 정도로 할 수 있을 것 같은데 어때?" 이런 말을 도매상 주인이 해줍니다. 그렇게 해서 장사를 해갔습니다. 따라서 그런 일에는 익숙하지 않았지만 진실을 말함으로써 통할 수 있었던 것입니다. 이것이 마쓰시타전기의 상법이라면 상법이었습니다.

그렇게 해서 이런 형태로 마쓰시타의 물건은 당시로서는 대단히 어려운 기술이 필요 없는 것, 눈으로 봐서 쉽게 알 수 있는 것들이었습니다만 그래도 잇따라 새로운 것을 고안해 나갔습니다.

그것이 그 당시로서는 항상 참신한 것이었습니다. 그리고 품질도 다른 것과 비교해서 손색이 없었습니다. 참신하고 품질도 손색이 없으면 잘 팔린다는 이유에서 점점 세간에 팔려 나갔습니다.

그러한 과정을 통해서 장사의 마음가짐이라고 할까, 장사의 바람직스런 모습이라는 것은 이런 것이라는 것을 알게 되어 그것이 회사의 지도 방침이라고나 할까 경영방침이 되어온 것입니다.

그런 것을 생각해보면 나는 큰 곳은 큰 대로 작은 곳은 작은 대로 역시 해나가야 할 길이란 것이 있다고 생각합니다. 이것이 무슨 말이냐 하면, 결국은 많은 사람에게서 듣지 않으면 안 됩니다, 듣는다는 것은 말을 건네서 상대의 의견을 듣는 것도 듣는 것의 일종입니다. 이런 것은 어떻겠습니까? 하는 것은 거래선이나 사회에 물어본다는 것입니다. 그러면 그것은 이렇게 하면 어떻겠는가? 하고 말을 해줍니다. 그러한 소리를 듣는 경우도 있습니다. 그러나 그런 목소리가 아니고 같은 내용을 무언 중에 전해주는 경우가 있습니다. 극단적으로 말하자면 얼굴 안색을 보고 이 사람은 지금 무엇을 생각하고 있으며 무엇을 호소하고 있는지를 알아차릴 수 없으면 안 됩니다.

그 후는 일일이 그렇게 물어볼 수가 없으므로 대략적인 판단에서 소위 말하는 업계의 소리 없는 소리를 듣고 이것은 이렇게 해야 한다, 이렇게 호소하면 그것으로 족하다고 내 스스로가 판단할 수 있게 되었습니다만 내가 독단으로 결정하는 것은 아닙니다. 나의 독단으로 결정한 것 같이 보일지라도 그것은 전부 업계의 소리를 듣고 수요자의 소리를 듣는 것입니다. 그리고 그 수요자의 소리에는 갑의 소리, 을의 소리, 병의 소리가 모두 다릅니다. 그 틀리는 것을 역시 취사선택해서 이것이 대표적인 공통의 소리라는 것을 알아차려서 그것을 실행에 옮기는 것이 나로서는 오늘의 성공이라면 성공의 원인이었지 않았을까 하고 느끼는 것입니다.

그렇기 때문에 크든 작든 간에 한 부서의 장이 되는 사람, 과의 장이 되는 사람, 회사의 장이 되는 사람은 그런 것을 그 나름대로 알지 않으면 안 됩니다. 그렇기 때문에 듣는 것을 많게 하고 본인이 말하는 것은 적게 하게 됩니다. 이런 태도를 가지지 않으면 안 됩니다. 마쓰시타전기 전체를 볼 때에 마쓰시타전기는 소리만 높다, 말만 많다는 소리를 들으면 곤란합니다. 역시 마쓰시타전기는 말없이 꾸준하고 착실하게 일을 한다, 그리고 제대로 고객의 가려운 곳에 손이 닫는다는 회사가 되는 것이 바람직합니다.

『마쓰시타 고노스케 발언집』 제31권 342쪽 3행째

1973년 8월 20일, 마쓰시타전기회장 퇴임식에 임해서 인사말(78세 때)

이와 같이 '화려하지 않고 수수해도 좋으니 착실하게 일을 쌓아올려 가면서 고객의 요망에 정확하게 대응해 나가자'는 것이 고노스케 씨의 생각입니다. 이와 같은 경영철학[1]은 사풍(社風)[2]으로서 회사의 구석구석에 스며들어 있을뿐 아니라 고노스케 씨의 발언을 듣게 되는 회사 외의 많은 사람들에 대해서도 큰 영향을 주었을 것입니다. '말없이 꾸준하고 착실하게 일을 하고 있다'는 표현은 확실히 고노스케 씨가 창업한 그 유명 기업의 이미지에 좋은 의미에서 딱 들어맞지 않나 하는 느낌을 받습니다.

---

1 현대에서는 경영이념이라고 부르고 있음.

2 조직문화.

제2절 각각의 장점을 살린다

고노스케 씨는 자기 스스로의 고찰을 일본 전국시대의 무장을 예로 들면서 알아듣기 쉽게 설명하는데 능숙했습니다. 그 중에서도 내가 가장 좋아하는 것이 다음의 발언입니다.

노부나가[1] 의 결점이 장점이 되어 그런 엄청난 많은 일을 했다

노부나가라는 사람은 대단히 거칠고 맺힌 데가 없는 대장입니다. 대단히 힘이 센 데가 있습니다만 또한 일면으로는 대단히 난폭했습니다. 그런 결점이 있는 사람입니다. 그 노부나가에게 미쓰히데[2]는 미움을 사게 됩니다. 그러나 히데요시[3]는 주군인 노부나가

1 오다 노부나가(織田信長, 1534~1582), 일본 전국시대의 한 지방의 영주(領主)이며 무장(武將). 나고야 근처의 오바리(尾張) 출신. 어지럽던 일본 전국을 통일한다. 백전백승의 천재적인 전투 전략가였으나 성격이 과격하고 대인관계에서 결점이 많은 사람이었다. 교토의 혼노지(本能寺)에 숙박 중 부하였던 미쓰히데(光秀)의 반역으로 암살당한다. 향년 48세.

2 아케치 미쓰히데(明智光秀, 1528~1582), 노부나가의 가신이며 무장. 여러 가지 공을 많이 세웠는데도 영주인 노부나가가 그것을 인정해주지 않는데 앙심을 품고 반역을 계획하여 노부나가를 암살한 후 천하를 손에 쥐려고 했으나 노부나가의 다른 신하인 히데요시의 반격을 받아 패배하여 자결한다.

3 도요토미 히데요시(豊臣秀吉, 1536~1598), 천민 출신으로 영주인 노부나가의 신발 지키기, 마부 등 가장 하위 직위를 거쳐 마지막에는 대장까지 올라간다. 같은 동료이던 미쓰히데가 영주인 노부나가를 암살하자 즉시 반격하여 미쓰히데를 죽이고 영주의 원수를 갚는다. 그 후 영주의 위업을 승계하여 천하통일을 완성하고, 120년 간 지속되어온 일본의 전국시대에 종지부를 찍는다. 그 후 조선 원정에 나서기도 했으나 실패한다. 62세에 병으로 사망한다. 그의 아들이 자기의 뒤를 이을 것을 바랐으나 도쿠가와 이에야쓰(德川家康)가 그 아들을 죽이고 그 후 300년의 도쿠가와 시대가 열린다.

에게 시종일관 사랑을 받습니다. 어디에 차이가 있었을까 하는 것입니다. 나는 이 문제에 관해서 잠깐 느낀 점이 있습니다. 그것을 여러분에게 말씀드리고자 하는데 미쓰히데는 히데요시에 비해서 학문에 능했다고 합니다. 또한 대단히 공부를 열심히 했으며 그리고 성실하고 정직한 사람이었습니다. 대단히 정의감이 강한 사람이기도 했습니다. 다시 말하자면 융통성이 없는 사람입니다. 이런 것이 미쓰히데의 성격이었습니다.

따라서 활달하다든가 호방하다든가 하는 일은 적었다고 생각합니다. 이 두 사람이 주인인 노부나가에게 어떤 태도로 접했을까 하는 것입니다.

히데요시는 우리 주인 노부나가란 사람은 위대한 사람이라고 생각하는 것입니다. 따라서 그대로 순수하게 받아들여 공명(共鳴)하는 것입니다. '당신은 정말 훌륭한 사람입니다'라고 말해주면 누구나 화를 내는 사람은 없을 겁니다. 실제로 그렇게 말해주면 '그래? 그렇게 내가 훌륭한가?', '예, 정말 훌륭합니다'라고 하는 것이지요. (웃음) 그렇게 되면 '자, 술 한 잔 더 하게'라고 하게 되지요.

그런데 미쓰히데는 어떻게 말했는가 하면 미쓰히데도 그런 점은 모르지 않았을 겁니다만 미쓰히데의 성격상 충고를 한 것입니다. 주인인 당신은 천하를 얻고자 하는 사람입니다. 따라서 이때까지는 힘으로, 책략으로 여기까지 올라왔지만 지금부터는 덕(德)으로 다스리지 않으면 안 됩니다. 얼마 후면 천하의 장군이 될 분이니까 좀 더 덕이라는 것을 생각하셔야 합니다. 좀 더 정으로 다스려야 합니다. 그것이 주인인 당신을 위해서 대단히 중요한 일입니다. 이렇게 충고하는 것이 신하의 한 사람으로서 의무다. 이렇게 미쓰히데는 생각했을 겁니다. 실재로 듣지는 못했으니까 알 수는 없지만. (웃음)

그래서 그렇게 한 것입니다. '이젠 당신은 여기까지 성공해서 얼마 후면 천하를 손에 쥐게 될 터이니 지금까지처럼 때리고 발로 차고 하는 난폭한 행동을 하지 말고 좀 점잖아지셔야 합니다. 그렇게 하면 더욱더 덕이 몸에 배여서 좀 더 좋은 당신이 될 수가 있을 것입니다'라고 이렇게 미쓰히데가 말을 한 것입니다. 말하자면 간언(諫言)이라는 것이지요. 그러면 '그렇구먼, 정말 너는 좋은 말을 해줬어. 정말 네가 말한 대로야'라고 말하는 노부나가였으면 아무런 문제가 없겠지요.

그런데 노부나가는 그렇게는 말하지 않습니다. '주제넘은 소리하지 말게!' 이렇게 되는 것입니다. 노부나가는 '시건방진 소리 하지 말게!'라고 하면서 '영리한 척 나에게 말대꾸를 하다니! 도대체 네가 오십만 석의 영주가 된 것은 내 덕택이 아닌가' 이렇게 되는 것입니다. '덕을 가지라고! 시건방진 소리 하지 말라고!'라며 점점 미워하게 된 것입니다.

미쓰히데의 입장에서 본다면 자기가 바라던 것과는 전혀 다릅니다. 자기는 노부나가를 모욕하려고 한 것도 아니고 아무 것도 아닙니다. 진정으로 성심성의껏 그렇게 해줌으로써 노부나가는 더욱더 위대하게 되고 더 빨리 천하를 손에 쥘 수가 있을 것입니다. 그렇게 되면 일반 민중들이 행복하게 될 것이라고 생각했을 지도 모릅니다. 그런데 그것이 주인의 대단한 노여움을 산 것입니다. 여기가 재미나는 곳입니다. 좋은 말을 해서 야단맞는다는 것은 계산상 수지가 맞지 않는 것입니다.

히데요시는 그런 말은 하지 않았습니다. 여기에 미쓰히데와 히데요시의 차이가 나타나는 것입니다. 그런데 미쓰히데가 나쁜 사람은 결코 아닙니다. 나쁜 사람은 아니지만 노부나가에게 그런 말을 해서는 안 되는 것입니다. 노부나가의 그런 거칠고 난폭한 점이야말로 바로 그로 하여금 천하를 손에 쥐는 데까지 큰 일을 하게 만든 것입니다. 미쓰히데가 말하는 내용을 알아듣고 그런 것을 머리에 넣어서 '그렇겠군, 네가 말하는 그대로야'라고 말하는 보통 사람이었다면 아마도 오바리(尾張)지방의 한 영주로 끝났을 지도 모릅니다. 그러나 그는 대단히 용감하고 활달한 인물이었습니다. 착실한 소수의 의견 정도는 사실 알고 있었을지도 모릅니다.

히데요시는 노부나가가 그런 사람이라는 것을 꿰뚫어 알고 있었다고 생각합니다. 이 어른에게는 무슨 말을 해도 머리에 들어가지 않는다. 오히려 치켜세워 주는 쪽이 낫다. 그렇게 하는 것이 노부나가의 기질에 맞는다. 기질에 맞기 때문에 노부나가는 힘이 나는 것이다. 힘이 나니까 천하를 손아귀에 쥘 만큼 성공한 것이다. 또 그렇게 됐기 때문에 오늘의 내가 존재하는 것이다. 이렇게 생각

하니 계산이 제대로 맞아떨어지는 것입니다. (웃음)

따라서 불필요한 충성심을 발휘하는 것보다 오히려 이 사람의 손발이 되어 일을 해주는 것이 가장 좋다고 히데요시는 생각했다고 봅니다. 이것이 히데요시의 훌륭한 점이 아니었나 생각합니다. 상대를 제대로 보고 사물을 판단한 것이지요.

미쓰히데는 좋은 사람이었고 성실하고 고지식한 사람이었기에 노부나가에게 좋은 의견을 상신하는 것이 신하로서 할 일이라고 생각했습니다. 노부나가의 본질을 꿰뚫어 보지 못하고 일반적인 상식만 가지고 미쓰히데는 사물을 결정하고자 했던 것입니다. 이것이 올바른 것이라고 생각했던 것입니다.

그런데 인간이라는 것은 여기에 계시는 여러분을 봐도 얼굴이 모두 다릅니다. 대충 얼굴의 중앙에 코가 있고 그 위에 눈이 있으며 그 위치는 그렇게 다르지 않습니다. 그렇지만 모두가 다 다르지요. 사실은 눈에 보이는 것도 다 틀립니다. 하물며 그 마음가짐이라는 것은 천차만별, 같은 것은 없습니다. 일반상식을 가지고 모든 사람을 판단할 수는 없는 것입니다.

노부나가에게는 대단한 결점이 있었습니다. 그러나 견해에 따라서는 그 결점이 장점이 되어 그런 큰일을 했다고 보는 것입니다.

『마쓰시타 고노스케 발언집』 제11권 108쪽 1행째

1963년 2월 26일, 우정성 긴키관내장기훈련생 연수회(68세 때)

이와 같이 고노스케 씨는 히데요시나 미쓰히데나 모두 같이 '훌륭한 인물'로 평가를 하면서도 노부나가라는 개성적인 상사에 대한 대처 방법에 있어서 히데요시가 훨씬 뛰어나 있었다는 것을 지적합니다. 그런 다음에 이런 분석결과를 다음과 같은 말로 현대에 살고 있는 우리의 삶에까지 응용시켜서 보여주고 있습니다.

노부나가의 개성을 살린 히데요시, 그 개성을 죽이려고 한 것이 미쓰히데

그래서 노부나가와 같은 개성을 가진 사람에 대해서 그 개성을 살려서 키워주는데 협력하려 한 것이 히데요시의 방법이었고, 그 개성을 죽여서 활동시키려고 시도한 사람이 미쓰히데였습니다. 이것은 성공할 수가 없었습니다. 우리 인간의 힘으로 하늘이 준 개성을 변경시킬 수는 없습니다. 그것을 지도해나갈 수는 있습니다. 또 그것을 배양해 갈 수는 있습니다. 그러나 그 사람만이 가지고 있는 특성이라는 것, 개성이라는 것을 바꿀 수는 없다고 나는 생각합니다.

따라서 백 사람이 백 사람 모두 제각기 적소를 얻게끔 한다는 것은 그 개성, 특성을 살린다는 것입니다. 다른 말로 표현하면 적재를 적소에 배치한다는 것입니다. 적재를 적소에 앉힌다는 것이 그 개성, 특성을 살리는 것입니다. 이렇게 하는 것이 우리 모두가 잘 살

수 있는 길이 된다고 생각합니다.

그러나 개성이나 특성이라는 것을 살리는 것보다도 한 가지 형에 끼워 맞추는 것이 올바르고 도의(道義)에 맞는 방법이라고 생각하여 거기에 많은 사람을 억지로 밀어 넣으려고 합니다. 이것이 미쓰히데의 방법이었습니다.

히데요시는 그렇게 하지 않았습니다. '당신은 초밥을 좋아합니까? 그렇다면 초밥을 드십시오. 당신은 술을 좋아하면 술을 드십시오'라고 하면 됩니다. 초밥을 싫어하는 사람에게 억지로 '초밥을 먹어'라고 한다면 정말이지 상대는 곤란하게 됩니다. 따라서 초밥을 좋아하는 사람에게는 초밥을 주고 술을 좋아하는 사람에게는 술을 준다는 것입니다. 반대로 해서는 안 되는 것입니다.

그러나 술도 어느 분량 이상이면 폐해가 있다는 것과 초밥도 맛이 있다고 너무 많이 먹으면 위에 해롭다는 것은 서로 주의하지 않으면 안 되겠지요. 그러나 각각의 개성과 특성을 살리도록 서로가 협력한다는 것은 나는 원칙적으로 없어서는 안 된다고 생각합니다.

여러분이 근무를 하는데 있어서도 또는 친구와 사귀는데 있어서도 역시 그런 것을 생각할 수 있다고 봅니다. 회사의 발전에도, 개인의 발전에도, 크게는 나라의 발전에도 역시 제각기 모두가 자기의 적성을 찾아서 각각의 적성에 맞게 살아가는 것이 중요합니다. 이런 식으로 많이 할 수 있는 개인, 회사, 국가일수록 더욱더 많이 발전한다고 생각합니다.

『마쓰시타 고노스케 발언집』 제11권 115쪽 1행째

1963년 2월 26일, 우정성 긴키관내장기훈련생 연수회(68세 때)

이와 같이 고노스케 씨는 간혹 '각각의 개성, 장점을 살리는 것의 중요성'을 설명하고 그것이 인간관계의 열쇠라는 것을 강조합니다. 특히 윗사람의 위치에 있는 상사나 경영자에게 있어서는 부하나 사원의 장점을 어떻게 활용하면서 일을 하는가 하는 수완이 문제가 되는 것입니다.

여기서 고노스케 씨는 '각각의 장점을 살린다'라고 하는 열쇠의 개념을 인간에 대해서 뿐만이 아니고 모든 것에 대해 넓혀서 응용해나갑니다. 그 풍부한 발상은 다음과 같은 유명한 말이 되어 세상 사람들을 많이 계발(啓發)했던 것입니다.

경영자가 아닌 사람이 버리는 것이라도 경영자면 그것을 줍는다

좋아하지 않는다면 눈앞에 떨어져 있는 것도 주우려고 하지 않습니다. 주우려 하지 않는다는 것은 그것을 알아차리지 못한다는 것입니다. 그래서는 경영자가 될 수가 없습니다. 경영자가 아닌 사람이 쉽게 버리는 것이라도 경영자면 아, 이것은 쓸모가 있겠구나 하고 주우려 하기 때문에 점점 더 그 경영적 재능이라고 할까, 재료가 모이는 것입니다. 모든 것이 그렇다고 생각합니다.

이것은 어느 장사를 해도 그렇습니다만 옛적부터 '좋아하는 일은 능숙하게 잘한다'는 격언은 철리(哲理)라고 생각합니다.

『마쓰시타 고노스케 발언집』 제28권 258쪽 6행째

1972년 12월 15일, 마쓰시타전기 제1회 사업부장 경영연수회(78세 때)

나는 고노스케 씨의 발언 중에서도 이 말을 대단히 좋아합니다. '경영자가 아닌 사람이 쉽게 버린 것이라도 경영자면 이것은 쓸모가 있겠구나 하고 주우려 하기 때문에 점점 그 경영적 재능이라고 할까, 재료가 모이는 것입니다'라는 설명 속에 조직 경영뿐 아니고 인생 그 자체에 관한 경영의 비법이 집약되어 있기 때문입니다.

이상한 인연으로 연결된 사람들이나 왠지 모르게 자기 옆으로 모여온 물건이나 지식이나 정보 등의 '경영자원'을 "이것저것 모두 쓸모없는 것들뿐이구나. 어디에선가 좋은 것을 찾을 수 없을까?" 하고 한탄하면서 버리고 있는 삶도 있는가 하면, 역으로 "모처럼 여기 있는 것이니까 이것들의 각각의 가치를 어떻게든 끄집어내서 무언가 근사한 일을 할 수는 없을까?" 하고 활용해 가는 삶도 있습니다. 고노스케 씨의 말을 참고로 한다면 어느 쪽 삶이 더 바람직한가는 일목요연하겠지요.

제3절 강한 의지와 용기를 가지고 도전한다

고노스케 씨의 발언이 많은 사람들로부터 환영을 받아온 이유는 그 말들이 듣는 사람을 매우 격려시키고 용기와 희망을 주었기 때문이 아니겠습니까? 여기서는 그와 같은 발언 중에서 내가 좋아하는 것을 선택하여 소개하겠습니다.

다소의 고난을 맛보면서 걸어가며
희망을 가지고 있는 동안이 진정한 인생

신문이나 잡지를 읽어보면 지금 세계에서 가장 혜택 받은 풍족한 나라는 스웨덴이라고 하지요. 왜 스웨덴이 풍족한가 하면 사회보장이 잘 되어 있기 때문입니다. 노인은 나라가 잘 보살펴주어 부자유가 없게 해줍니다. 병 환자에 대해서는 모든 사회보장이 골고루 잘 되어 있습니다. 그렇기 때문에 이상적인 국가라는 것을 선정한다면 스웨덴이 가장 그런 점에 잘 맞는다고 하겠습니다. 사회보장에 관한 한 세계 제일의 낙원이라는 것이지요.

그런 세계 제일의 낙원인 스웨덴에 어떤 일이 많은가 하면 자살입니다. 일본에서도 젊은 사람이나 노인의 자살이 상당히 있습니다만 스웨덴에선 자살이 많습니다. 이상하지 않습니까? 그렇게 훌륭하게 빈틈없이 잘 되어 있는 사회보장제도가 있는데 왜 자살하는가 하면 의욕과 즐길 맛이 없는 것입니다. 나는 그렇게 생각합니다. 일을 안 해도 됩니다. 누군가가 나를 먹여 살려줍니다. 걱정할 필요가 없습니다. 그것이 한편으로 대단히 좋은 것 같이 생각됩니다만 왠지 즐길 맛이 없습니다. 그래서 따분하고 재미가 없는 것입니다. 그래서 자살한다고 생각합니다.

실제로 너무 풍족한 생활이란 것은 불행합니다. 그러나 대체적으로 궁핍한 생활도 불행합니다. 가장 알맞은 정도의 생활이란 것은 어떤 것이냐 하면, 일 하면 먹고 살 수 있는 생활입니다. 일을 하지 않으면 안 된다면 다소간 걱정이 되겠지만 거기에 맛이 있다고 생각합니다.

따라서 우리는 국가로서, 국민으로서 스웨덴과 같은 이상적인 나라를 만들겠다는 희망을 가지고 일을 하는 것은 좋습니다. 그 과정은 좋습니다만 그렇게 됐을 때는 거기에 또 다른 의미의 허전함이나 즐길 맛이 없는 인생이 나타나지 않을까 생각합니다.

그렇게 생각해보면 나는 땀 흘려 일하고 그리고 장래에 희망을 가지고 사는 그 모습, 그런 형태에 진정한 즐거움이 존재하는 것이 아닐까 생각합니다.

나는 간혹 남들에게서 이런 이야기를 듣습니다. '마쓰시타, 너 정말 성공했네, 훌륭해'라고 말입니다. 나는 부정하지는 않습니다. 많은 사람들의 사랑과 보살핌으로 지금과 같이 된 것은 나로서는 정말 감사하게 생각하고 있습니다. 그렇지만 진정으로 나의 즐거웠던 시절이 언제였나 생각해보면 내가 열 명에서 스무 명 정도의 사람을 고용하게 되어, 나도 같이 일하면서 그리고 오늘은 내 자신이 생각해봐도 일을 많이 잘 했구나 하고 내가 내 자신을 칭찬하고 내가 내 얼굴을 쓰다듬고 내가 내 자신을 위로하는 그런 심경이었을 때가 가장 즐길 맛이 있었던 것 같습니다. 이것은 거짓이 아닙니다.

오늘날에는 남들이 나를 성공했다고 이야기해주고 내 자신도 그렇게 생각하는 것이 자연스럽다고 생각합니다만 그러나 사실은 마음속으로부터 안심하고 기뻐할 수 없는 상태가 되어 있습니다. 나는 이 점이 대단히 재미있는 일이라고 생각합니다. 가도 가도 끝이 없는 것이 인생이구나 하는 느낌이 듭니다. 다소의 고난을 맛보며 걸어가면서 희망을 품고 있던 동안이 진정한 인생입니다. 거기에 진정한 맛이 있다고 생각합니다.

『마쓰시타 고노스케 발언집』 제11권 295쪽 7행째

1965년 5월 9일, 전국 스기노코회연합회 전국대회(70세 때)

이와 같이 "땀 흘려 일하고 그리고 장래에 희망을 가지고 사는 모습, 그런 형태에 진정한 즐거움이 존재한다." 그리고 "다소의 고난을 맛보며 걸어가면서 희망을 품고 있던 동안이 진정한 인생이다. 거기에 전정한 맛이 있다."고 말하는 고노스케 씨. 이러한 견해는 이 시점에서 70년을 살아온 분이 발언했기 때문에 더욱더 설득력을 가지고 다가옵니다. 간혹 '인생은 길이보다 질이 문제다'라고 말합니다만 고노스케 씨에 한하지 않고 오랜 동안 살아온 사람들의 말에는 역시 그 만큼의 무게가 있는 것입니다.

물론 '크게 성공해서 큰 부자가 된 네가 "고난에야말로 맛이 있다."고 말하는 것은 건방진 소리다'라고 부러운 나머지 화를 내는 분도 계시겠지요. 그러나 고노스케 씨의 성공은 곤궁(困窮) 속에서 고생을 쌓아가며 쟁취한 것임을 잊어서는 안 됩니다. 고노스케 씨의 어드바이스를 듣고 단순히 질투하며 반발할 뿐인지, 아니면 그 노력과 성공을 순순히 칭찬하고 가르침을 받고자 하는지를 보면 그 사람의 장래도 대략 짐작이 갈 것입니다.

그런 의미에서 고노스케 씨의 성공을 질투하고 단순히 부러워하고 바라보고만 있는 분이라면 꼭 다음의 발언을 음미해주실 것을 권합니다.

내 자신을 위해서 회사의 개혁을 한다면 나는 도저히 용기가 나지 않을 것이다

회사의 개혁을 하지 않으면 안 될 때 내 자신을 위해서 회사의 개혁을 한다면 나는 도저히 용기가 나지 않을 것 같습니다. 그러나 "이 개혁은 하지 않으면 안 된다. 이 개혁은 회사를 위해서 종업원을 위해서 더욱 더 나아가 크게는 넓은 세상을 위해서 단행하지 않으면 안 된다."고 생각하는 경우에는 그것을 단행하는 용기가 강하게 솟아날 것으로 생각합니다. 그런 곳에 뿌리가 없다면 진정한 용기는 솟아나지 않을 것 같습니다.

『마쓰시타 고노스케 발언집』 제4권 64쪽 7행째
1969년 10월 29일, 유코(有恒)클럽 경영간담회(74세 때)

그렇습니다. 고노스케 씨라 할지라도 결코 태어날 때부터 용기가 넘치는 사람은 아니었습니다. 오히려 필사적으로 모자라는 용기를 어떻게든 짜내서 힘껏 버텨온 것입니다.

'걱정하는 것이 사장의 할 일'이라고 스스로의 사기를 북돋워야만 하는 걱정꺼리가 많았던 고노스케 씨는 항상 목전의 곤란에 대해서 자기 자신의 용기를 북돋워서 대항하지 않으면 안 되었을 것입니다.

그렇다면 어떻게 하면 그렇게 큰 용기가 솟아나겠습니까? 고노스케 씨는 자기 자신의 체험에 비추어봐서 다음과 같이 조언해줍니다.

하지 않으면 안 되는 일이라고 믿고 행할 때 진정한 용기가 솟아난다

진정한 용기란 어떤 곳에서 생겨나느냐 하면 그것은 '이것은 올바른 것이다. 하지 않으면 안 되는 일'이라고 믿고 행할 때 진정한 용기가 솟아나지 않을까 생각합니다. 그렇지 않겠습니까?

지금까지의 역사를 돌이켜 살펴보면 용기 있는 일을 하고 있는 사람은 이것이 옳다고 믿고 용기를 내고 있습니다. 태어날 때부터 용기가 있다는 것은 별 것이 아닙니다. 그렇지만 이것은 어떻게든 나라를 위해서 사회를 위해서 하지 않으면 안 된다, 이것은 올바른 일이기 때문에 어떻게 하든지 해야 한다고 믿을 때는 소심한 사람이라도 대단한 용기를 냅니다. 용기란 것은 그런 것이라고 생각합니다. 이것은 별로 좋지 않다고 생각하면 용기는 나지 않습니다.

『마쓰시타 고노스케 발언집』 제10권 64쪽 3행째

1970년 11월 18일, 아사히신문 오사카본사 아사히세미나(75세 때)

이 발언의 마지막에 있는 '이것은 별로 좋지 않다고 생각하면 용기는 나지 않습니다'라고 하는 말씀은 어딘지 모르게 인간다운 맛이 있어 나는 대단히 좋아합니다. 내 자신의 경험에서도 강연 원고를 쓸 때 '응~, 별로 좋지 않은데'라고 생각해버리면 실제 강연을 할 때도 당당하게 말할 용기가 나질 않아 신통치 않는 강연이 되어버려 크게 후회하게 됩니다. 앞으로는 고노스케 씨의 조언대로 '나의 강연은 세상 사람들을 위해서 불가결한 올바른 강연이며 꼭 해야만 하는 것이다!'라고 소심한 내 자신을 북돋우고 격려해볼 생각입니다.

이런 나에게 고노스케 씨의 다음 발언은 부족한 용기를 북돋워주는 것입니다.

소원 성취라는 것은 소원하는 정도에 따라 이루어진다

긴 일생동안에 무언가 이 일을 하고 싶다든지 또는 이것을 하지 않으면 안 된다든지 하는 강하고 강한 소원을 가지고 있다면 그 소원은 반드시 이루어진다는 느낌을, 그때는 분명하게 가지지 못했지만, 지금은 그렇게 느낍니다. 소위 말하는 나의 바램, 소원의 성취라는 것은 소원하는 정도에 따라 이루어진다고 생각합니다. 이런 일을 해보고 싶다는 것이 성공할 것인지 성공하지 못할 것인지는 그 사람의 소원의 강함과 약함에 따라 바뀐다고 하겠습니다. 철저하게 강하면 반드시 성공한다고 생각합니다. 그렇지만 다소 희망한다는 정도이면 안 될 겁니다.

『마쓰시타 고노스케 발언집』 제10권 278쪽 2행째

1978년 10월 6일, 아사히컬쳐센터 창립기념 강좌(83세 때)

이 발언을 읽고 마지막에 나오는 '다소 희망한다는 정도면 안 될 겁니다'라는 말씀을 읽었을 때 나는 웃음을 터뜨리고 말았습니다. 오사카의 사투리가 주는 어감이 정말 절묘했습니다. '다소 희망한다는 정도'라는 표현도 절묘했습니다.

전 45권 중 제10권에 수록된 이 발언을 읽은 시점에서 나는 이미 고노스케 씨의 말 구변이 나타내는 불가사의한 맛에 함빡 매료되어버렸습니다. 이렇게 된 내가 고노스케 씨의 인간성을 더욱더 친숙하게 느껴 크게 즐거웠던 것이 다음의 발언입니다.

정말 지독합니다

말하자면 조금의 방심이나 빈틈도 없는 시대라고 해도 좋을 것 같습니다. 조금의 방심이나 빈틈도 있어서는 안 되는 정세 하에서 일을 한다는 것은 어떤 면에서는 고통스럽다고 말할 수 있을 것입니다. 템포가 빠르지 않다면 유유히 일을 할 수가 있겠지만 방심이나 빈틈이 있어서는 안 되고 변화가 심하다는 것은 잠시도 안심할 수가 없는 상태입니다. 그렇기 때문에 이런 상태에서 일을 한다는 것은 생각해보면 대단히 고생이 많을 것 같이 생각됩니다.

그러나 또 달리 생각해보면 그런 곳에야말로 진정한 재미가 있고 사는 보람이 있다는 견해도 있을 수 있다고 생각합니다. 빈둥거리며 일을 해도 된다는 상태가 반드시 행복하다고 말할 수는 없다는 것입니다. 잠시도 안심할 수 없는 상태는 한편으로 고통스럽겠지만 그래도 거기에 바로 재미가 있고 거기에 살맛이 있다는 것이지요.

올림픽 선수가 연습하는 것을 보고 새삼 느끼는 것입니다만, 저렇게 고통스럽게 하지 않아도 될 것 같은데도 선수들은 거기에 생명을 걸고 한다고나 할까 전심전력을 다하고 있으며, 그리고 거기에 자기 나름의 기쁨을 맛보고 있지 않나 생각하는 것입니다.

돈을 벌기 위해서도 아니고 다른 무엇 때문도 아닙니다. 그러나 그 이상의 것을 저 선수들은 역시 맛보고 있는 것이 아닐까 생각합니다. 경기 시간은 백 미터 경주면 일 분도 안 걸립니다. 실제 영광스런 무대에서 승부하는 것은 일 분도 체 안 됩니다. 순식간에 끝납니다. 거기에 이년이나 삼년 동안 고통스런 연습을 하고 있습니다. 나는 니찌보(日紡)의 오오마쓰 감독이 발리볼 연습에서 선수들을 훈련시키는 것을 봤습니다만 정말 지독한 것입니다. 돈을 주고 저렇게 하라고 해도 하는 사람은 아무도 없을 것입니다. 10만 엔 월급을 줄 터이니 하라고 해도 아무도 안 할 거라고 생각합니다. 목숨을 걸고 하고 있습니다. 용케도 그렇게까지 잘 해냈다고 생각합니다.

그것이 프로라면 직업적인 의식으로 한다는 경우도 있겠지만 그들은 프로도 아니고 아무 것도 아닙니다. 그러나 프로도 할 수 없을 만큼 맹렬한 연습을 하고 있었습니다. 보고만 있어도 조마조마할 정도입니다. (중략) 정말 훌륭하다고 생각했습니다. 고통스러울 것이라고 생각했습니다만 본인들은 그렇게 고통스럽게 생각하지 않는 것 같았습니다. 무엇인지 어딘가에서 기쁨을 느끼고 있는 것 같았습니다.

우리는 그렇게까지 할 필요는 없다고 봅니다. 우리는 본업으로 하는 것이니까 또 다른 의미에서의 견해나 생각이 있기 때문에 그렇게까지 열심히 하지 않아도 좋다고 생각합니다. 그러나 상당히 많은 연습을 하지 않으면 안 될 때도 있고 어려운 개발도 하지 않으면 안 됩니다. 그렇게 하기 위해서는 단순히 땀을 흘리는 것뿐만이 아니고 지혜를 짜내야 하는 상태에 여러 번 직면하게 됩니다. 그리고 그런 지혜를 짜내면서 하는 일도 하지 않으면 안 됩니다.

아무튼 한편으로 선수들의 고통을 얼핏 봐서 느낄지 모르지만, 옆에서 봐서 저렇게 열심히 노력하면 고통스럽겠지, 몸이 마르겠지 하고 지켜보는 사람이 걱정할 정도일지라도 본인은 고통을 느껴서는 안 된다고 나는 생각합니다. 본인은 그 일 자체에 대단한 감격과 기쁨과 사는 보람을 느끼지 않으면 안 된다고 생각합니다. 그런 정도가 되지 않으면 어떤 일이라도 진정으로 성취되지 않는다고 생각합니다.

『마쓰시타 고노스케 발언집』 제27권 353쪽 15행째

1968년 10월 5일, 나카가와전기(中川電機) 제5회 경영연구회(73세 때)

이와 같이 고노스케 씨는 올림픽 선수의 '정말 지독한' 연습을 예를 들어 "그렇게까지 할 필요는 없습니다, 그렇게까지 골똘히 하지 않아도 된

다고 생각합니다만"이라고 우선 시치미를 뗍니다. 그것을 듣고 출석자들은 "그렇구먼, 그렇게까지 힘들여 하지 않아도 되는 것이군, 이제 한 숨 돌렸다." 하고 안심하는 것을 가늠해 본 듯이 "본인이 고통을 느껴서는 안 됩니다. 거기(지독한 연습)에 대단한 감격과 기쁨과 사는 보람을 느끼지 않으면 진정으로 어떤 일도 성취되지 않는다고 생각합니다." 하고 뒤집어서 엄하게 못을 박는 것입니다.

이와 같은 말씨의 교묘함은 노력에 의해서 몸에 익혀졌다기보다는 고노스케 씨가 가지고 태어난 천성적인 재능이라고 생각합니다. 대담하면서도 배려가 구석구석까지 미친 감정적인 표현으로 사람들의 마음을 움켜쥐는 능력은 다음의 발언에서도 명백합니다.

어렵다고 생각되는 것이라도
그렇게 어렵다고 생각하지 않게끔 해나간다

이 어렵다는 것은 잘 알 수 있습니다. 우리도 이 일은 어렵다고 느끼는 일에 항상 직면하고 있습니다. 그러나 어렵다는 것에 너무 구애되면 더욱더 어려워집니다. 어렵다고 생각되는 일도 그렇게 어려운 것이라고 생각하지 않게끔 해나가는 것이 또한 한 가지 방법이 아닐까 생각합니다.

마쓰시타전기는 지금까지 어려운 것을 어렵게 생각하지 않았습니다. 아주 쉽다고 생각하는 것은 조금 불성실한 태도가 되겠습니다만 어렵게 생각하면 머리가 몽롱해져서 용기가 꺾이므로 '어려울는지 모르지만 하는 방법에 따라서는 할 수도 있을 것이다. 그렇게 어려운 것만은 아니야'라는 생각을 한 번 가졌던 일이 있었습니다. 이러한 생각이 다행히도 어느 정도의 성과를 냈다고 생각합니다.

한편으로 어려움을 알면서도 그 어려움에 구애되지 않고, 하는 방법에 따라서는 할 수 있다는 방향으로 생각해 나간 것입니다. 어려움을 전적으로 경시하는 것은 큰일이 나므로 경시해서는 안 되겠지만 그러나 어렵기 때문에 신중을 기하지 않으면 안 된다는 면과, 어렵기 때문에 주의하지 않으면 안 되겠지만, 하는 방법에 따라서 어렵기 때문에 하는 보람이 있다는 면이 있습니다.

하기 쉬운 일이라면 아무데서나 할 수 있다. 그렇지만 어려운 것은 그렇게 아무데서나 할 수는 없지 않겠는가? 그래서 마쓰시타가 하는 것이다. 하면 할 수 있어. 그렇게 어렵지 않아. 이렇게 해석해서 해온 것이 말하자면 이때까지의 한 가지 방법이었다고 생각합니다.

『마쓰시타 고노스케 발언집』 제27권 332쪽 10행째

1968년 9월 16일, 마쓰시타전기 제55회 경영연구회(73세 때)

얼핏 읽어보면 결국은 어렵다는 것인지 어렵지 않다는 것인지 잘 모르게 되는 기묘한 발언일는지 모르지만 그 장소에서 직접 듣고 있었던 분들에게는 아마도 고노스케 씨의 표정에서 이 발언의 진의가 정확하게 전달되었을 것입니다. 고노스케 씨는 '어려운 것에 도전하기 때문에 가치가 있는 것이다'라는 질타와 격려, '그렇지만 어렵다고 생각하지 말고 즐기면서 도전하기 바란다'라고 하는 응원의 염원을 밸런스 좋게 동시에 전달하고자 한 것 아니겠습니까?

이와 같이 문장으로 작성하여 보면 무엇이 무엇인지 잘 모르는 어구의 흐름으로 보이기도 합니다만, 실제로 고노스케 씨의 입에서 나오는 말은 그 따뜻하면서도 엄한, 엄하면서도 따뜻한 불가사의한 어조와 맞물려 '고마운 말씀'으로서 청중의 마음을 움직였음에 틀림없습니다. 그래서 내가 좋아하는 '고노스케 가락'이라고도 부를 수 있는 이와 같은 명 표현을 한 가지 더 듣도록 하겠습니다.

바로 생명을 버리려고 할 때에 이상하게 살아남게 됩니다

생명은 원칙적으로 소중하게 취급하지 않으면 안 됩니다. 그러나 그런 전제 하에 서서 일에 생명을 건다든지, 언제든지 나는 죽어도 좋다는 마음가짐을 가지고 임한다든지 해야 합니다. 그렇게 해야만 사람을 움직이고 큰일을 성사시키는 위대한 힘이 생기고 결과적으로는 생명을 잃지 않고 더욱 더 생명력이 발휘되어온다고 생각합니다. 이러한 경지를 여러분은 어떻게 생각하십니까? 이런 경지에 도달한 사람은 대단히 훌륭한 일을 한다고 생각합니다.

인간이라는 것은 묘한 것이어서 유탄(流彈)에 맞아 쓰러지는 장군이 있는가 하면, 맞을 만한 장소에 서 있어도 맞지 않는 장군도 있습니다. (웃음) 도쿠가와 이에야스라는 사람은 훌륭한 분임에 틀림없습니다만 가장 훌륭한 점이 무엇인가 하면 운이 세다는 것입니다. 몇 번이고 전쟁에 나가서 거의 죽는 순간에 가서 약간의 차이로 살아남습니다.

그는 목숨을 아끼지 않았으므로 위험한 곳에도 갔을 것입니다. 목숨이 아까웠으면 총대장이었으니까 뒷전에 있었을 것입니다. 그러나 언제나 선두에 서서 위험한 장면에 직면하여 거의 목숨을 잃을 뻔했을 때에 이상하게 살아남는 것입니다. (웃음) 그는 역시 목숨을 걸고 싸우고 있었던 것입니다. 국가의 안위를 위해서 그렇게 했을 것입니다. 그렇게 나는 해석하고 싶습니다만 그러나 그는 천수를 다하고 삼백 년의 태평한 세상을 훌륭한 성과로서 만들어 낸 것입니다.

만약 도쿠가와 이에야스가 비겁하고 미련한 남자였다면 아마도 그러한 대업이라는 것은 성립되지 않았을 것입니다. 메이지(明治) 유신의 원훈(元勳)들도 역시 그러했을 것입니다.

여러분은 목숨을 소중이 하지 않으면 안 됩니다만 그러나 목숨을 걸어야만 하는 근무라고 할까, 일이라고 할까 그런 것이 평생 동안 여러분의 배후에 계속 존재하고 있다는 것입니다. 여러분이 일본의 장래를 위해서 일본의 안정과 평화를 위해서 일본 사람들의 행복을 위해서 시종 여러분이 서 있는 입장을 생각하여 모든 것을 튼튼하게 하고자 하는 정신을 길러나갈 때 비로소 여러분의 고귀한 사명은 이루어지는 것이며, 그렇게 하면 여러분은 진정으로 목숨을 살리게 되어 안락한 임종을 맞이한다고나 할까 최후의 날까지 살아남을 수가 있을 것으로 생각합니다.

『마쓰시타 고노스케 발언집』 제11권 231쪽 4행째

1964년 4월 15일, 방위대학교 강연회(69세 때)

이 발언은 방위대학교에서 자위대원들을 향해서 한 것으로, 이런 상황을 파악한 후에 읽지 않으면 올바르게 이해할 수가 없습니다. 고노스케 씨는 혹시 전쟁이나 재해 구조 활동 등에서 국민을 위해서 목숨을 버릴지도 모를 자위대의 여러분들에게 어떤 말을 해야 될지 아마도 좀 고민했을 것입니다. 이렇게 말하는 나도 자위대 여러분들에게 강연을 한 경험이 있으므로 이때의 고노스케 씨의 심정을 나는 잘 알 수 있습니다.

그래서 아마도 고심 끝에 고노스케 씨가 인용한 것이 도쿠가와 이에야스의 예였습니다. 고노스케 씨가 '항상 선두에 서서 위험한 장면에 직면하여 거의 목숨을 잃을 뻔했을 때에 이상하게 살아남는 것입니다'라고 말했을 순간에 일어난 웃음은 자위대 여러분이 고노스케 씨의 따뜻한 격려의 마음을 올바르게 받아들였기 때문이라고 생각합니다.

고노스케 씨의 '여러분은 일본 국민을 위해서 일을 해주지 않으면 안 된다…. 그러나 동시에 여러분에게는 절대로 목숨을 잃게 해서는 안 된다'라고 하는 절실한 생각이 '거의 목숨을 잃을 뻔했을 때에 이상하게 살아남는 것입니다'라는 절묘한 말 중에 잘 표현되어 있습니다. 이 발언을 읽은 순간 나는 이 책을 같이 집필하고 있는 고노스케 씨의 의식(영혼)을 향해서 "당신은 사람의 마음을 사로잡는 천재다!" 하고 감격한 나머지 나도 모르게 눈물어린 눈으로 외치고 말았습니다.

제4절 시련을 통해서 배운다

내가 『사는 보람론』에서 대 전재로 하고 있는 '인생이란 여러 가지 시련을 통해서 배움을 쌓는 기회다'라고 하는 인식은 기쁘게도 고노스케 씨의 주장과도 크게 공통하고 있습니다. 예를 들면 다음 발언에서 고노스케 씨는 인생에 있어서 고민이라는 것이 사는 보람의 원천이 될 수 있음을 지적하고 있습니다.

고민이라는 것이 있는 사람에게는
'고민하며 사는 보람'이라는 것이 있다

나는 자주 '가장 많이 걱정하는 것이 사장의 일이다'라고 말합니다. 사장이라는 것은 어느 회사에서도 가장 많이 걱정을 하고 있습니다. 저녁에 걱정으로 가슴이 매여 밥을 먹을 수가 없거나, 먹어도 맛이 없는 상태가 계속되는 경우가 있습니다. 그래서 못해먹겠다고 생각합니다. 그러나 그 못해먹겠다고 생각하는 것이 사장의 역할입니다. 사장을 아무런 걱정 없이 해나갈 수 있다면 그것은 제대로 된 진정한 사장이 아닙니다. 그런 사장으로서는 회사가 잘 될 수가 없습니다.

예를 들면 세간에서 좋은 회사라는 평판이 있는 회사가 있어서 거기에 새로운 사장이 왔다고 합시다. 그때 '역시 좋은 회사로군. 잘 됐다. 좋은 회사에 잘 들어왔어'라고 생각하는 사장은 잘못된 사장입니다. 새로운 사장이 정말 훌륭한 사람이라면 "좋은 회사라고 세간에서는 말들하고 있지만 들어와 보니 문제투성이다. 이건 고치지 않으면 안 된다."고 말하게 될 것이며 거기서부터 걱정이 시작되는 것입니다. 그날부터 그것이 삼년 계속됩니다. 삼년 간 걱정에 걱정을 거듭합니다. 그렇게 하고 있는 동안에 그 회사가 일변하여 훌륭한 회사가 되는 것입니다.

따라서 사장이라는 것은 말하자면 걱정하기 위해서 존재하는 것과 같습니다. 걱정하는 것을 못하겠다고 한다면 사장을 그만두면 됩니다. 내 자신은 그런 것을 사장 때나 회장 때도 생각해 왔습니다. 지금은 사장도 아니고 회장도 그만 두고 상담역입니다. 그렇지만 내가 만든 회사고 모두들 그렇게 생각하고 있습니다. 따라서 한시도 안심하고 있을 수는 없습니다. 걱정에 걱정을 거듭하고 있습니다. 그러나 이것이 나의 운명이다, 창업자의 운명이라고 생각하고 있습니다. 거기에서부터 걱정이나 고민이 삶의 보람으로 바뀌게 됩니다. 걱정할 것 아무 것도 없이 잘되어 가고 있으니 안심이다고 생각하고 있으면 삶의 보람이 없어져버립니다. (중략)

따라서 고민이라는 것이 있는 사람은 사는 보람이 있는 것입니다. 고민하는 사는 보람이 있다는 것입니다. 모든 것이 잘 되고 좋은 일만 있다면 사는 보람이 없어져버립니다.

『마쓰시타 고노스케 발언집』 제44권 147쪽 2행째

1980년 7월 19일, 마쓰시타정경숙(政經塾) 일년생에게의 강화(85세 때)

이와 같이 '고민이라는 것이 있는 사람은 고민하며 사는 보람이 있다' 라고 논하는 고노스케 씨는 그러한 고민(나의 말로는 시련)의 여러 가지가 가지는 가치를 비즈니스의 현장에도 응용하면서 다음과 같이 설명합니다.

우리는 산업의 스포츠맨이다

작년에 올림픽이 일본에서 열려 각국이 모두 열의를 기울려 경기를 했습니다. 경기에는 지기도 하고 이기기도 했습니다만 역시 열심히 훈련을 한 선수, 그것도 단순한 열심만이 아닌, 연구해서 효과적인 훈련법을 찾아낸 사람이 주로 승리를 얻고 있습니다. 그런 점에 있어서 나는 일본 국민이 가지고 있는 소질에 대해서 새로운 인식을 깊게 했습니다. 동시에 일본인으로서의 긍지, 내 자신이 일본인이라는 것에 대해서 대단한 감격을 느꼈습니다만 그러한 경쟁이 있었기 때문에 그러한 빛나는 올림픽이라는 것이 세계 모든 사람들의 감격 속에 열렸다고 생각합니다.

우리들의 일상적인 일도 역시 이것과 같습니다. 보다 나은 물건을 만들어 그것을 고객에게 제공하여 그리하여 국민 생활을 보다 높게 해나가는 데에 서로가 선수가 되고자 하고 있는 것입니다. 거기에는 고통스런 일도 있을 것입니다. 어떤 때는 밤낮을 가리지 않고 해야 할 경우도 있을 것입니다. 그러나 그런 것에 고통을 느끼기보다는 오히려 사는 보람을 느끼지 않으면 안 된다고 생각합니다. 마치 올림픽 선수와 같다고 생각합니다. 우리는 산업 스포츠맨입니다. 이런 식으로 산업계를 재인식해야 하며 원래 이렇게 되어야 마땅하다고 생각합니다.

『마쓰시타 고노스케 발언집』 제23권 295쪽 2행째
1965년 1월 10일, 마쓰시타전기 1965년도 경영방침 발표회(70세 때)

여기서 '거기에는 고통스런 일도 있을 것입니다. 어떤 때는 밤낮을 가리지 않고 해야 할 경우도 있을 것입니다'라고 말하는 고노스케 씨의 말에는 경영자라기보다는 한 사람의 인간으로서의 갈등을 볼 수가 있습니다. '사원에게는 괴로운 일을 시키고 싶지 않다… 그러나 이 어려운 비즈니스에서 이기기 위해서는 다소간의, 아니 상당한 무리를 부탁하지 않을 수 없다'는 갈등이 '밤낮을 가리지 않고 해야만 하는(철야를 해서까지 일을 하지 않으면 안 되는) 경우도 있을 것입니다'라는 정직한 말에서 절실히 느껴집니다.

그래서 고노스케 씨가 고안해낸 것이 '우리는 산업의 스포츠맨이다'라고 하는 절묘한 표현이었습니다. 우리들의 일의 어려움에 대해서 올림픽 선수들을 본받아 '고통을 느끼기보다는 사는 보람을 느끼지 않으면 안 된다'라고 설명하고 사원의 이해를 요구하고 있습니다. '보다 좋은 물건을 만들고 그것을 고객에게 제공하고 그리하여 국민 생활을 보다 높여나가는 데에 서로가 선수가 되려고 하고 있는 것입니다'라고 하는 사명감을 강조하고 있는 점에 대해서 '사원 여러분, 아무쪼록 잘 이해해 주시기를 바란다'라고 하는 고노스케 씨의 절실한 소원을 엿볼 수 있다고 하겠습니다.

이와 같은 사원에 대한 절실한 생각은 고노스케 씨의 발언 중에 여러 가지 형태로 나타납니다. 예를 들면 다음 발언 중에도 내가 대단히 좋아하는 '고노스케 가락'이라 할 수 있는 말이 등장합니다.

오늘 머릿속에 없던 것도 내일에는 머리에 떠오른다

전혀 불가능하다고 생각되는 것도 실현이 가능하다든지 또 몽상(夢想)도 하지 않던 일이 현실이 되어 나타난다든지 하는 것을 생각해보면, 경영이라는 점에서도 나는 그런 말을 할 수 있을 것으로 생각합니다.

지금 서로의 생각 중에 아직도 아무런 흔적도 나타나지 않는 견해, 그런 견해도 1년 후, 2년 후에 그것이 나타나서 돌이켜보면 1년 전, 2년 전에는 이런 일은 생각해보지도 않았던 것입니다. 그러나 지금 생각해보면 제조방법이나 경영방법에서 그런 합리적인 훌륭한 생각이 가능한 것을 후일에 가서야 알게 되는 일이 있을 수 있다고 생각합니다. 더구나 이런 일은 끝없이 연속적으로 계속되어간다고 생각합니다.

오늘 머릿속에 없던 것도 내일에는 머리에 떠오르고, 내일 머릿속에 없던 것이 모래 머리에 떠오른다는 것입니다. 항상 여기에 창조가 탄생하는 것입니다. 항상 여기에 예지가 태어나는 것입니다. 이렇게 되어간다고 생각합니다. 그리고 또 그런 새로운 창작이라고 할까 생각이라는 것은 대단히 어려운 위기에 직면했을 때 또 새로 생겨난다고 생각합니다.

서로가 별로 고생하지 않고 순탄한 길을 걷고 있을 때는 여간해서 새로운 창조라는 것이 태어나지 않습니다. 태어난다 하더라도 훌륭한 것이 태어나지 않는다는 것입니다.

이것은 인간의 인지상정으로 역시 쉬운 길을 택한다고나 할까 안일에 흐르게 되는 것으로 생각됩니다. 그러나 일단 큰일에 직면하게 되면 이때까지 나오지 않던 지혜도 나오게 됩니다. 없었던 작용도 생겨나게 되는 것입니다. (중략)

일찍이 없었던 경제위기에 직면했지만 이것을 서로가 더욱더 잘 생각해서 단호히 개혁해간다면 이때까지 없던 진보라는 것이 거기에 나타난다고 생각합니다.

일찍이 없던 위기에 직면했기 때문에 일찍이 없던 창조가 생겨난다고 생각해야 할 것입니다. 이렇게 나는 생각하는 것입니다.

『마쓰시타 고노스케 발언집』 제35권 234쪽 6행째

1957년 12월 11일, 재 경판(京阪) 협력공장 간담회(63세 때)

아마도 상당히 어려운 경영상태, 경제상황 하에 있을 때 이 발언이 이루어졌다고 생각됩니다. 상황이 어렵기 때문에 그 시련 속에서 보통 때는 나올 수 없는 획기적인 아이디어나 전략이 나올 수 있다는 것…. 실제로 경영학의 연구에서는 '위기적 상황에 있기 때문에 비로소 브레이크스루(breakthrough)[1] 가 발생한다' 라고 하는 전개가 종종 관찰된다고 보고되고 있습니다.

그러나 이 현상을 '고통스럽겠지만 노력해서 이겨냅시다' 등의 평범한 말이 아닌 '오늘 머릿속에 없는 것도 내일에는 머리에 떠오른다, 내일 머릿속에 없는 것도 모래에는 머리에 떠오른다' 라고 하는 홀딱 반할만한 명문구로 전달하는 것에서 고노스케 씨의 면목이 생생하게 드러나 있다고 하겠습니다. 눈앞의 상황이 아무리 꽉 막혀 있다하더라도 생글거리는 표정의 고노스케 씨가 '오늘 머릿속에 없는 것도 내일에는 머리에 떠오른다, 내일 머릿속에 없는 것도 모래에는 머리에 떠오른다' 라고 이렇게까지 희망에 찬 확실한 보증을 하게 되면, 잘 알겠습니다! 하고 엎드려 항복할 수밖에 없습니다.

---

1 혁신 돌파.

우수한 경영자란 바로 이와 같이 사원에 대해서 무진장의 희망, 한없는 용기를 불어넣을 수 있는 사람이 아니겠습니까. 그리고 이것은 경영자뿐만이 아니고 우수한 부모, 우수한 교사, 우수한 정치가 등, 윗사람이 되는 모든 사람에게 요구되는 필요조건이라고 말할 수 있을 것입니다.

제2장

고노스케, 천명(天命)을 말한다

이 장에서는 『마쓰시타 고노스케 발언집』(전 45권) 중에서 '천명(天命)'에 대해서 배울 수 있는 발언을 골라서 고노스케 씨의 말에서 무엇을 배울 수 있는가에 대해서 고찰을 깊게 해보겠습니다.

제1절 운명을 소중하게 여긴다

고노스케 씨가 남녀의 연정(戀情)을 예로 들면서 운명에 대해서 말한 다음 발언을 발견한 순간 나는 엉겁결에 '그렇군!' 하고 손뼉을 치고 기뻐했습니다. 이 당시의 고노스케 씨는 53세였으며 이 책을 집필한 시점에서 46세가 되는 내 쪽에서 본다면 다른 발언에 비해서 연령이 상당히 가깝다고 느껴지는 시기입니다. 아직 50대 전반이었기 때문에 '연정'을 예를 들면서 논할 정도의 원기가 남아 있었던 모양입니다.

젊었을 때의 고노스케 씨가 남녀의 연정의 구조에 대해서 어떻게 해명을 하고 있는지 기대를 가지고 읽어 봐주시기 바랍니다.

그래서 남녀가 가까워져 연애를 하게 되는 것입니다

이것을 여러분에게 말씀드리면 '마쓰시타, 무례한 말을 하는구먼, 그런 것쯤은 모두 다 잘 알고 있는 것 아닌가' 라고 말할는지 모르지만, 한 가지 예를 든다면 우리 인간에게는 남자에게는 남자로서, 여자는 여자로서 연정이라는 것이 주어져 있습니다. 남자는 여자에게 연애를 하고 여자는 남자에게 연애를 하는 마음이 주어져 있다는 것을 인식하는 것이 인간의 본질 일부를 인식하는 것이 됩니다.

나이가 들면서 연정이 싹트기 시작하는 것은 인간의 본질상 그렇게 되어 있는 것입니다. 그래서 남녀가 가까워져 연애를 하게 되는 것입니다만 이 연애를 여러 가지로 처리하지 않으면 안 되는 경우가 생긴다고 생각합니다. 이것을 처리하는 경우에 있어서 이 연애라는 것이 그 사람의 사적인 것인가 공적인 것인가 하는 것입니다. 이것을 대단히 재미난다고 한다면 어폐가 있겠습니다만 신중히 고려해야 한다고 생각합니다. 양자가 연애를 하고 있는 그 연정의 처리에 관해서는 이것은 하느님이 인간에게 준 것이라고 인식하고 있는 것과 자기 마음대로의 연정이라는 생각을 가지고 있는 것에 따라 각기 그 처리가 달라집니다.

사적으로 보는 것과 공적으로 보는 것에 따라 확실히 차이가 생긴다고 생각합니다. 그래서 나는 이것을 공적인 것으로 보는 것입니다. 연정은 공적인 것이라는 것입니다. 거기서부터 판정이 달라지는 것입니다. 이것은 연애뿐만이 아닙니다. 서로가 가지고 있는 사명이라고나 할까 일에 대해서도 같은 말을 할 수가 있습니다.

『마쓰시타 고노스케 발언집』 제36권 392쪽 7행째

1948년 11월 3일, PHP운동 2주년 기념강연회(53세 때)

젊었을 때의 고노스케 씨에 의하면 '연정의 처리에 있어서는 하느님이 인간에게 준 것이라는 것을 인식하고 있을 때와 자기 마음대로의 연정이라는 생각일 때와는 그 처리방법이 다르다'라고 말하고 있습니다. 그래서 고노스케 씨는 전자의 생각이며 '연정은 공적인 것'이라고 단언하고 있습니다.

즉, 어느 여성을 고노스케 씨가 좋아하게 된다는 현상은 하느님의 의지이며 고노스케라는 인간이 단순한 생물로서 품게 되는 감정이 아니라는 말이 되는 것 같습니다. 더욱이 이러한 구조는 일을 위시해서 인생에서 일어나는 여러 가지 현상에 관해서도 해당이 된다고 보는 것입니다.

내 자신은『사는 보람론』에 있어서 남녀의 관계가 결코 우연이 아닌 것을 과학적으로 논증하고 있으므로, 이와 같은 고노스케 씨의 인간관, 인생관, 우주관에는 크게 공감할 수가 있습니다. 나의 이론에서는 부부, 부모자식, 형제자매, 친구, 은사, 일의 동료 등, 깊은 관계를 가지는 사람을 '소울 메이트(soul mate)'[1] 라고 표현하고 있습니다. 또 그 중에서도 깊은 남녀관계로 결합되는 상대를 '트윈 소울(twin soul)'이라고 부르고 있습니다.(상세한 것은 나의 저서『트윈 소울—죽어가던 내가 체험한 기적』, PHP연구소, 2006을 참고바랍니다.)

더욱이 고노스케 씨는 직장에서 만나는 일의 동료로서의 소울 메이트에 관해서도 다음과 같이 설명하고 있습니다.

---

1 서로가 육체를 넘은 영혼의 연결을 가지고 있는 인간끼리.

진정한 결합이라는 것이 생겨 서로의 힘이 배가 된다

이 세상의 일이라는 것은 이치로 딱 잘라 결론지을 수 없는 것이 많이 있습니다. 그러한 일도 더욱더 세상이 진보하게 되면 더 분명하게 될 수 있을지 모르지만 현재로서는 잘 알 수 없는 것이 많이 있습니다. 이와 같이 이치로 결론지울 수 없는 것이 성립이 되는 것으로 보아 이치로는 설명이 불가능한 한 가지의 유대관계, 큰 인연이라는 것이 거기에 강력하게 작용하고 있음을 감지하게 되는 것입니다.

여러분이 마쓰시타전기에 이렇게 입사해주신 것도 한편으로 양자 사이에 그와 같은 강한 인연이 있어서 그것으로 결합이 되었다고 생각해보면 어떻겠습니까? 이치 이외의 일입니다. 바꾸어 말하자면 그러한 운명을 가지고 있는 것입니다. 여러분은 마쓰시타전기에 사원으로 들어와서 그래서 사원으로서, 사회인으로서 이 사회에서 활동하게끔 그런 운명을 가지고 있다. 이렇게 나는 생각할 수도 있다고 봅니다.

그렇기 때문에 나는 서로가 한편으로는 대단히 강한 결합상태를 가지고 있다고 생각합니다. 그런 운명을 지니고 있는 것입니다. 이치가 아닙니다. 여러분이 마쓰시타에 들어왔다는 것은 운명이 그렇게 한 것입니다. "너무 구식 생각이다."고 여러분은 생각할는지 모르지만 여러분을 맞이한 것은 운명이라는 생각을 나는 진심으로 가지고 있습니다.

여러분은 충분한 시험을 통해서 이 사람은 이상적인 사원이 될 수 있을 것이라고 생각하여 마쓰시타전기가 채용한 것입니다. 그러나 그렇게 생각은 합니다만 모두가 다 그렇게 이상적인가 하면 나는 그렇지 않은 분들도 계실 것으로 생각됩니다.

여러분은 마쓰시타에 입사해서 성실하게 일을 해서 사회를 위해서 국가를 위해서 또 회사를 위해서 노력하겠다는 결의를 가지고 계시겠지만, 그 중에는 그런 결의가 점점 덜해져가서 바람직하지 못한 사원이 되는 경향으로 흐르는 사람도 왕왕 있다고 생각합니다. "아아! 골치 아픈 사람이다."고 회사가 생각하게 되는 사람도 여러분 중에는 한 두 사람 나오게 될는지도 모릅니다.

그러나 그것은 지금 말씀드린 바와 같이 가령 그런 사람이 나와도 "그것은 운명이다. 회사가 가지고 있는 운명이다. 따라서 그 운명에 순응해서 그 사람을 허용해 나가자." 이런 생각을 회사도 역시 가져야 할 것으로 생각합니다. 이와 마찬가지로 여러분도 좋은 회사라고 생각해서 들어왔지만, 전부 좋은 일만 있는 것은 아닐 것입니다. 그 중에는 마음에 들지 않는 점도 있고 재미없는 점도 있을 것입니다. 그렇지만 역시 이것이 내 운명인 것입니다.

따라서 어느 정도 이것을 허용해 나가자, 그리고 협력해 나가자고 생각하는 것입니다.

이와 같이 생각하면 회사도 여러분 중에 바람직하지 못한 사람이 나와도 따뜻한 마음으로 시종 그 사람과 접촉할 수가 있고 여러 분들도 재미없는 회사라고 생각해도 성의를 가지고 회사를 지켜보자고 생각하게 될 것입니다. 그렇게 맺어진 인연, 맺어진 운명이라는 데에 입각해서 마음을 넓혀 사물을 생각해보면 참기 어려운 것도 참고 서로 용서하기 어려운 것도 용서하자는 기분이 됩니다. 거기에 진정한 결합이라는 것이 생겨 상호의 힘이라는 것이 배가 되고 3배 또는 4배가 되어 작용한다고 나는 생각합니다.

『마쓰시타 고노스케 발언집』 제32권 271쪽 14행째
1962년 4월 3일, 마쓰시타전기 신입사원 도입교육(67세 때)

얼마나 감동적인 발언입니까…. '비록 사원 중에 바람직하지 못한 사람(예를 들면 일을 잘 못하는 사람)이 생겨도 회사는 따뜻한 마음으로 접한다'고 약속한 후에 그 대신 사원에 대해서도 '재미없는 회사라고 생각되더라도 성의를 가지고 지켜봐 달라'고 머리를 숙이고 있습니다. 이와 같은 고노스케 씨가 말하는 '진정한 결합'이라는 표현은 바로 '소울 메이트'의 개념을 영리(營利)조직 속에서 실현해나가고자 하는 획기적인 선언이었다고 말할 수 있습니다.

이 발언이 있었던 1962년은 꼭 내가 태어났던 해이기도 합니다만 그 후 46년이나 지난 현재에 와서는 희망퇴직의 소용돌이 속에서 이와 같은 고노스케 씨의 이상론을 실현하는 것은 곤란해졌을 것입니다. 여기서 '경

영학 입문'이나 '인사 관리론'의 수업을 할 의향은 없으므로 상세한 것은 말하지 않겠습니다만, 고노스케 씨가 창업한 그 유명기업에도 큰 변화가 잇따라 일어나고 있는 모양입니다.

여하튼 이 발언 중에서 '이것은 운명이다'라고 단언하고 있는 바와 같이 고노스케 씨가 운명론자였음은 틀림없습니다. 그래서 고노스케 씨의 운명관(천명이라고 부르는 경우도 있습니다)을 여실히 나타내는 발언 중에서 대표적인 것을 소개하겠습니다.

다른 사람들이 놀고 있을 때
나는 걸레질 청소를 하지 않으면 안 되었다

그 후 장사를 하면서 대단한 불경기를 맞았다든지 기타 여러 가지 일이있었습니다만 그럴 때 언제나 그것은 나의 운명이며 어떻게 할 수가 없다, 결국에 가서는 나는 이런 입장에 서게 되었으므로 그 이상 아무 것도 생각할 필요가 없다, 오늘 하루를 충실하게 살면 그것으로 족하다는 생각이 무의식 중에 있었습니다. 그래서 그런 경우에도 조금도 당황하지 않고 해나갈 수 있었다고 생각합니다. 그리고 무엇이 가장 올바른 길인가를 생각해서 나는 내 나름대로 이것이 좋은 길이라고 생각한 것을 그대로 해왔습니다. 이렇게 하면서 어느덧 오늘까지 오게 된 것입니다.

그렇게 생각해보면 내가 오늘까지 오게 만든 것은 한 가지 이유는 나에게 그러한 소질이라고 할까, 운명이라는 것이 있었다는 것을 지금 솔직하게 인정하고 있습니다. 그러나 그 이상으로 나는 세간에서 말하는 불행한 환경에 사로잡히는 일은 없었다고 생각합니다.

즉 나는 나의 환경이 불행했기 때문에 여러 가지 일을 체험할 수가 있었습니다. 다른 사람이 놀고 있을 때에 나는 걸레질 청소를 하지 않으면 안 되었습니다만, 그러나 그 걸레질을 한다는 데에 말할 수 없는 훌륭한 인생의 교훈이 포함되어 있어서, 그것이 알게 모르게 내 몸에 베이게 되었다고 생각합니다. 그 당시에는 지금 말한 해석이나 이해를 하고 있지 않았다고 생각합니다만, 지금 생각해보면 그것이 인생 체험이며 한 가지 교훈으로서 몸에 베어갔다고 생각합니다. 이런 것이 쌓여가서 어떤 큰일에 부닥쳤을 때 이것은 이렇게 해나가야 한다든가, 저렇게 해야 좋다든가 등 자연적으로 처리를 할 수 있게 되는 것이라고 생각합니다.

『마쓰시타 고노스케 발언집』 제11권 85쪽 4행째

1962년 5월 8일, 게이오 의숙대학 특별강연회(67세 때)

이와 같은 "내 환경이 불행했기 때문에 여러 가지 일을 체험할 수가 있었다."고 하는 인생 해석은 고노스케 씨가 "이런 환경을 운명으로 받아들이자."고 생각함으로써 스스로의 힘에 의해서 가치관의 전환(나의 『사는 보람론』에서 말하는 브레이크스루 현상)이 일어났음을 나타내고 있습니다. 청소년 시절에 '이 환경은 나의 운명이다'라고 스스로에게 타이르면서 노력을 쌓은 체험은 고노스케 씨의 인생에 큰 영향을 주게 되었다고 봅니다.

그 후 경영자로서 대성한 후에도 고노스케 씨는 독자적인 운명론을 전개하면서 사람들에게 인생의 구조를 설명해왔습니다. 예를 들면 다음과 같은 발언이 그 대표적인 것이라고 말할 수 있습니다.

인생의 행복은 자기의 운명을 살리는 것이다

여러분도 금후 여러 가지 문제가 있을 것입니다. 열심히 노력해서 회사를 위해서 사회를 위해서 또 자기 자신을 위해서 일하지 않으면 안 될 것입니다. 동시에 또 지위도 향상되고 월급도 올라가도록 노력해도 좋다고 생각합니다. 그러나 그렇게 생각하면서 회사에 들어오는 것은 바람직한 일이며 오히려 그렇게 하지 않으면 안 되겠습니다만, 그렇게 한다고 해서 그 사람이 반드시 회사의 사장이 된다고 볼 수는 없습니다. 거기에는 자연히 운명이라는 것이 있어서 그것으로 결정이 된다고 생각합니다.

따라서 다른 사람이 사장이 되는 것을 보더라도 그런 일에 구애

받을 필요가 없습니다. 오늘 현재 최선을 다해서 일하고 있으면 된다고 생각합니다. 오늘 현재의 대우에 대해서 불만이 있을 수도 있겠지만 불만은 불만으로 솔직하게 하소연하고, 이것은 이렇게 하고 싶다, 저렇게 하고 싶다든가, 이것은 좋지 않으니 이렇게 해주었으면 좋겠다는 것 등은 의사의 발표이니만큼 해주기를 바랍니다. 그러나 그것이 자기 생각대로 안 된다고 해서 자기 마음을 괴롭힐 필요는 없습니다. 그리고 자기 일생을 맡기는 것입니다. 무엇에 맡기는가 하면 운명에 맡기는 것입니다. 또는 그 회사에 맡기든가 자기 자신에 맡기는 것입니다.

우리가 이 세상에 존재하는데 있어 인류나 모든 것 일체를 창조한 힘이라는 것이 있다고 가정한다면 이것은 절대(絶對)의 힘입니다. 그 힘이 위에서 보고 있으면 속임수 같은 것은 아무 것도 효력이 없습니다. 그 절대의 힘이라는 것은 하느님이 아니면 알 수 없습니다. 그러나 어쨌든 오늘 우리가 여기까지 온 것은 우리의 의사가 아닙니다. 부모의 의사에 따라 태어났는가 하면 완전히 부모의 의사라고 할 수도 없습니다. 좀 더 큰 무엇이 그 위에 있다고 생각합니다. 그런 힘이 있다고 한다면 그 힘이 보고 있으므로 그 힘을 속일 수는 없다고 나는 생각합니다.

그렇다면 너무 악착같이 안달하지 말고 유유자작하게 자기의 운명에 따라 나아가는 것이 중요합니다. 나쁜 마음이 없다면 그 사람이 가지고 태어난 운명이 완전히 살아난다고 생각합니다. 운명에 따르는 외에는 올바른 길이 없다고 나는 생각합니다. 그렇게 생각한다면 대범한 정신이 생겨날 것으로 생각합니다. (중략)

인간의 행복은 자기의 운명을 살리는 것입니다.

자기의 운명이 평사원으로 끝마치게 되어 있다면 그것은 그것으로 족하지 않는가라는 생각을 가지고 있으면 나는 여러분의 생애라는 것이 대단히 강하고 또한 올바르고 행복할 것이라는 느낌을 가지는 것입니다.

『마쓰시타 고노스케 발언집』 제11권 95쪽 11행째
1962년 5월 8일, 게이오 의숙대학 특별강연회(67세 때)

게이오 의숙대학 학생들을 향해서 '운명에 따르는 것 외에 다른 올바른 길은 없다고 나는 생각합니다'라고 주장하는 것은 어지간한 확신이 없으면 할 수 없는 일입니다. 이런 나도 2007년 6월 21일에 쿄토대학의 100주년 기념 홀에서 초만원의 참가자를 향해서 〈사는 보람의 창조〉라는 제목하에 단독 강연회를 개최했습니다. 그때 내 나름의 운명론을 당당하게 이야기한 바가 있습니다만, 게이오 의숙대학의 강단에 선 고노스케 씨의 각오가 대단했을 것이라는 것을 잘 알 수 있습니다.

아마도 유뇌(唯腦)론자[1]가 태반을 차지할 수도 있는 대학교수나 대학생들을 향해서 '인간의 행복은 자기의 운명을 살리는 것이다'라고 단상에

1 인간의 정체는 뇌라고 생각하고 운명이나 신불(神佛)과 같은 뇌를 초월하는 개념을 부정하는 사람.

서 단언한 때의 고노스케 씨는 어떠한 비평이나 조소도 겁내지 않을 단호한 각오를 하고 있었음에 틀림없습니다. 왜냐하면 한 발 틀리면 '오컬트(occult)[1]' 경영자로 불리게 되든지, 어느 종교단체가 배후에 붙어 있는가? 등의 비방 중상모략을 당할 것을 모르지는 않았을 것입니다.

내 자신도 경영학 중에 스피리추얼(spiritual)한 개념을 도입한 이후에 과격한 유뇌론자로부터 이런 종류의 아카데믹 하라스멘트[2]을 여러 번 받아왔으므로 비록 46년 전의 일이라 할지라도 마치 지금 현재의 일인 양 고노스케 씨의 신변을 우려하지 않을 수 없습니다.

그러나 고노스케 씨는 확고한 신념하에 더욱 더 구체적인 예를 사용하면서 다음과 같은 운명론을 전개하고 있습니다.

운명을 잘 탄다

운명의 작용이라는 것은 모릅니다. 모르지만 모르는 대로 이것이 사람마다 다 다르다는 것은 말할 수 있습니다. 마치 인간의 얼굴이 한 사람도 같은 사람이 없는 것과 같이, 운명의 작용은 사람에 따라 모두 다르다고 생각합니다.

왜 다른가 하면 이것은 사람의 얼굴이 사람에 따라 모두 다른 것

---

1 신비주의.

2 연구의 자유를 인정하지 않는 사상적 왕따 행동.

과 같아서 천지(天地) 자연의 이치에 근거해서 그렇게 되어 있는 것입니다. 즉 자연의 이치가 각기 인간에게 그런 다른 운명을 주도록 되어 있는 것이라고 생각합니다.

운명이 다르다는 것은 다른 사람과 같은 길을 걸을 필요가 없다는 것입니다. 또 같은 길을 걸으려는 것은 불가능하다는 것입니다. 따라서 어떤 사람이 한 가지 길에서 성공했다고 해서 다른 사람이 이와 꼭 같은 길을 걸어서 성공하겠다고 생각해도 그것은 불가능하다고 생각합니다. 아니, 오히려 그렇게 생각하는 것은 그 사람에게 있어 불행한 일이라고 생각합니다.

왜냐하면 그 사람에게 있어서는 달리 성공할 수 있는 길이 주어져 있기 때문입니다. 예를 들면 태어날 때부터 대단히 목소리가 좋은 사람과 나쁜 사람이 있습니다. 그런데 좋은 목소리를 가지고 태어난 사람이 훌륭한 성악가가 되겠다고 나서는 것은 좋습니다만, 목소리가 나쁜 사람이 이 사람과 같은 길을 걷겠다는 것은 잘못된 것입니다. 목소리가 나쁜 사람은 성악가가 될 수는 없을지 모르지만, 예를 들면 그림을 잘 그려서 화가가 되는 경우가 있는 것입니다. 따라서 모두가 제각기 자기 길을 열심히 걸어가면 된다고 생각합니다. 다른 사람이 걸어가는 것을 보고 거기서 어떤 가르침을 얻는다는 것은 좋지만 다른 사람의 걸음걸이를 그대로 흉내낼 필요는 없다고 생각합니다. 자기의 길을 열심히 걸어가면 된다고 생각합니다. 그것이 그 사람의 성공의 길이라고 생각합니다.

물론 각각의 길이라고 하지만 그것이 어떤 것인지 그것은 잘 모르겠습니다. 운명의 내용은 앞서 말한 바와 같이 잘 모르기 때문입니다. 그저 모르기는 하지만 사람의 운명이란 제각기 다르게 주어져 있다는 것, 이것만은 확실하기 때문에 이 점을 서로 잘 인식해두어야 할 것으로 생각합니다. 그렇게만 한다면 서로 쓸데없는 노력은 피할 수 있게 될 것입니다.

그렇다면 이 운명에 대해서 어떻게 대처하면 좋은가 하는 것이 다음 문제가 될 것으로 생각합니다. 이것은 말로 이렇게 하면 된다고 표현할 수는 없다고 생각합니다. 단지 이때까지 말씀드린 바와 같이 '운명이라는 것은 존재한다. 그러나 그 내용은 모른다. 그리고 모르기는 하지만 사람에 따라 그것은 모두 다르다'는 것을 우선 순순히 인정하는 것이 중요하지 않을까 생각합니다. 즉 이때까지 말씀드린 운명관(觀)을 순순히 받아들일 수 있다면 각각의 운명에 대처하는 길은 제각기 자연스럽게 터득할 수 있게 되리라 생각합니다.

얼핏 생각하면 어렵게 생각될는지 모르지만 마음을 비우고 순순히 자기가 해야 할 일을 생각한다면 운명에 대처하는 길은 저절로 알게 되지 않을까 생각합니다.

세간에서는 운명은 복종해야 하는 것이 아니고 개척해야 하는 것이라고 말합니다. 이것은 대단히 훌륭한 말이라고 생각합니다. 그러나 이 말을 그대로 직역을 해서 받아들인다면 무리를 해서 오히려 운명을 살리지 못하게 될는지 모릅니다. 따라서 운명을 개척한다는 생각도 좋지만 이것을 운명에 잘 편승한다고 표현하는 쪽이 좋지 않나 생각합니다.

『마쓰시타 고노스케 발언집』 제37권 344쪽 6행째
1953년 10월, 'PHP어록 51'(58세 때)

이와 같이 '다른 사람이 걸어가는 것을 보고 거기서 어떤 가르침을 얻는다는 것은 좋지만 다른 사람의 걸음걸이를 그대로 흉내낼 필요는 없다고 생각합니다. 자기의 길을 열심히 걸어가면 된다고 생각합니다. 그것이 그 사람의 성공의 길이라고 생각합니다'라고 말하는 고노스케 씨의 말은 내가 십 수 년 간에 걸쳐서 해온 『사는 보람론』의 연구 성과와도 일치하고 있습니다. '운명'이나 '천명(天命)'[1] 이라는 개념을 잘 활용하면 인생의 모든 일에 의미나 가치가 생겨나는 것입니다.

예를 들면 카운슬러로서의 나의 체험을 토대로 분석하면, 인간에게 있어서 '사는 보람'을 가지기 어려운 인생관이란 '나는 우연성이 겹치고 쌓인 속에서 살고 있을 뿐이며 인생 전개(展開)를 지배하는 우주 법칙이나 운명 같은 것은 존재하지 않는다'는 사고 방법입니다. 본인의 자각 정도에는 개인차가 있겠습니다만, 구체적인 말로 표현하면 다음과 같이 생각하면서 살아가는 것을 의미합니다.

---

1 하늘이 내려준 사명.

- 나는 우연히 이 우주에 존재하고 있다.
- 나는 우연히 이 지구상에 태어났다.
- 나는 우연히 인간으로 태어났다.
- 나는 우연히 이 시대에 태어났다.
- 나는 우연히 이 장소에 태어났다.
- 나는 우연히 이 부모 밑에 태어났다.
- 나는 우연히 그 유치원, 보육원에 들어갔으며, 그 초등학교에 들어갔고, 그 중학교에 들어갔으며, 그 고등학교에 들어갔다.
- 나는 우연히 그 학교에서 만난 사람들과 친구가 되기도 했고 서로 싸우기도 했다.
- 나는 우연히 그 학교에서 만난 선생님들의 가르침을 받았다.
- 나는 우연히 그 사람을 좋아했고 연인이 되었고 헤어지기도 했다.
- 나는 우연히 이 사람과의 사이에 혼담이 있어 결혼했다.
- 나는 우연히 이 일에 종사하게 되었다.
- 나는 우연히 이 직장에 있는 사람들과 같이 일을 하고 있다.
- 나는 우연히 이 고객들을 상대로 일을 하고 있다.
- 나는 우연히 그때 그 사고를 겪었다.
- 나는 우연히 그때 그 병에 걸렸다.
- 나는 우연히 그때 그런 사건을 만났다.

◦ 내 아이들은 우연히 내 아이로 태어났다.

이런 생각으로 살아가면 '인생은 실패, 좌절, 불행 등의 나쁜 우연성에 가득 차 있으며, 나는 간혹 그런 것의 피해자가 된다'라고 하는 어두운 기분에 빠질 우려가 있습니다. 왜냐하면 인생에서 일어나는 사건에는 깊은 의미 같은 것은 없고 '이 세상에는 어쩌다가 행운을 얻어 안락하게 살고 있는 사람이 있는가 하면, 어쩌다가 불행을 당하여 고통을 받고 있는 사람도 있다'는 사실이 괴롭고 슬픈 현실이라는 해석이 되기 때문입니다.

한편으로 인간에게 있어서 '사는 보람'을 느끼기 쉬운 인생관이란 '나는 인생 전개(展開)를 지배하는 여러 가지 우주 법칙 하에 살고 있으며, 인생에서 일어나는 모든 사건에는 반드시 어떤 깊은 의미나 이유가 있다'라고 하는 사고 방법입니다. 본인의 자각 정도에는 개인차가 있습니다만 구체적인 말로 표현하면 다음과 같이 생각하면서 살아가는 것을 의미합니다.

◦ 나는 상당한 이유가 있어서 이 우주에 존재하고 있다.
◦ 나는 상당한 이유가 있어서 이 지구에 태어났다.
◦ 나는 상당한 이유가 있어서 인간으로 태어났다.
◦ 나는 상당한 이유가 있어서 이 시대에 태어났다.
◦ 나는 상당한 이유가 있어서 이 장소에 태어났다.
◦ 나는 상당한 이유가 있어서 이 부모 밑에 태어났다.
◦ 나는 상당한 이유가 있어서 그 유치원, 보육원에 들어갔고

그 초등학교에 들어갔고, 그 중학교에 들어갔으며, 그 고등학교에 들어갔다.

- 나는 상당한 이유가 있어서 그 학교에서 만난 사람들과 친구가 되기도 했고 서로 싸우기도 했다.
- 나는 상당한 이유가 있어서 그 학교에서 만난 선생님들의 가르침을 받았다.
- 나는 상당한 이유가 있어서 그 사람을 좋아했고 연인이 됐고 헤어지기도 했다.
- 나는 상당한 이유가 있어서 그 사람과의 사이에 혼담이 있어 결혼했다.
- 나는 상당한 이유가 있어서 이 일을 하게 됐다.
- 나는 상당한 이유가 있어서 이 직장에 있는 사람들과 함께 일을 하고 있다.
- 나는 상당한 이유가 있어서 그때 그 사고를 겪었다.
- 나는 상당한 이유가 있어서 그때 그 병에 걸렸다.
- 나는 상당한 이유가 있어서 그때 그런 사건을 만났다.
- 내 아이들은 상당한 이유가 있어서 내 아이로 태어났다.

이런 생각으로 살아간다면 '인생은 자기를 성장시키는 수행(修行) 과제로서 순조로운 시련에 가득 차 있지만 본질적인 실패, 좌절, 불행은 존재하지 않는다'는 해석 하에 모든 일이나 인간관계에 깊은 의미를 느끼면서 진정한 전향적인 생활을 할 수가 있을 것입니다.

실은 일반적인 종교가 민중에게 설법해온 것은 바로 이와 같은 우주의 법칙과 인생의 심원한 구조에 대한 해석이었습니다. 종교에서는 '신'이나 '불'이나 '천국'이나 '지옥' 등의 전문용어를 개발하면서 요컨대 '당신은 인생 전개를 지배하는 여러 가지 우주 법칙 하에 살고 있으며, 인생에서 일어나는 여러 가지 사건은 깊은 의미와 이유가 있는 것이다'라고 설명함으로써 많은 민중을 구제해온 것입니다.

그리고 내가 읽고 해석하는 바로는 고노스케 씨도 이와 꼭 같은 해석으로 인생의 가치를 사람들에게 설명하고 있음이 틀림없습니다.

제2절 생명력을 활용하여 사명을 다한다

고노스케 씨는 독자적인 운명론을 진화(進化)시키는 과정에서 '생명력의 활용'이라는 개념을 제시하고 있습니다. 인간은 제각기 '우주 근원의 힘'에 의해서 자기 나름대로의 '천분'을 부여받고 있다고 생각하는 것입니다. 이와 같이 독특한 사상은 예를 들면 다음의 발언으로 명확히 되고 있습니다.

자기에게 주어진 천분(天分) 안에서 살아간다

대체적으로 사람에게는 제각기 다른 생명력이 주어져 있습니다. 이 생명력은 우리들 생명의 근본이 되는 힘이며 그 내용은 '살고자 하는 힘'과 '어떻게 살 것인가'라고 하는 사명(使命)을 나타내는 두 가지 힘으로 성립되어 있다고 생각합니다. 이 생명력은 우주 근원의 힘에 의해 모든 사람에게 주어져 있는 것입니다.

그런데 전자의 살고자 하는 힘, 이것을 생의 본능이라고 말해도 좋다고 생각합니다만, 이 힘은 모든 사람에게 공통이며 거기에는 아무런 차별도 없습니다. 후자인 '어떻게 살 것인가'라고 하는 그 사람에게 사명을 주는 힘은 사람에 따라 모두 다른 것입니다. 즉 이 힘에 의해서 천차만별, 모두 다른 삶을 살고 있으며, 모두 다른 일을 하도록 사명이 주어져 있는 것입니다. 따라서 어떤 사람은 정치가로서 가장 어울리는 생명력이 주어져 있는가 하면 다른 사람은 학자로서의 생명력이 주어져 있는 것입니다. 또는 신발 장수는 신발 장수로서, 생선 장수는 생선 장수로서 모두 제각기 다른 사명이 주어져 있으며 다른 재능이 주어져 있는 것입니다.

이 생명력은 우주 근원의 힘에 의해서 인간에게 주어진 천부(天賦)와 같은 것으로, 이것은 달리 천분이라고 불러도 괜찮다고 생각합니다. 아니, 오히려 천분이라는 것의 진정한 의미는 여기에 있는 것이 아닌가 생각합니다. 따라서 만약 이 생각이 옳다고 한다면 천분은 모든 사람에게 주어지는 것이며 모든 사람이 이 천분대로 사는 것이 가장 올바르게 사는 방법이라고 생각하는 것입니다.

따라서 성공이라는 것은 자기에게 주어진 이 천분을 그대로 완전히 살리는 것이 아니겠는가 생각합니다. 이런 의미의 성공을 '인간으로서의 성공'이라고 이름 붙인다면 이 '인간으로서의 성공'이 진정한 의미의 성공이라고 생각하는 것입니다.

자기에게 주어진 천분을 완전히 살리는 것이 진정한 의미의 성공이며 여기에 '인간으로서의 성공'이 있다고 말씀드렸습니다만, 이렇게 생각한다면 성공의 모습은 사람에 따라 모두 다르다는 것을 알 수 있습니다. 어떤 사람은 장관이 되는 것이 성공이 될는지 모르지만 다른 사람은 우유 판매원으로 살아가는 것이 성공이 될는지도 모릅니다. 즉 사회적인 지위나 명예나 재산은 성공의 기준이 되지 못하는 것입니다. 자기에게 주어진 천분에 맞는가 안 맞는가, 이것이 성공의 기준이 된다고 생각하는 것입니다.

또한 인간은 이 천분에 따라 살아감으로써 비로소 진정한 행복이라는 것을 맛볼 수가 있다고 생각합니다. 이때까지는 사회적인 지위나 명예나 재산을 얻는 것이 유일한 성공이라고 생각되었기 때문에 이것만 얻으면 좋다고 여겨 대단한 무리한 노력을 해서 자기의 천분이라고 할까 천성이라는 것을 비틀어 해치는 경우가 대단히 많았다고 생각합니다. 즉 이때까지의 성공에는 행복이라는 것이 무시되어 있었다고 생각합니다. 바꾸어 말하자면 행복이라는 것은 사회적 지위나 명예나 재산만 얻는다면 저절로 따라오는 것이라고 생각했던 것 같습니다.

그러나 행복이라는 것은 반드시 지위나 명예나 재산을 필요로 하지 않는 것입니다. 자기에게 주어진 천분 속에서 살아갈 때, 즉 인간으로서의 성공을 성취할 때 비로소 이것을 맛볼 수 있게 된다고 생각합니다. 따라서 진정한 의미의 성공은 자기의 천분에 맞느냐 안 맞느냐 하는 것이 기준이 되며, 이것은 동시에 진정한 행복을 얻을 수 있느냐 없느냐의 분기점이 되기도 합니다. 좀 더 다르게 표현하자면 인간으로서의 성공은 사회적인 지위와는 무관계한 것이며 동시에 행복도 또한 사회적인 지위와 아무런 관련이 없다는 말이 되기도 합니다. 자기의 천분을 살리고 있는 사람은 비록 사회적인 지위가 낮고 재산이 없다손 치더라도 항상 활력에 차고 기쁨에 넘치며, 나의 삶의 보람은 여기에 있다는 자신감 아래 착실하면서도 원기에 가득 찬 생애를 보내게 되리라고 생각하는 것입니다.

그런데 자기의 천분을 살리는 것이 진정한 성공이며 행복도 또한 여기에 있다고 말했는데, 그렇다면 그 천분은 어떻게 하면 찾아낼 수 있겠는가 하는 것이 다음 문제가 될 것입니다. 천분을 살린다고 하지만 그 천분이 명확하게 파악이 되지 않는다면 살릴 수도 없으므로 이것은 당연한 일일 것입니다.

그런데 나의 천분이 어디에 있는지 이것은 실은 쉽게 알 수 없는 것입니다. 즉 이것은 간단히 찾을 수 없는 형태로 주어져 있다고 생각하는 것입니다.

이것은 좀 불합리한 것처럼 생각될는지 모르지만 여기에 인생의 재미라고나 할까 맛이라는 것이 있다고 생각합니다. 그렇게 너무 쉽게 알아버리면 아무런 재미가 없습니다. 쉽게 알 수는 없지만 그것을 찾아서 노력해가는 데에 또한 더없는 인생의 맛이 숨겨져 있다고 생각합니다.

『마쓰시타 고노스케 발언집』 제37권 240쪽 11행째

1950년 2월, 'PHP어록 26'(55세 때)

이와 같이 고노스케 씨는 '어떤 사람에게 있어서는 장관이 되는 것이 성공일는지 모르지만 다른 사람에게는 우유 판매원으로 살아가는 것이

성공일 수도 있습니다' 라고 우선은 가정을 합니다. 그러고 나서 '사회적 인 지위나 명예나 재산이 아니고 자기의 천분에 맞게 사는 것이 바로 그 사람 나름의 인생의 성공이다' 라고 논하고 있습니다.

이와 같은 각자가 제각기 가지고 있는 천분, 즉 하늘에서 내린 역할에 대해서 고노스케 씨는 더욱더 다음과 같은 사례로 설명합니다.

제각기 만두나 사과를 먹고 기뻐하며 만족하는 것이다

자기의 생명력이라는 것을 알게 되면 자기의 사명이 무엇인지도 알게 됩니다. 그렇게 되면 남이 만두를 먹고 있어도 "나는 사과를 먹고 있으면 된다." 하고 별달리 만두를 찾지 않게 됩니다. 제각기 만두나 사과를 먹으면서 각자가 기뻐하고 만족하는 것입니다.

그런데 그런 것을 모르면 "저 사람이 만두면 나도 만두를 먹자." 고 해서 일을 실패하게 되는 경우도 있습니다. 음치인 사람이 "저 사람이 가수라면 나도 가수가 되겠다." 고 하는 것과 같은 것입니다.

가수로 적합한가 하지 않는가 하는 것이면 비교적 간단히 알 수 있습니다. 그런데 자기의 사명이나 본질 중에는 대단히 알기 어려운 것이 있습니다.

마음을 비우고 순수한 마음이 되어, 말하자면 명경지수(明鏡止水)와 같은 심경이 되어야 비로소 알 수 있는 그와 같이 어려운 것도 있습니다. 나는 정치가가 되는 것이 좋겠다든가, 또는 실업가가 되는 것이 좋겠다든가, 나아가서는 정치가라 하더라도 어떤 일을 담당하는 것이 좋겠다는 것 등은 여간해서 알기 어렵습니다.

그래서 그 사명, 생명력의 내용을 잘 자각하고 인식한 다음에 살아가는 방식을 수립하지 않으면 안 된다는 말입니다. 이것은 사실상 대단히 중요한 일로서 인간의 공통적인 생명력이라는 것을 자각함과 동시에 자기 자신의 생명력을 자각하지 않으면 안 된다는 것입니다.

『마쓰시타 고노스케 발언집』 제43권 138쪽 3행째
1961년 10월 4일, PHP연구회(66세 때)

이와 같이 하늘에서부터 자기 나름의 역할을 부여받고 있다고 한다면 '우리 인간은 순순히 그 역할을 연출하기만 하면 되는 것이다'라는 발상이 됩니다. 고노스케 씨는 이와 같은 우주의 구조에 대해서 다음과 같은 말로 표현하고 있습니다.

명배우로서 연극을 하지 않으면 안 된다

보기에 따라서는 우리는 대단히 좋은 시대에 태어났다고 말할 수 있을 것 같습니다. 내 자신 아직도 살아 있어서 참 좋다고 생각합니다.

우리가 살고 있는 것은 살아 있는 연극입니다. 가부키(歌舞技)[1] 같은 연극을 돈을 내고 보고나서 '아아! 참 재미있다. 배우들은 정말 잘 하고 있어!'라고 말하면서 우리는 감상을 합니다.

그러나 지금 우리가 살고 있는 이 세상은 정말 살아 있는 연극입니다. 우리는 배우이며 주인공 그 자체입니다. 지금 그런 연극을 하고 있다고 생각하지 않으면 안 됩니다. 그런 자기 자신을 생각해 보면 천재일우(千載一遇)의 좋은 기회로 태어났다고 생각해도 좋다고 생각합니다. 서로가 과거 몇 천억의 사람들 가운데 누구보다 혜택 받은 시대에 생을 얻은 것을 기뻐하고, 명배우로서의 연극을 하지 않으면 안 된다고 생각합니다.

『마쓰시타 고노스케 발언집』(전 45권 제5권 385쪽 6행째
1975년 7월 4일, 도쿄전력노동조합 제20회 대회기념 문화강연회(80세 때)

이와 같은 고노스케 씨의 생각에 의하면 인생은 연극이며 여러 등장인물이 제각각의 역할을 부여받아 조금이라도 명배우가 되려고 노력하고 있다는 말이 되는 것입니다. 이 인간관, 인생관은 내가 『사는 보람론』으로 발표한 저서 중에서 '인생은 자기계획에 의한 연극과 같은 것이다'라고 표

---

1 일본의 전통 연극의 일종.

현하고 있는 것과 많은 공통점이 있습니다.

그렇다면 고노스케 씨가 본 '인생의 명배우'에는 어떤 사람들이 있을까요? 고노스케 씨는 예를 들면 그 대표 격으로 예수님이나 석가 부처님을 들어 예증(例證)을 하고 있습니다.

크리스트나 석가는 하느님의 위대한 발로

우리가 하느님을 모른다면 하느님을 신앙한다고 말할 수는 없습니다. 하느님의 존재가 없다면 신앙이 될 수도 없습니다. 하느님의 존재를 알고서 비로소 거기에 신앙이 생깁니다. 이것은 어느 종교라도 마찬가지라고 생각합니다. 크리스트도 나는 그렇다고 생각합니다. 크리스트가 가장 올바른 형태로 하느님을 알았던 사람이 아니었나 생각합니다. 나는 그렇게 생각하고 있습니다.

다른 사람들은 하느님을 잘 모릅니다. 잘 모르지만 '하느님이 계시니까 여러분은 절을 하시오', '이렇게 하면 당신은 행복하게 될 수 있어!'라고 모두들 설법하고 있었던 것이지요.

그런데 크리스트는 그런 모습을 보고 진정한 하느님의 모습을 설법하고 있지 않다고 생각합니다. 그 당시의 바이블도 크리스트는 보았을 것입니다. "진정한 하느님을 모두가 잘 모르고 있다."고 느끼고 거기서부터 크리스트의 종교적 활동이 시작되지 않았나 생각합니다. 그래서 가장 순순히 하느님의 위대함을 알았던 사람이 크리스트였다고 생각해도 무방할 것입니다.

그래서 그것을 설법하게 되자 "크리스트의 말을 순순히 잘 들어보니 과연 진정한 하느님이란 그런 것이었구먼!" 하고 새롭게 이해하게 되고 이렇게 되어 신앙하는 사람이 생긴 것입니다.

하느님은 비교적 냉엄한 존재인 것 같습니다. 다정한 점도 있지만 엄한 존재인 것입니다. 그렇게 되다보니 그 엄한 점에 찬동하는 사람들은 대부분 권력이 없는 사람들이지요. 권력이 있는 사람들에게는 하느님은 거북한 존재였던 것입니다. 하느님은 권력을 휘두르는 것을 결코 좋아하지 않습니다. 그 당시의 권력자나 기성 종교의 지도자들은 하느님으로부터 눈을 가리려고 했지요. 그러나 불행에 빠진 사람들이나 빈곤한 사람들은 비교적 하느님에게 가까이 가기가 쉬웠습니다. 그들은 권력을 가지고 있지 않았으므로 크리스트가 설법하는 것을 잘 알 수 있었던 것입니다.

즉 세상의 지배자들은 크리스트가 말하는 것을 잘 몰랐습니다. 그들은 권력의 좌에 앉아 있어 사심으로 사물을 보고 있으므로 크리스트가 설법하는 것을 알아듣기 힘들었습니다. 그러나 혜택 받지 못한 사람들 중에는 비교적 순수한 사람들이 많은 것입니다. 권력을 가지지 않고 거기에 구애받지 않았던 만큼 순수한 마음을 가질 수 있었던 것이지요.

따라서 크리스트의 말을 잘 알아들을 수가 있었습니다. 그래서 크리스트가 말하는 데에 공명(共鳴)했던 것입니다. 나는 그렇게 생각하고 있습니다.

그래서 크리스트란 사람은 하느님을 잘 알고 하느님을 설법한 사람이라고 나는 생각합니다. 이것은 더 이상 의심할 여지가 없는 사실이라고 생각합니다. 하느님을 잘 설법한 사람이니까 그를 하느님 그 자체라고 해도 그렇게 불손하다고 생각하지는 않을 것입니다. 알기 쉽게 말하자면 오히려 그렇게 말하는 것이 눈에 잘 보여서 고맙다고 느끼는 것입니다. 이렇게 되어 거기에 교단(教團)이 생기고, 하느님의 존재를 설법했으니까 하느님의 사도라고 생각하기도 하고, 혹은 하느님 그 자체라고 생각해온 것이고, 나는 그것은 그것으로 괜찮다고 생각합니다. 그러나 사실은 인간이며 가장 정확하게 하느님을 파악한 사람입니다. 크리스트나 석가는 하느님의 위대한 나타남이었으며 하느님의 의사를 전달했습니다. 하느님의 의사를 전달함에 있어서 사실에 근거하여 말하고 있는 것입니다.

『마쓰시타 고노스케 발언집』 제43권 133쪽 7행째
1961년 10월 4일, PHP연구회(66세 때)

고노스케 씨는 이와 같이 '크리스트나 석가는 하느님의 위대한 나타남이었으며 하느님의 의사를 전달한 인물이다'라고 말하므로써 자기가 무신론자가 아님을 명언하고 있습니다. 그러한 전제 하에 고노스케 씨 나름의 하느님과 부처님의 관념에 대해서 다음과 같이 설명하고 있습니다.

하느님은 인간에게 불행하게 될 사명을 주지는 않았다

단순히 살아가는 힘이라고 해도 사는 방식이 있습니다. 즉 살아가는 힘과 동시에 단순히 살아가는 것만으로는 안 됩니다. 모두가 제각기 주어진 사명이 있다는 것입니다. 이 두 가지가 주어져 있으며 이 사명은 사람마다 다른 것입니다. 그래서 제각기 사는 방식이 달라지는 것입니다.

크리스트는 우리와 같은 인간으로 태어났지만 그런 생명력을 부여받았던 것입니다. 그것이 좋은지 나쁜지에 대해서는 간단히 말할 수 없다고 나는 생각합니다. 그렇지만 크리스트는 자기 자신에게 그런 생명력이 주어져 있음을 자각하고 있었습니다. 그리고 그 생명력대로 살았습니다.

당신에게는 당신 본래의 생명력이 주어져 있습니다. 그 생명력을 당신이 자각한다면 당신에게 주어진 생명력이 순수하게 잘 살아나는 것입니다. 그렇게 되면 당신의 행복과 번영이 이루어지는 것입니다.

이 말은, 하느님은 이 인간이 불행하게 되는 사명을 주지는 않았다고 생각하는 것입니다. 모두가 번영, 평화, 행복을 누릴 수 있다는 원칙에 의해서 사명이 주어져 있다는 것입니다. 소나무는 소나무로서의 생명력이 주어져 있는 것입니다.

참나무가 되고 싶어도 절대로 될 수가 없는 것입니다. 소나무는 소나무임을 자각하여 소나무로서 잘 자라게 되면 소나무로서 대단히 행복하게 되는 것입니다.

가장 순수한 마음이 되어 자기의 사명감, 생명력을 자각하지 않으면 안 되는 것입니다. 자기인식이라는 것이지요. 크리스트라는 사람은 그런 사명을 가지고 태어났다고 순순히 자각했던 것입니다. 그것이 그런 결과가 되지 않았나 하고 나는 생각합니다.

『마쓰시타 고노스케 발언집』 제43권 136쪽 15행째

1961년 10월 4일, PHP연구회(66세 때)

만약 이 세상 사람들이 여기서 고노스케 씨가 말하는 바와 같은 인간관, 인생관, 우주관을 가지고 '가장 순수한 마음으로 자기의 사명관, 생명력이라는 것을 자각'한다면, 자살을 도모하는 사람들이 격감할 것 같습니다.

덧붙여 말한다면 현재 의료관계자나 교육관계자, 특히 학교 선생님들이 직면하고 있는 큰 벽의 하나가 '어떻게 하면 자살을 방지할 수 있을까?'라는 난제라고 합니다. 특히 학생들로부터 '왜 자살하면 안 되는가?'라는

질문을 받으면 선생님들은 설명이 궁해진다는 것입니다. 이럴 때 학교의 선생님들이나 의사 선생님들, 그리고 '생명의 전화'를 받는 상담원들은 종종 다음과 같이 답변한다고 합니다.

"모처럼 태어났는데 자살해버리는 것은 아깝지 않는가?"

그러나 이런 설명으로는 '아까운지 아닌지' 하는 경제원칙에 근거하는 손익계산의 수준에 머물러버립니다. 고도 경제 성장으로 유복하게 된 반면 신앙심을 잃어버려 '왜 나는 살고 있는가?'에 대한 해답을 잃은 일본인에게 있어서, 지금은 생명마저도 '살아가는 것이 이득이냐 손해냐'라는 경제원칙에 근거해서 손익계산을 하는 시대가 되어버린 것입니다.

더욱이 이런 물음방식으로는 이성적인 손익계산의 결과로서 '죽음'을 선택하는데 정당성을 부여하는 위험성이 있습니다. 혹시 '선생님 말씀대로 손익계산을 해봤더니 역시 살아가는 쪽이 손해이며 죽어서 편하게 되는 것이 득이 된다는 결론이 나왔으므로 당당하게 죽도록 해주십시오'라는 학생이 늘어날지 모릅니다.

이와 같이 '나라는 존재는 육체(뇌)에 지나지 않으므로 죽어서 뇌의 기능을 정지시키면 모든 일에서 해방되어 편하게 될 수 있다'라고 마음속으로부터 본심으로 생각하고 있는 사람에 대해서 '그래도 고생을 쌓아가면서라도 살아가도록 하세요'라고 설득하는 것은 대단히 어렵습니다. 바로 눈앞에 '확실하게 편하게 되는 방법'이 기다리고 있는데도 불구하고 그 방법에 손을 대지 말도록 지시를 받지만 '왜?', '내가 결정하는 것 아닌가요?' 라고 하면서 이해를 못하는 것은 당연하지 않겠습니까?

따라서 이 문제를 본질적으로 해결하기 위해서는 자살하는 것이 '자기에게 있어서 아까운 것인지 아닌지라는 주관적이고 표면적인 손익계산의 수준에서 '인간으로서 올바른 것인지 어떤지' 라는 객관적이고 본질적인 판단수준까지 대상자의 문제의식을 높여나갈 필요가 있습니다. 즉 경제원칙에 근거하는 목전의 손익계산에 속지 않는 인간관, 인생관, 우주관의 근본적인 변혁이 요구되는 것입니다.

고노스케 씨가 전개한 이론은 바로 그와 같은 인간관, 인생관, 우주관을 말한 것으로 생각됩니다. 40년이나 이전의 내가 태어날 당시에 이미 그와 같은 생각을 확립하고 있었다는 사실에 대해서 나는 솔직하게 찬사와 경의를 표하고 싶습니다.

제3절 사람마다의 각자의 가치를 살린다

고노스케 씨의 운명론은 '사람은 각자가 그 나름대로의 천분(하늘에서 주어진 역할)을 가지고 있다'라고 하는 생각을 기반으로 하면서 '사람마다 각자의 가치를 어떻게 살릴 것인가'라고 하는 과연 경영자다운 문제의식으로 승화시켜갑니다. 그와 같은 발상은 머지않아 '적재적소'라는 확고한 경영방침으로 연결되어 갔습니다.

민주주의라는 것에 철저하게 되면
적재가 적소에 배치되기 쉬워진다

그렇다면 왜 민주주의가 돈과 시간이 들지 않는다고 생각하는가 하면, 여러 가지 생각하는 방식이 있겠습니다만, 그 중 한 가지 견해로서 민주주의라는 것에 모두가 진정으로 철저하게 된다면 어떤 일이 일어나느냐 하면, 그것은 적재가 적소에 배치되기가 쉬워진다는 것이 아닐까 생각하는 것입니다. 민주주의라는 것이 점차로 침투해 오면 적재가 항상 적소에 쉽게 됩니다. 그렇게 되면 적재가 적소에 서 있기 때문에 일이 빨라집니다. 이것이 나는 민주주의의 한 가지 모습이 아니겠는가라고 느끼고 있습니다.

그런데 일본에서는 민주주의는 돈과 시간이 걸린다는 개념이 있습니다. 모두가 논쟁을 하여 그 결과 일이 결정되는 것이니까 이것은 아무래도 돈과 시간이 걸린다고 생각되고 있습니다.

그러나 나는 생각하건데 이것은 적재가 적소에 서 있지 않기 때문에 논쟁을 하게 되는 것이며, 그렇기 때문에 시간도 걸리고 돈도 들어가는 것 아닌가 생각합니다.

한 가지 예를 말씀드리겠습니다. 나는 약 10년 전에 미국에 갔을 때에 절실히 느꼈습니다만, 내가 어느 회사에 갔을 때 기술자인 기사(技師)들과 여러 가지 이야기를 하고 있었습니다. 그리고 어느 문제에 대해서 아무래도 기사장과 이야기를 하지 않으면 안 되게 되었습니다.

그래서 기사장을 불러오게 되었는데, 나타난 기사장이라는 사람이 28세의 청년이었습니다. 한편 나와 이때까지 이야기를 나누고 있던 기사라는 사람들은 40~50세 되는 연세가 든 사람들로, '이 회사에 얼마나 계셨습니까?' 하고 물었더니 '20년 있었습니다', '25년 있었습니다', '이 회사의 공로자이군요', '그렇습니다'라는 것이었습니다.

그렇게 듣고 있었으므로 나는 아마도 이 회사의 기사장이라면 좀 더 나이가 많은 공로자를 상상하고 있었습니다. 그런데 실제로 나타난 사람은 28세의 청년이었습니다.

'당신이 기사장입니까?'라고 물었더니 '그렇습니다'라고 말하더군요. '언제 입사했습니까?', '3년 전에 들어왔습니다'라는 답변이었습니다.

그러고 나서 이야기를 마쳤습니다만 그 후 기사들에게 물어봤습니다. '지금 돌아간 기사장은 28세고 입사한지 3년 밖에 안 된다고 했는데 당신들은 아무렇지도 않는가?' 라고 물었습니다. 그랬더니 '아무렇지도 않는가 하는 것은 어떤 의미인가요?' 라고 되물어왔습니다. (웃음) '속이 상하지 않는가, 무언가 재미없는 일은 없는가라는 의미다' 라고 말했더니 '왜 그런 것을 묻는가?' 라고 말하는 것이었습니다. 그런 점을 미국에서는 별로 잘 모르는 것 같았습니다.

그래서 나는 "일본에서는 이런 경우 모두 분개합니다. 이런 어처구니없는 일은 있을 수 없다고 생각되기 마련입니다. 그래서 물어본 것입니다."

"우리는 그렇게는 생각하지 않습니다. 요컨대 기사장은 기사장의 책임으로 일을 하고 있습니다. 만약 기술적으로 잘못이 있으면 책임은 기사장에게 돌아갑니다. 기사장은 목이 잘립니다."는 것이었습니다.

따라서 기사장이 되어서 잘 됐다든지, 그 친구 한 건 했다든지 하는 느낌은 그 쪽에서는 적은 것 같았습니다. 오히려 솔직하게 말하자면 그는 그에 상응하는 기사장으로서의 무거운 책임을 지게 되어 상당히 어렵겠구나 하는 느낌을 가지고 있는 듯 했습니다.

만약 무엇인가 실패를 하면 기사장이 책임을 지게 되어 있으므로 별달리 거기에 대해서 불유쾌하다고 생각하지 않으며, 별로 아무렇지 않게 생각 안 하는 것입니다. 물론 인간이니까 다소간 그런 기분은 있겠지만 그쪽에서는 일본만큼 그렇게 구애하지 않는 것 같았습니다.

그렇기 때문에 한 가지 회의를 해도 기사장에는 기사장의 실질이랄까, 실력이랄까 그런 것을 가지고 있는 사람을 세우기 때문에 이야기가 빠릅니다.

예를 들면 기사장이 한 가지 안을 세워서 모두를 불러서 '이번에 이렇게 나는 하고자 하는데 여러분 의견이 있으면 말해주십시오'라고 말합니다. 그런데 기사장은 적재가 맡고 있으므로 기사장이 세운 안이라는 것은 아마도 최선의 것이 될 것입니다.

따라서 다른 기사들은 '기사장님 좋습니다', '오케이, 오케이'로 1분만에 회의가 끝이 납니다.

이것이 일본의 경우 어떻게 되는가 하면, '저 사람은 기사장으로서의 진짜 값어치는 없지만 그런대로 별다른 실패도 없었고 나이도 들었고 상당한 공로도 있으니까 그 사람으로 해두는 것이 좋지 않겠는가. 좀 더 다른 좋은 기사장이 될 만한 사람이 있기는 하지만 나이가 젊고 아직 회사 근무연수도 짧아서…'라는 결론이 나올 것입니다. 그래서 나이가 든 그런 기사장이 안을 세우는 것이니까 모두 모이게 하여 '여러분 어떻습니까?'라고 말하면 여러 가지 의견이 나오겠지요. 또 의견을 내서 의논하는 것이 민주주의라고 생각하기 때문에 '그건 기사장님 이렇습니다. 저렇습니다'라고 의론이 백출하여 기사장으로서도 자신이 없으니까 '그럴까?' 정도가 될 것입니다. 그렇게 하여 이것도 아니고 저것도 아니라고 여러 가지 이야기를 하는 동안에 시계를 보니 이미 네 시가 되었습니다. (웃음) '그럼 또 내일 합시다'가 되어버립니다. (웃음) 이렇게 되어서는 시간이 걸리고 돈이 드는 것은 당연하지 않겠습니까?

『마쓰시타 고노스케 발언집』 제1권 285쪽 4행째
1963년 2월 7일, 생산성(生産性) 간사이(關西)지방본부
간사이경제동우회 제1회 간사이재계세미나(68세 때)

이와 같이 고노스케 씨는 미국식 실력주의와 일본식의 연공(年功)주의를 비교하면서 제각각 사람들의 천분을 살리기 위해서는 실력에 근거를 둔 적재적소주의 쪽이 바람직하다는 것을 지적하고 있습니다. 현재의 일본에서는 바로 이와 같은 인사 시스템이 보급되고 있지만 1963년의 시점에서 이미 일본의 장래를 내다보고 있었다는 것은 과연 고노스케 씨라고 말할 수 있겠습니다. 아니 오히려 고노스케 씨 만큼의 영향력을 가지고 있는 경영자가 '실력에 근거한 적재적소주의'를 각지에서 추장(推奬)해왔기 때문에 이것에 끌려 일본기업이 변화해온 것이 아니겠습니까.

또 고노스케 씨는 이 적재적소주의를 철저히 해나가면 재래식 일본기업으로서는 기묘하게 보일 다음과 같은 현상이 나타날 것도 예고하고 있습니다.

아무래도 싫은 일은 해서는 안 된다

일이란 것은 때로는 싫다는 느낌도 가지게 됩니다. 또 자기에게 맞지 않는 일을 하면 피로를 느낀다든지 여러 가지 일이 생깁니다. 그때문에 머리가 아프다, 오늘은 조퇴를 해야 하겠다는 일도 나는 있을 수 있다고 생각합니다. 이것에 반해서 그 일에 재미를 느끼게 되면 다소 머리가 아프다가도 금방 좋아지는 것도 또한 사실일 것입니다. 자기가 그 일과 재미있게 씨름하고 있는가 그렇지 않는가가 대단히 중요하다고 생각합니다.

그렇게 생각해보면 아무래도 싫은 일은 해서는 안 된다고 생각합니다. 그것은 역시 바꾸어주도록 부탁하지 않으면 안 된다고 생각합니다. 그리하여 재미있다, 좋아한다고 느끼는 일과 씨름하지 않으면 안 됩니다. 그렇게 하지 않으면 일도 죽어버립니다. 여러분도 곤란하게 됩니다. 그래서 그런 일은 역시 스스럼없이 고쳐나가는 것이 좋다고 생각합니다.

그러나 간단히 "이건 재미없다."고 하는 것도 좋지 않다고 생각합니다. 한 번 확실하게 도전을 해봐야 합니다. 이 일은 무엇인지 거기에 재미가 있을 것이다, 분명 자기에게 맞는 점이 있을 것이다 하는 식으로 열심히 그 일과 씨름을 해봐야 합니다. 그렇게 하면 처음에는 재미가 없던 일도 의외로 재미가 있다든가, 흥미를 가질 수 있다고 느끼게 될 수 있다고 생각합니다.

그러나 그렇게 해봐도 잘 안 되는 경우는 앞서 말한 대로 해도 좋다고 생각합니다. 그렇게 해서 모두가 제각기 재미있게 일을 해갑니다. 그 힘이 응축될 때에 대단히 큰 작용이 나타나지 않을까 생각합니다. 우리는 어떻게 하면 모두가 재미있게 일을 해나갈 수 있을까, 소위 말하는 적재적소에 서서 일을 할 수 있을까 하는 것을 생각하지 않으면 안 된다고 생각합니다. 어느 집단과 집단을 비교해 보면 어느 집단은 사람들이 대체적으로 적재적소에 배치되고 있습니다. 그러나 어떤 집단은 이와 반대로 대체적으로 적재적소에 배치되고 있지 않는 경우가 있는데 거기에 큰 차이가 생깁니다.

따라서 회사의 경영은 많은 종업원들에게 되도록 적재적소에서 재미있는 일을 하도록 해주는 것이 중요한 문제가 아닐까 생각합니다. 이러한 큰 문제는 경영자의 입장에 있는 사람이 생각해야 하는 것은 당연하지만, 그러나 경영자에게만 그것을 요망해서도 안 된다고 생각합니다. 경영자도 생각합니다만 여러분도 스스로 그런 것을 생각해서 친절한 의미에서 제안을 해주지 않으면 안 됩니다. 친절한 의미에서 그것을 요망하셔야 합니다. 그리하여 모두의 힘으로 되도록 모두가 적재적소에 쉽게 해나가야 합니다.

예를 들면 내가 어느 과장직을 맡고 있을 때 아무래도 나는 과장직보다는 과원으로 일하는 것이 더 빛이 날 것이라는 경우도 있을 것으로 생각합니다.

그럴 경우에는 '나는 과장의 일을 하고 있지만 아무래도 과장의 일은 나에게는 적소 적직(適職)이 아닌 것 같다. 따라서 과장을 그만두고 일반 과원으로 일을 하고 싶다. 그 쪽이 나에게는 더 재미있고 또 더 열심히 일을 할 수 있을 것 같다'라고 이렇게 제안할 필요가 있다고 생각합니다.

그러나 현재 일본에서는 그런 일은 거지반 없습니다. 이것은 진정으로 일과 씨름을 하고 있는가 어떤가, 일 그 자체를 이해하고 그 일의 소중함을 느끼고 있는가 어떤가에 따라 이러한 일이 일어날 수 있다고 생각합니다.

일본의 회사나 관청의 조직에서는 급료의 다과는 직계(職階)에 따라 결정됩니다. 대체적으로 그렇게 되어 있습니다. 이 사람에게 십만 엔의 급료를 주고 싶다, 또는 더 주고 싶다고 할 때, 그렇게 하기 위해서는 평사원에게는 줄 수가 없습니다. 과장으로 승진시키지 않으면 줄 수가 없습니다. 그래서 과장으로 올리지 않으면 안 된다는 것입니다. 대략 이런 경향입니다.

과장으로 하지 말고 평사원으로 두는 것이 오히려 본인에게 잘 맞는 사람, 이렇게 하는 것이 오히려 일이 더 잘 되고 즐거움을 느끼는 사람은 그 모습 그대로 두고 대우를 하지 않으면 안 된다고 생각합니다. 그러나 일본에서는 그렇게 할 수가 없습니다. 그래서 일부러 과장으로 만듭니다. 과장이 된 것으로 오히려 그 사람은 대단히 곤란하게 됩니다. 이런 일이 미국과 일본을 비교해 보면 일본 쪽이 더 많다고 생각합니다.

나의 체험을 말씀드리면 이때까지 몇 천 명이나 되는 사람이 이 50년 동안 과장이 되었습니다만 '과장이 돼주십시오'라고 말해서 거절당한 일은 없습니다. '그건 사장님 곤란합니다', '왜 곤란한가?', '나는 지금의 일이 제일 좋습니다. 과장에는 과장이 될 만한 적재가 따로 있지 않겠습니까'라고 말한 사람은 한 사람도 없었습니다.

『마쓰시타 고노스케 발언집』 제31권 248쪽 15행째
1968년 1월 22일, 마쓰시타통신공업 창업10주년 기념식(73세 때)

즉 고노스케 씨는 '능력이 없는 자는 승진해서는 안 된다'는 것을 적재적소주의(主義) 속에서 명백히 말하고 있습니다. 적재적소주의라는 것은 듣기에는 좋지만 이것이 승진 시스템까지 파급해 오면 연공서열에 젖어 온 일본인에게 있어서는 대단히 냉엄한 발언으로 들릴 것입니다. 경영학자로서 분석한다면 고노스케 씨의 '적재적소주의'란 '승진, 승격(昇格)에 있어서의 실력주의'와 '직무분담에 있어서의 적성주의'의 양쪽을 종합적으로 일컫는 표현이 될 것 같습니다.

이와 같은 고노스케 씨 방식의 적재적소주의는 그 대상이 사장 클래스의 중역이 될수록 더욱더 냉엄하게 요구됩니다. 고노스케 씨는 예를 들면 다음과 같은 사례를 들면서 그 진의를 설명하고 있습니다.

분명히 그 사람은 사장으로서의 적성을 지니고 있지 않았다

이것은 현실의 이야기입니다만 상당히 오래된 옛날 일입니다. 내가 알고 있는 사람 중에 어느 회사의 중견 간부로 있던 사람이 있었습니다. 그 사람이 추천을 받아 어느 회사의 사장이 되었습니다. 그때 그 사람은 '실은 이번에 이런 회사에서 사장아 되어달라는 요청이 와 있는데' 하고 친구에게 의논을 했습니다. 친구는 '그래? 네가 사장이 되는구먼. 그것 정말 잘 됐다. 덕택에 나도 체면이 선다. 자랑스럽다' 라고 권했습니다. 그래서 본인도 사장이 되면 좋겠다고 생각해서 용약해서 부임했습니다. 그런데 1년, 2년이 지나면서 그 회사가 점점 어려워져 갔습니다. 그 결과 사장의 책임을 묻는 분위기가 생겨 이제 사직하지 않으면 안 되겠다 하여 그 사람은 사직을 했습니다.

이것은 완전한 실패였습니다. 사장이 된 당시는 그 사람도 성공이라고 생각했습니다. 친구도 '그 사람 성공했어. 내 친구가 사장이 됐으니 나도 체면이 선다' 라고 말하며 축배를 들어주었습니다. 그것이 불과 2년 만에 그 사장의 지위에서 내려오지 않으면 안 될 상태까지 그 회사가 어려워졌습니다. 그래서 사장이 책임을 지게 된 것입니다. 이것은 왜냐하면 분명히 그 사람은 사장으로서의 적성을 지니고 있지 않았던 것입니다. 사장이 된 것은 실패였던 것입니다.

그렇기 때문에 그 사람은 역시 이전 회사의 중견 간부로서 그대로 있는 것이 행복했고 또 사회를 위해서도 좋았던 것입니다. 그러나 그때는 그렇게 생각하지 않았습니다. 사장은 충분히 할 수 있다고 말하면서 대단한 성공을 꿈꾸며 부임했습니다. 다른 사람에게도 의논해봤지만 모두 추천해주었던 것입니다. 이러한 한 가지 실례가 있었던 것입니다.

이때 그렇게 추천해주어도 '나는 지금 하는 일이 잘 맞아요. 사장이라는 것은 사회적으로는 좋을지 모르지요. 또 수입도 좋겠지요. 그러나 사장에게는 사장의 책임이 있습니다. 그 책임을 다할 수 있을까에 대해서는 그 자리가 나의 적성에 맞느냐 어떠냐 하는 것이 될 것입니다'라는 생각이 그 사람에게 있었다면 그런 실패는 없었을 것입니다. 그런데 그 사람은 거기까지 자기라는 존재를 생각해보지 않았던 것입니다. 그래서 즐거운 마음으로 용약 나아갔지만 결과는 실패였다는 것입니다. 이러한 실례는 세간에 대단히 많지 않는가 생각합니다.

따라서 자기의 개성, 특색이라는 것을 어떻게 해서 인식할 수 있는가 하는 것이 나는 대단히 중요하다고 생각합니다.

『마쓰시타 고노스케 발언집』 제11권 117쪽 10행째

1963년 2월 26일, 우정성 긴키관내장기훈련생 연수회(68세 때)

이와 같이 읽어보면 고노스케 씨가 결코 달콤한 인물이 아니고 상당히 냉엄한 경영자이기도 했다는 것을 짐작할 수 있습니다. 사실이지, 『마쓰시타 고노스케 발언집』 전 45권을 읽어가는 동안 크게 나의 눈길을 끌었던 것은 고노스케 씨가 지도자로서의 사명, 즉 '윗사람이 되는 자가 완수해야 하는 책임'에 대해서 말을 바꾸어 가며 몇 번이고 호소하고 있는 점이었습니다.

경영자의 길을 추구한 고노스케 씨니까 '지도자가 될 만한 천명(天命)'을 지니는 자에게는 상당한 자각과 노력이 필요한 것을 강조하지 않을 수 없었을 것입니다. 그와 같은 생각이 담긴 냉엄하고도 적절한 발언들 여러 가지를 소개하겠습니다.

사원이 나빠서 회사가 넘어지는 일은 예외다

회사가 잘 안 되는 것은 간혹 예외가 있기는 합니다만 대체적인 상식으로는 가장 회사를 발전시키기를 바라는 그 회사의 경영자가 발전을 방해하고 있기 때문이라고 생각합니다. 물론 의식적으로 방해하지는 않습니다. 그러나 하고 있는 일, 생각하는 것이 모두 그렇습니다. 그래서 모두가 일을 하고 싶어도 일을 할 수가 없도록 되어 있습니다.

나는 50년 동안 거래선 중에서 쓰러진 곳, 또는 동업자 중에서 넘어진 곳을 여럿 봐 왔습니다만 모두가 다 그렇습니다. 사원이 나빠서 넘어지는 일은 예외입니다. 수뇌(首腦)자 스스로가 빗나간 일만 하고 있는 겁니다. 그리하여 많은 사원이 열심히 일하려고 생각하고 있는데 그것을 그렇게 할 수 없게 하고 있는 것입니다. 의식해서 그렇게 하고 있지는 않지만 잘 못 생각하고 있는 것입니다. 모두가 다 그렇습니다.

『마쓰시타 고노스케 발언집』 제28권 198쪽 11행째
1972년 10월 18일, 마쓰시타전기 제89회 경영연구회(76세 때)

이와 같이 '많은 사원이 열심히 일을 하려고 생각하고 있는데 경영자가 그렇게 할 수 없도록 하고 있다'라고 하는 냉엄한 지적은 여러 기업의 도산을 눈으로 보아온 고노스케 씨가 말함으로써 현실적인 설득력이 있습니다. 그렇다면 모처럼 사원이 우수한 데도 불구하고 그 의욕과 능력이 발휘되지 못하는 것은 왜 그럴까요?

이 문제에 관해서 고노스케 씨는 예를 들어 다음과 같은 사례를 들어 설명합니다.

저런 훌륭한 사장이 있는 회사가 왜 저렇게 잘못되는 것일까?

'저런 훌륭한 사장이 있는 회사가 왜 저렇게 잘못되는 것일까?' 라고 생각되는 일이 간혹 있습니다만, 조사를 해보았더니 모두가 겁을 내서 움츠러들어 있었어요. 그렇게 되면 야단맞지 않는 일을 하는 것이 선결문제가 됩니다. 나는 명령조로 말을 잘 하지 않으므로 부하들은 모두가 알아서 아마도 (내가) 이런 것을 바라는 것 같으니까 이렇게 해볼까 하는 상태로 일을 하는 것 같습니다. 이런 곳에 나는 일의 재미가 있다고 생각합니다.

따라서 대단히 어려운 문제이기는 합니다만 회사의 수뇌부는 정신을 똑똑히 차려서 현명하지 않으면 안 됩니다. 또 훌륭하지 않으면 안 되지만 너무 완벽한 사람은 도리어 사람을 부릴 수가 없다고 하는 느낌을 간혹 가집니다. 이것은 한 가지 견해에 지나지 않으며 모두가 다 그렇지는 않다고 생각합니다만.

우리에게도 많은 거래선이 있습니다만 거래선의 주인을 조사해보면 훌륭한 사람이라고 생각되는 사람은 별로 성적이 좋지 않습니다. 사원이 백 명이 있어도 그 백 명의 힘은 50정도 밖에 활용이 안 되고 있습니다. 열심히 하고는 있습니다만 주인이 무서워서 모두가 야단을 맞지 않게 가감을 해서 일을 하고 있는 것입니다. 충분히 일을 하지 않고 있는 것이지요. 같은 거래선 중에 어떤 집 주인은 좀 모자라는 데가 있다고 생각되는 곳이 대단히 잘 되고 있었습니다. 왜냐하면 지배인이 둘 있어서 그 지배인들이 자기 일과 같이 일을 하고 있으므로 잘 되는 것입니다.

그렇게 본다면 훌륭함에도 정도가 있다는 것을 알 수 있습니다. 이런 데가 미묘한 데라고 생각합니다.

『마쓰시타 고노스케 발언집』 제4권 61쪽 10행째
1969년 10월 29일, 유코클럽 경영간담회(74세 때)

여기서도 사람을 매혹하는 고노스케 씨의 교묘한 화술에 나는 감탄했습니다. '어떤 집 주인은 좀 모자라는 데가 있다고 생각되는 곳이 대단히 잘 되고 있었습니다'라고 극히 생생한 어조로 말하는 것을 들으면, '예? 어째서요?'라고 청중은 큰 관심을 가지게 될 것입니다. 거기에 대해서 '왜냐하면 지배인이 둘 있어서 그 지배인들이 자기 일처럼 일을 하고 있으므로 잘 되는 것입니다'라고 그 내용을 밝혀 두 사람의 지배인이 즐겁게 사이좋게 일을 하고 있는 구체적인 광경을 상상하도록 합니다. 그러고 나서 '그렇게 본다면 훌륭함에도 정도가 있다는 것을 알 수 있습니다'라고 결론을 내리는 순간, 듣고 있던 관중은 그 설득력으로 눈이 확 트이는 것을 느꼈을 것입니다.

고노스케 씨의 경영론에 있어서 '중지를 모은다'는 철학이 중시되는 배경에는 이와 같이 '훌륭하고 완벽한 독제적인 사장이 군림하고 있으면, 주위에 사람이 자라지 않고 언젠가는 종합력에서 지게 된다'는 사례를 수 많이 보고 온 경험이 있었을 것입니다. 이와 같이 '경영자의 주위에도 적재를 적소에 배치해두어야 한다'는 경영철학은 예를 들면 다음과 같은 흥미진진한 예증(例證)으로도 명백해집니다.

이시타 미쓰나리(石田三成) 만이 토요토미 히데요시(豊臣秀吉)의 푸념을 잘 들어주었다

옛날 이시타 미쓰나리라는 무장(武將)이 있었는데 토요토미 히데요시를 섬기며 출세하였으며, 그의 마음에 들어 토요토미 히데요시가 천하를 손에 쥔 후에는 5대 행정 사무소 행정관의 한 사람이 되어 행정을 담당했던 사람입니다. 그 이시타 미쓰나리가 어떻게 해서 그만큼 출세했는가에 대해서 얼마 전 잠깐 생각해 봤습니다. 이시타 미쓰나리의 최후는 여러분도 잘 알다시피 어느 강변에서 처형되어 목이 잘리는, 당시의 무장으로서는 별로 훌륭하지 못한 모습으로, 결말은 대단히 가엾은 상태로 끝이 났습니다마만, 거기까지 가는 과정을 보면 훌륭하다고 할 정도로 빠르게 출세하여 대영주까지는 아니지만 중 정도의 영주가 된 것입니다. 더욱이 그것뿐이 아니고 천하의 병사를 움직여 세키가하라(關原)의 전투에서 서군(西軍)의 총대장이 되어 전투에 임했습니다.

그와 같이 대단히 파란만장이라고 할까 위대한 일을 한 사람입니다만 그 이시타 미쓰나리가 어떻게 해서 토요토미 히데요시의 마음에 들었는지, 가토 키요마사(加藤清正)나 후쿠시마 마사노리(福島正則)나 그 외의 무공이 혁혁한 사람들과는 달리 소위 말하는 전투의 공로라는 것이 많지 않은, 머리가 잘 돌아가는, 권력자의 옆에 붙어 다니던 시종무관이라는 과정을 지낸 사람임에도 불구하고 어떻게 해서 최고의 출세를 했을까 하는 것입니다. 이것을 얼마 전에 밤에 누워서 생각해봤습니다.

토요토미 히데요시가 훌륭한 사람이었다는 것은 새삼스럽게 말할 필요도 없겠습니다만 그런 환경에서 당시의 천하를 잡은 사람이니까 운도 강하게 타고난 훌륭한 사람입니다. 그 사람이 왜 이시타 미쓰나리를 귀여워했는가, 그리고 5대 행정관의 한 사람에 임명했는가 하는 것입니다. 물론 내가 직접 옆에서 본 것이 아니므로 알 수는 없습니다만 내 나름대로 생각해 보면 토요토미 히데요시가 오다 노부나가(織田信長) 밑에서 여러 가지 전투에서 공을 세워 점점 출세해서 드디어 천하를 쟁취해 가는 그 과정에서 이시타 미쓰나리가 대단히 필요했던 것 아닌가 생각합니다.

즉, 토요토미 히데요시는 대단히 호방한 성격의 소유자로서 개방적이고 실패나 곤란에 크게 구애받지 않는, 거지반 고민이라는 것을 느끼지 않는 성격으로 모두가 인정하고 있습니다. 그리고 대단히 화려한 것을 좋아했으며 모모야마(桃山)의 벚꽃 구경 때의 연회에서도 당시의 화가들에게 100장의 평풍을 그리게 해서 전대미

문의 화려한 대 다회(茶會)를 열었습니다. 또 하는 일이 대단히 과장되고 허풍이 많았으며 마지막에는 일본만으로 만족하지 못하고 조선에도 손을 대게 됩니다. 그러한 토요토미 히데요시의 마음에 들어 이시타 미쓰나리는 점점 성공해 갑니다만, 후세의 역사에서 생각해 본다면 이시타 미쓰나리가 권력자의 측근인 시종무관으로서 머리가 잘 돌아가고 눈치 있게 처신하므로 권력자가 대단히 신뢰해서 썼다고 생각할 수 있습니다.

그러나 나는 그 점이 대단히 문제가 있다고 생각합니다. 토요토미 히데요시가 잔일에 구애받지 않고 대단히 너글너글한 사람이었다고 하지만 과연 정말로 그랬을까 하고 생각해 봤습니다. 그랬더니 토요토미 히데요시는 꽃구경 하나라도 대단히 화려하게 하고, 하는 일마다 화려하고 목소리도 크고 대단히 유쾌한 사람이었다고 생각합니다. 그러나 한편으로 대단히 섬세한 마음의 소유자라고 생각합니다. 그러한 섬세한 마음의 소유자가 가지고 있는 고뇌를 잘 살펴서 가려운 데에 손이 닿는 바지런한 시중을 든 것이 이시타 미쓰나리가 아니었나 하는 느낌을 가지는 것입니다. 그렇기 때문에 만약 이시타 미쓰나리 대신으로 후쿠시마 마사노리 같은 사람이 시종으로 옆에 있었다면 토요토미 히데요시는 천하를 얻지 못했을는지 모른다고 느끼는 것입니다.

토요토미 히데요시라 할지라도 노여움이나 푸념 같은 것을 많이 가지고 있었을 것입니다. 그런 것을 누구에겐가 호소하고 싶고,

부아가 나서 말을 하고 싶지만 어설프게 아무에게나 말할 수 없습니다. 그것이 쌓이고 쌓이면 신경쇠약에 걸릴 수도 있을 것입니다. 그렇지만 오다 노부나가를 섬기면서 점차적으로 천하를 얻는 전쟁에서 계속 이겨가야 하는 대단히 위험하다면 극히 위험한 나날을 보내는 속에서 토요토미 히데요시가 신경쇠약이 되지 않고 반대로 유쾌한 사람이었다는 것은, 그 푸념을, 그 고민을 이시타 미쓰나리에게 호소하고 있었기 때문이었을 것입니다. 이시타 미쓰나리 만이 '알고 있습니다', '잘 알겠습니다', '그건 이렇습니다'라고 푸념을 다 잘 들어주었을 것입니다.

여러분들도 부하를 많이 두고 계시겠지만, 부하 중에 누군가 한 사람 자기의 고민을 호소할 수 있는 사람이 있는가 하는 것입니다. 있다면 여러분은 대단히 정신적으로 편할 것입니다. 그렇지만 다행히 일을 잘 하는 사람은 많이 있어도 자기의 고민을 호소할 수 있는 부하가 없으면 여러분은 피곤할 것입니다. 그렇게 되면 자기의 작업이 둔해질 수도 있는 것입니다.

그런데 만약 그런 부하가 있다면 사장이든 부장이든 과장이든 간에 그 사람이 가지고 있는 힘을 전부 발휘할 수가 있게 됩니다. 집에 돌아와서 마누라에게 푸념을 하는 것도 스트레스의 해소가 되겠습니다만 그것보다도 역시 자기의 직접 부하 중에 모든 것을 호소할 수 있는, 기밀도 털어내 놓을 수 있는 사람이 있다면 이것은 대단히 편하다고 생각합니다.

따라서 그 사람이 일을 잘하고 못하고는 별도로 하더라도 푸념을 호소할 수 있는 사람, 잘 푸념을 들어주는 사람, 그런 부하가 있으면 대단히 큰 도움이 된다고 생각합니다. 나는 그런 의미에서 토요토미 히에요시가 큰일을 한 것은 토요토미 히데요시가 가지고 있는 푸념을 모두 이시타 미쓰나리가 흡수해서 '잘 알았습니다. 걱정하지 마시고 그렇게 하는 것이 좋겠습니다'와 같은 말을 적당하게 잘했기 때문이라고 생각합니다.

여러분이 금후 책임자로서 여러 가지 일을 해나가는데 있어서 그런 부하, 그런 말 상대가 생기는가 하는 문제는 일종의 운명이라고도 말할 수 있겠습니다만 그런 사람을 만날 수 있는 운명을 가진다는 것이 대단히 중요하다고 생각합니다. 그렇게 되면 3배, 4배나 더 일을 할 수 있다고 생각합니다.

『마쓰시타 고노스케 발언집』 제6권 358쪽 9행째

1976년 12월 7일, 닛산자동차주식회사 간부연수회(82세 때)

실제로 이시타 미쓰나리와 같은 소울 메이트, 즉 '푸념을 잘 들어주는 부하'를 가질 수 있으면 좋겠습니다만 그것도 역시 '그런 사람을 만날 수 있는 운명을 가지고 있는가 어떤가 하는 것도 천명이라고 할 수 있습니다. 성공하는 경영자에게는 우수한 보좌역이 필요하다는 고노스케 씨 식의 적재적소의 경영철학이 바라는 것은 다음의 발언에 의해서 더욱 명확해

집니다.

**자기보다 몇 배나 훌륭한 간부가 있어서
모든 것을 질서정연하게 해나갈 수 있는 것이 명 경영자다**

따라서 자기보다 몇 배나 훌륭한 사람이 간부로 있고, 그러면서도 질서정연하게 해나갈 수 있게 하는 것이 진정한 명 경영자라고 생각합니다.

그렇게 되기 위해서는 여러 가지 덕망이 있어야 하겠고 그 외에 자기 이외의 원인이나 또는 사회의 정세도 있을 것입니다. 그러나 역시 앞에서 말한 점이 중요하다고 생각합니다. 모두가 그런 점에 포인트를 두고 일을 해야 합니다.

백 명까지는 소위 말하는 명령으로 사람을 움직입니다. 천 명이 되면 명령이 아니고, 명령이라 하더라도 마음속에 '해주기 바란다'는 마음의 부드러움이 없으면 그 명령은 살아나지 않습니다. 만 명이 되면 '해주기 바란다'가 아니고 '부탁합니다'라고 하는, 고개를 숙이는 마음가짐이 마음속에 없으면 사람은 움직이지 않습니다. 그것이 몇 만 명이 되면 '간절히 바라고 기도한다'는 마음가짐이 없으면 사람은 움직이지 않는다고 나는 생각합니다.

여러분은 제각기 자유롭게 해석해도 좋겠습니다만 나는 그렇게 생각하고 있습니다. 그렇게 하면 모두가 충분히 납득해서 해주시지 않나 생각하는 것입니다.

『마쓰시타 고노스케 발언집』 제28권) 269쪽 3행째
1972년 12월 15일, 마쓰시타전기 제1회 사업부장 경영연수회(78세 때)

이와 같이 '지도자는 중지를 살려서 조직의 종합력을 최대한으로 끌어내야 한다'는 것이 고노스케 스타일의 경영철학인 것은 명백합니다. 백 명까지는 단순한 명령으로 움직이지만 사원이 몇 만 명이나 되면 '간절히 두 손 모아 빈다'는 정도로 머리를 숙여 거듭 거듭 부탁할 필요가 있다는 발상에는 사원을 소중히 여기는 고노스케 씨의 인품이 여실히 나타나 있다고 말할 수 있을 것입니다.

이와 같은 고노스케 씨의 인품은 다음과 같은 명언으로 남아 있습니다.

마쓰시타 고노스케의 어떤 노력으로도 그것만으로 회사의 경영은 안 된다

그래서 그렇게 되지 않고 모두가 의견을 내지 않으면 안 됩니다. 모두가 발의(發意)하고 그것이 순순히 결집되지 않으면 안 됩니다. 그 결집된 형태를 나는 편의상 명령이라는 형태로 나타냅니다.

이렇게 되도록 나는 노력하지 않으면 안 됩니다. 자기라는 것이 있어서는 안 됩니다. '나'라는 것이 있어서는 안 된다는 것이 내가 회사를 경영하는데 있어서의 방침이 되지 않으면 안 된다고 자문자답하면서 오늘날까지 해 왔습니다.

여러분들은 사장으로부터 명령을 받았으니까 그렇게 하는 것이라고 말할는지 모르지만 나는 사장인 나 개인으로서 아무 것도 명령한 것이 없습니다. 명령을 하는 일이 있을지라도 그것은 전원의 경영의식이 이럴 것이다, 이렇게 하지 않으면 안 된다, 그는 그렇게 말했다, 그는 이렇게 되기를 바랐다, 등을 생각해서 이렇게 하는 것이 가장 올바를 것이라는 관점에서, 그것이 사장의 명령이 되기도 하고 회사의 방침이 되기도 했던 것입니다. 한 사람의 개인적인 의욕에 의해서 명령을 해서는 안 된다는 것이 내가 언제나 내 자신에게 가르쳤던 바였다고 생각합니다.

앞으로도 어떤 사람이 회사의 사장이 되고 어떤 사람이 부장이 되더라도 그 정신은 조금도 변함없이 해 나가야 할 것이며, 또 그렇게 해주지 않으면 안 됩니다. 명 경영자라는 분, 명 부장이라는 분은 그 근무태도라는 것은 거기에 중점을 두지 않으면 안 됩니다. 만사에 대단히 훌륭한 부장일지라도 만사에 훌륭한 부장일수록 그 부장은 많은 사람들의 지혜와 재능을 결집하고 있다고 생각합니다.

'나는 만사에 대단히 훌륭한 지혜와 재능을 개인적으로 가지고 있으므로 나는 이렇게 한다'는 일이 있다면 이미 실패의 제일 단계에 들어 있습니다. “나는 비교적 많은 경험을 가지고 있다. 그래서 그 경험을 살리지 않으면 안 된다. 그러나 나아가서 최후의 결정을 하기 위해서는 여러 사람들의 의향이라는 것을 거기에 보태지 않으면 안 된다.” 이런 마음가짐을 가지고 있지 않으면 안 됩니다.

그렇지만 일을 결정하는데 있어서 일일이 “당신은 어떻게 생각합니까?” 하고 묻고 다닐 수는 없습니다. 평상시에 그런 것을 정확하게 수집해 두지 않으면 안 됩니다. 따라서 여러분의 부하가 모두 50명이라고 하면 50명 부하의 평상시의 사고방식, 지혜라는 것을 끊임없이 흡수해 두지 않으면 안 됩니다.

그렇게 하여 무엇인가 화급할 때 명령한 것이 전 부원의 지혜와 재능이 제대로 고려된 것이어야만 한다는 것입니다. 이렇게 되어 있지 않으면 안 됩니다. 이렇게 할 수 있는 사람이 진정으로 훌륭한 사람이라고 생각합니다.

이런 사람이 아니면 진정한 의미의 경영자가 될 수 없으며 또 부장, 주임이라는 입장에 서서 성과를 올릴 수 없다고 생각합니다.

정치가일 경우는 특히 그럴 필요가 있다고 생각합니다.

모든 중지를 모아야 하는 것을 알았다고 합시다. 그러나 모으는데 시간이 걸려서, 중지를 모으는 것이 중요하다고 해서 모으는데 3년이나 걸려서는 아무 것도 할 수 없는 경우가 있습니다. 이것은 터무니없는 일로서 이런 일이 있어서는 안 됩니다. 시시각각으로 새로운 의도(意圖)를 발표하고 그리하여 많은 사람들을 이끌어가는 태도를 취함에 있어서도 항상 그 많은 사람들의 의향이라는 것을 취사선택해서 흡수해가지 않으면 안 된다고 생각합니다.

그런데 아무튼 독선적인 사람은 그런 것을 안 합니다. "나는 가장 훌륭하다. 나는 많은 경험을 가지고 있다. 너희들은 아무 소리하지 말라."고 말하면서 내가 하는 대로 따라 오면 된다고 말하는 사람은 독선적인 사람입니다.

독선적인 사람은 자칫 실패하는 경우가 많습니다. 성공하는 경우도 있습니다만 궁극적으로는 실패를 합니다. 독선적인 사람은 때로는 이로울 때도 있지만 결론적으로는 대부분 실패입니다. 그것은 지금 말한 바와 같이 자기의 지혜와 재능만으로 사람들을 끌고 갑니다. 아무리 의도가 좋다고 하더라도 역시 자기의 지혜와 재능만으로 일을 하려고 하는 경우는 결국은 독선적이 되어 일시적으로 성공하더라도 궁극적으로 실패한다는 것입니다. 따라서 결코 그렇게 해서는 안 됩니다.

얼핏 보기에는 독선적으로 보이는 존재일지라도 그 사람이 달성하고자 하는 것, 행하는 것은 전부 전원의 지혜를 근거로 하여 발표해 가는 것이 중지를 모은 경영이 되는 것입니다.

『마쓰시타 고노스케 발언집』 제26권 46쪽 15행째

1961년 8월 7일, 마쓰시타전기 회장 강화회(66세 때)

사장이 아무리 혼자서 노력하더라도 사원들의 진력이 없으면 회사는 성립하지 않습니다. 그 사실을 잘 표현한 것이 '마쓰시타 고노스케 혼자의 어떤 노력에 의해서도 그것만으로는 회사의 경영은 할 수 없다'라고 하는 명문구입니다.

극히 보통의 경영자가 말했다면 "그건 당연하겠지요." 하고 웃고 넘어갈 문구지만, '경영의 신(神)'이라고 일컫는 고노스케 씨가 말함으로써 사원들은 "저 유능한 사장이 거기까지 우리를 믿고 의지해주고 있다."는 감격을 맛볼 수 있었음에 틀림없습니다.

제3장

고노스케, 우주를 말하다

본 장에서는 『마쓰시타 고노스케 발언집』(전 45권) 중에서 '우주'에 대해서 배울 수 있는 발언에 주목하고, 고노스케 씨의 말에서 무엇을 배울 수 있는지 고찰을 깊게 해보겠습니다.

단 고노스케 씨가 우주의 진리나 구조에 대해서 구축한 이론을 올바르게 이해하기 위해서는 그것만으로 두꺼운 책이 되어버릴 것이며, 이런 종류의 책은 이미 훌륭한 것이 몇 권이나 발표되어 있습니다(이 책의 「끝으로」 참조). 더욱이 고노스케 씨가 이념으로서 확립한 우주관(진리)과 내가 『사는 보람론』에서 최첨단의 과학 연구와 내 자신의 스피리추얼한 실 체험을 근거로 밝혀낸 '우주의 구조'는 대략적인 줄거리로서는 일치하고 있지만 중요한 논점에서 다른 부분이 적지 않습니다. 그러한 것들을 비교 검토하면서 고노스케 씨의 우주관을 논평한다면 몇 권의 책으로는 부족할 것입니다.

그래서 이 제3장에서 언급하게 될 고노스케 씨의 우주관에 관해서는 고노스케 씨의 생각 중에서 일반 독자 여러분이 이해하기 쉽고 의의 있을 만한 것에만 초점을 맞추어가며 어중간한 논평을 가하지 않고 소개하겠습니다.

제1절 진리 탐구의 의의

고노스케 씨는 현재의 정신과학에서 말하는 '트랜스퍼스널(transper-sonal)한 우주 의식이나 우주의 법칙'에 관해서 이미 1975년의 시점에서 이와 같이 단언하고 있습니다.

눈에 보이지 않는 대단히 위대한 것을
확실히 파악하지 않으면 안 된다

지금은 아직 형태가 나타나 있지 않는 것, 눈에 보이지 않는 것, 그런 것이 존재합니다. 대단히 위대한 것입니다. 그런 것을 확실히 파악하지 않으면 안 됩니다. 없는 것은 파악할 수가 없습니다. 그러나 그렇지 않습니다. 있는 것입니다. 형태는 볼 수 없지만 큰 힘이 존재합니다. 그것을 파악하지 않으면 안 됩니다.

『마쓰시타 고노스케 발언집』 제42권 324쪽 1행째
1975년 10월 1일, PHP연구소 운영방침 발표간담회(80세 때)

이와 동시에 54세의 시점에서의 고노스케 씨는 기존 종교단체의 존재를 존중하면서도 자기 자신은 특정한 종교는 믿지 않고 있으며, 어디까지나 중립적인 입장인 것을 다음과 같이 분명히 하고 있습니다.

이렇다 할 특정한 종교의 신앙을 가지고 있지는 않습니다

불행하게도 나는 지금 현재 이렇다 할 특정한 종교의 신앙을 가지고 있지 않습니다. 그러나 어느 종교가 되던 신앙은 소중한 것이라는 것은 느끼고 있습니다. 그러나 아직 여러분에게 말씀드릴 정도의 신앙은 가지고 있지 않습니다.

『마쓰시타 고노스케 발언집』 제37권 180쪽 2행째
1945년 2월, 'PHP어록 14'(54세 때)

이와 같이 중립적인 입장을 취하면서도 신앙심의 중요함을 느끼고 있던 고노스케 씨는 다음과 같은 발언으로 신앙심을 자기 나름대로 분석하고 있습니다.

신앙심은 인간이 가지고 태어난 본능적인 작용

좀 더 가까이에 스포츠나 댄스에 생활의 지주를 찾는 것도 모두 신앙심이 변형된 모습이 아닌가 생각하는 것입니다.

즉 인간이라는 것은 무의식 중에 무엇인가를 신앙하고 싶어 하며, 신앙심은 인간이 가지고 태어난 본능적인 움직임이 아닌가 생각합니다.

『마쓰시타 고노스케 발언집』 제37권 272쪽 11행째
1949년 10월, 'PHP어록 27'(54세 때)

이와 같이 신앙심의 소중함을 호소한 고노스케 씨였지만, 그렇기 때문에 일본이라는 나라를 심적인 면에서 파악할 때, 보이는 문제점에 대해서 예를 들면 다음과 같이 경종을 울리고 있습니다.

정신적인 문제에 대해서 일본의 모습을 말한다면 대단히 저조하다

대단히 어려운 문제로서 종교라든지 그런 정신적인 문제에 대해서 일본의 모습을 말한다면 대단히 저조하다고 해도 좋을 것 같습니다. 모두가 종교에 대해서 어느 정도의 관심을 가지고 있느냐 하면 오늘날의 젊은이들은 종교에 대해서 관심이 적지 않나 생각합니다. 또 신사(神社)와 불각(佛閣)에 대해서도 신을 믿는다든가

신을 깊이 생각하는 경향도 점점 줄어들고 있는 것 같습니다. 그리고 과학적인 지식에 의지하는 경향이 강한 것 아니겠습니까.

교육도 비슷해서 이런 경향입니다. 인간을 기른다는 교육은 저조하고, 인간에게 지식을 준다는 교육이 대단히 왕성합니다. 이것은 역시 밸런스가 결여되어 있다고 나는 생각합니다.

인간 그 자체의 교양을 높이고, 그 높이는 과정에 있는 사람에게 과학적 지식이나 기술을 부여하도록 한다면 훌륭한 사람이 되어 기술을 행사할 수 있습니다. 그러나 인간의 덕성(德性)이라는 것을 양성하지 않고 기술이나 과학을 가르치는 것만으로 족하다고 하는 오늘날의 일본의 교육 자세는 나는 잘못되어 있다는 느낌을 받습니다.

『마쓰시타 고노스케 발언집』 제1권 366쪽 15행째

1963년 8월 21일, 일본청년회의소 세미나(68세 때)

이와 같은 경종을 울린 고노스케 씨는 또 다른 기회에 바람직한 민주주의를 기르기 위한 정신성의 향상(내 용어로는 '스피리추얼 케어')의 필요성을 '양식(良識)'이라는 적절한 말을 사용하면서 강조하고 있습니다.

민주주의를 뒷받침할만한 양식(良識)이 국민에게 배양되어 있지 않으면 안 된다

민주주의의 국가로서 가장 중요한 것이 무엇인가 하면 역시 그 민주주의를 받쳐가는 양식이라는 것으로서, 이것이 무너지면 민주주의는 대단히 위험한 것이 되며, 그것은 바로 제멋대로주의가 되어버린다고 나는 생각합니다.

개인의 권리를 많이 주장하여 그것을 존중하는 것도 민주주의의 큰 하나의 기둥입니다. 이것은 대단히 좋은 것으로 존중되어야 한다고 생각합니다. 그렇지만 동시에 타인의 권리도 같이 존중하지 않으면 안 된다는 것을 자각하지 않으면 안 됩니다. 그러한 의무를 분명히 의식하지 않으면 안 됩니다. 따라서 민주주의가 좋은 의미로 작용해서 훌륭한 사회를 구성하기 위해서는 민주주의를 뒷받침할만한 양식이 국민에게 배양되어 있지 않으면 안 됩니다. 그렇지 않으면 제멋대로주의가 되어버려 수습이 불가능한 혼란에 빠질 수 있다고 생각합니다.

즉 민주주의라는 것은 고도의 상식이라는 것을 배양해가지 않으면 안 됩니다. 그러한 국민의 양식이 낮은 상태에서 민주주의를 너무 강조하면 대단한 혼란이 일어날 수도 있다는 느낌을 나는 최근 가지게 되었습니다.

일본이 금후 민주주의라는 것을 더욱더 배양해나가야 하는 이상, 그와 수반해서 그 민주주의를 민주주의답게 만드는데 뒷받침이 되는 의무 관념이라는 것을 배양하는 것을 잊어서는 안 됩니다. 바꾸어 말하자면 국민의 양식이 높아지면 민주주의는 훌륭한 꽃을 피웁니다. 민주주의의 꽃이 피는 것입니다. 그렇지만 양식이라는 물을 주지 않으면 훌륭한 꽃이 수술만 있는 수꽃이 되어버려 대단히 보기 흉한 모습이 되어버립니다. 바꾸어 말하자면 제멋대로주의가 되어버립니다. 그래서 질서를 유지할 수 없게 될 우려가 있다는 느낌을, 내가 민주주의의 본고장이라는 미국의 현상을 보게 되면서 가지게 되었습니다.

『마쓰시타 고노스케 발언집』 제33권 170쪽 14행째
1976년 10월 16일, 마쓰시타전기 전료(全寮)페스티벌 기념강연회(81세 때)

그렇다면 '민주주의를 받쳐주는 양식'이란 어떤 것일까?

이에 관해서 고노스케 씨 나름의 해답 하나가 다음의 발언 중에 담겨 있지 않나 생각합니다.

욕망이란 인간이 그것을 사용하는 방법에 따라 선도 되고 악으로 전화(轉化)되기도 한다

인간의 욕망이란 실로 무수히 있습니다. 불교에서는 이것을 3욕 5욕이라든가 여러 가지로 분류하여 집약하고 있습니다만 인간의 욕망은 그 질에 있어서나 양에 있어서도 다른 생물과는 비교가 안 될 정도로 넓고 깊어서 '인간은 욕망의 덩어리'라고 말하는 것은 정말 당연하다고 생각합니다.

이와 같이 욕망은 인간과 끊으려야 끊을 수 없는 관계에 있습니다만 아무래도 '욕망'이라고 하면 이때까지의 통념에서 볼 때 우리에게 좋은 느낌을 주지는 못합니다. 무엇인가 악(惡)과 연관되는 것을 연상시킵니다. 더욱이 '욕심이 많다'면 더욱 그렇습니다만 '욕심이 많은 사람'이라는 말은 무엇인지 좋지 않는 사람의 대명사로 사용되어왔다고 생각됩니다. 하긴 이러한 통념을 우리가 가지는 것도 일단은 무리가 없는 일로서 무엇인지 좋지 못한 사건이나 처신을 잘못하는 소행이나 타인에게 해를 준 행동 같은 것은 소위 말해서 욕심에 눈이 멀어 욕심의 노예가 된 결과 일어나는 일이 많으며, 이런 일 때문에 욕망이 악의 원천인양 간주되어 이 욕망을 끊고 욕망에서 벗어나는 것이 인간의 덕(德)이라고 배워왔다고 생각합니다.

이 통념 자체는 별로 나쁘다고 생각하지 않습니다. 그러나 이러한 생각에 사로잡혀 욕망의 본체를 정확히 파악하지 못한다면, 이것은 인간으로서 대단히 불행한 일이라고 생각합니다. 왜냐하면 욕망의 본체는 결코 추접스러운 것도 아니며 악의 근원도 아니며 그것은 인간의 생명력의 발로이며 살고자 하는 힘이 형태가 되어 나타난 것이라고 생각하기 때문입니다. 즉 이것은 배를 움직이는 동력과 같은 것입니다. 따라서 만약 이것을 악이라고 하여 그 절멸을 시도한다면 마치 배를 움직이지 못하게 세워두는 것과 같으며, 인간의 생명력 자체를 단절해야만 한다는 것이 됩니다. 물론 옛부터 성현들이 가르쳐온 금욕의 가르침은 인간을 좀 더 잘 살게 하고자 함이지 결코 생명을 부정하기 위한 것은 아닙니다. 이 가르침을 표면적으로만 받아들이기 때문에 본래의 인간 모습을 비뚤어지게 만드는 경우가 대단히 많다고 생각합니다. 그리하여 욕망을 추접스러운 것 같이 여기고 악의 권원이라고 하여 압박하려고 하기 때문에 본래 즐거워야 할 인생이 대단히 고통스러운 것이 된다고 생각합니다.

이것은 대단한 인식부족이라고 생각합니다. 인간 욕망의 본래 모습은 생명력의 발현(發現)인 것입니다. 따라서 그 자체는 선도 악도 아니라고 생각합니다. 그것은 하나의 힘이라고 생각해야만 하는 것으로 선악 이전의 것입니다. 이 욕망의 본체를 우리 서로가 우선은 확실히 알고 있어야 한다고 생각합니다.

욕망은 생명력의 발현이라고 했습니다만 생명력은 인간이 살아가기 위해서 우주 근원의 힘으로부터 주어지는 것이므로 그 발현인 욕망도 또한 하늘에서 주어진 것이며 따라서 인간은 이것이 주어져 있다는 것을 대단히 감사하지 않으면 안 된다고 생각합니다. 즉 욕망은 감사해야 하는 것이지 증오의 대상이 아니라고 생각하는 것입니다.

단지 주의해야 할 것은 그것 자체는 선도 아니고 악도 아닙니다. 선악 이전의 것이라는 것은, 바꾸어 말하자면 선이 될 수도 있고 악이 될 수도 있다는 것입니다. 즉 욕망은 인간이 사용하는 방법 여하에 따라 선으로도 악으로도 될 수가 있다는 것입니다. 마치 우리가 배의 키를 잡고 있는 것과 같은 것으로 배에 동력이 주어져 있는 것에 대해서, 이것을 좋은 방향으로 움직여 갈 것인지 나쁜 방향으로 가지고 갈 것인지는 이 키를 움직이는 방법에 달려 있는 것입니다. 즉 인간에게는 키를 좌나 우로 움직일 수 있는 자유가 주어져 있는 것과 동시에 배를 순조롭게 움직여 나가느냐 좌초시키느냐 하는 일체의 책임을 지게 되어 있는 것입니다. 자유와 책임은 인간에게 주어진 특성입니다만, 욕망의 선악의 경우 이것이 가장 분명해진다고 생각합니다.

그렇다면 욕망의 선악은 어디에서 생겨나느냐 하면 그 욕망을 만족시키고자 하는 행위가 서로의 번영, 평화, 행복을 증진시키느냐 손상시키느냐에 따라 결정된다고 생각합니다. 인간은 여러 가지 욕망을 가지고 있습니다. 그리고 그 욕망을 만족시키기 위해서 모든 노력을 합니다. 욕망이 생명력의 발현인 이상 어떤 욕망을 가지고 어떤 노력을 계속하든 그것은 살기 위한 귀중한 모습이며 결코 비난받을 것은 아닙니다.

『마쓰시타 고노스케 발언집』 제37권 142쪽 2행째
1950년 3월, 'PHP어록 27'(55세 때)

즉 개개인의 자유를 보장하고 권리를 존중하는 민주주의 사회에서는, 그렇기 때문에 각자가 마음대로 할 수 있는 욕망을 어떻게 바람직한 방향으로 컨트롤할 것인가가 중요한 명제가 되는 것입니다. 여기서 사람들의 욕망을 컨트롤하는 방법으로 고노스케 씨는 이 세상에 정보를 제공하는 매스컴의 경영 자세를 바로 잡고 있습니다.

양심이나 선의(善意)를 자극할만한 읽을거리, 외침이 대단히 적다

내가 최근에 느끼는 바로는 선과 악이라고 할 때 여러 가지 논의의 여지는 있겠지만 인간의 마음속에는 선과 악의 양면이 있다고 생각합니다. 어떤 사람이라도 같다고 생각합니다. 한편으로 선의(善意)를 가지고 있지만 다른 한편으론 역시 악의(惡意)도 가지고 있습니다. 이 두 가지가 마음속에 자리 잡고 있다고 생각하는 것입니다.

그런 인간의 마음속에 있는 악을 자극하면 악이 됩니다. 선을 자극하면 선으로 되어 갑니다. 최근의 읽을거리를 보더라도 손쉽게 손에 들게 되는 신문, 주간지를 보더라도 악의 면을 자극하는 기사가 많습니다. 그래서 아무래도 마음속에 자리 잡고 있는 악의 면이 나오게 되는 것입니다. 이것이 청소년의 범죄로 나타나는 것입니다.

청소년이 아니더라도 어른들도 같다고 생각합니다. 청소년만큼 극단적이지는 않습니다만 서로가 어른이라 할지라도 역시 악의 면을 자극하는 읽을거리가 있어서 그것을 읽고 있으면 무의식 중에 얼마간 그런 기분이 되어갑니다. 이것은 인간의 본성(本性)입니다. 이것은 당연하다고 생각합니다.

그러나 현재 양심이나 선의를 자극할만한 읽을거리, 외침이 대단히 적습니다. 그런 곳에 오늘날의 큰 문제가 있다고 생각합니다.

훌륭한 소질, 훌륭한 힘, 또 훌륭한 지식을 길러온 일본인이 성공하고 있음에도 불구하고 지금 말씀드린 것과 같은 면에 결함이 생겨나고 있습니다. 그것은 선의를 부르짖지 않기 때문입니다. '이것은 대단히 좋은 일이다, 이것은 대단히 훌륭한 것이다, 이렇게 함으로써 서로가 좀 더 스무드하게 일을 할 수 있다'는 등 이런 읽을거리가 간단하게 손에 들어오고 쉽게 손에 쥔 것에 그런 글이 적혀 있으면, "그렇겠군, 그것은 훌륭한 일이야, 나도 그렇게 해보자, 이것은 이렇게 하지 않으면 안 되겠구먼!" 하고 그렇게 되어 가리라 생각합니다. 그런데 그것이 모두 반대로 되고 있습니다.

『마쓰시타 고노스케 발언집』 제7권 234쪽 11행째

1966년 9월 21일, 전국초등학교도덕교육 연구발표회(71세 때)

또 고노스케 씨는 인간 형성의 기반이 되는 가정이나 학교에서 청소년에 대해서 어떤 교육을 해야 할 것인가에 대해서 다음과 같이 제안합니다.

불평을 호소하는 교육을 할 것인가, 아니면 고맙다고 가르칠 것인가

이처럼 자유분방하게 바라는 대로 할 수 있게 해주는데도 기쁨을 느끼지 못한다든지, 불평만 쌓인다는 것을 생각해보면 이것은 무서운 일입니다. 왜 그렇게 되어 있는가? 이것은 그런 것을 가르치지 않기 때문에, 교육하지 않기 때문이라고 생각합니다. 흰 종이를 가지고 와서 이것이 희다고 가르치면 이 종이가 흰 것을 알게 될 것입니다. 그런데 이 흰 종이를 검다고 가르치면 흰 종이를 보고도 검다고 말합니다. 가르침에 의해서 사물을 알게 되는 것인데, 그 가르치는 것을 지금은 게을리 하고 있는 것입니다. '이러한 것은 고마운 일이다. 이러한 일은 대단히 행복한 것이고 이러한 일은 불행한 일이다'라는 설명을 제대로 교육해 간다면 교육하는 대로 된다고 나는 생각합니다.

미국에 태어나서 자란 아이나 영국에서 태어나 자란 아이는 당연하겠지만 영어를 능숙하게 잘 말합니다. 영국에서 태어난 아이를 태어나자마자 바로 일본으로 대려 와서 일본의 가정에서 키우면 영어는 못하지만 얼마 안 가서 일본말을 하게 됩니다. 이것은 왜냐하면 주위의 사람들이 날마다 가르치기 때문입니다.

이와 같이 교육에 의해서 교육하는 대로 되어가는 것이 일본사람뿐만이 아니고 세계의 모든 인간의 모습입니다. 따라서 불평을 호소하는 많은 교육을 할 것인가 아니면 한 가지 사물을 보고도 그것을 고맙다고 느끼게끔 가르치느냐에 따라 모두 달라진다고 행각합니다.

따라서 교육이 얼마나 중요한가를 생각해서 여기에 단호하게 도전하지 않으면 안 됩니다. 그렇지만 그렇게 하고 있는지 내가 여기서 단언할 수는 없으나, TV에서 숫자가 가르쳐주는 바에 의하면 이런 결과가 나타나 있다고 합니다. 즉 일본의 청소년이 감사할 줄 모른다. 기쁨을 모른다. 불평불만만 알고 있다는 것입니다. 그것은 불평불만을 가르치고 있기 때문입니다. 감사하는 것을 가르치지 않기 때문입니다. 기쁨을 가르치지 않기 때문이라고 생각하는 것입니다.

『마쓰시타 고노스케 발언집』 제10권

1976년 4월 18일, 하마마쓰 라이온즈클럽 20주년 기념강연회(81세 때)

즉, 민주주의라는 미명하에 청소년에 대해서 '불평불만을 호소하는 권리'만 가르치지 말고 '상대나 현 상태에 대해서 감사하는 것의 소중함'을 가르치는 것이 필요하다는 것이 고노스케 씨의 주장입니다. 이와 같은 지적은 다음 발언에서 더욱 구체적으로 예증(例證)되고 있습니다.

인간이란 묘해서 같은 것을 보고도
기뻐하는 사람이 있는가 하면 기뻐하지 않는 사람도 있다

오늘날 과학적인 면은 대단히 존중되지만 반면에 정신적인 것은 그다지 존중되지 않고 있습니다. 그러한 상태에서 물자가 풍부하게 되고, 훌륭한 건물이 생기고, 기계가 진보하더라도, 그 결과로 인간적인 불행이 생겨나는 일도 일어납니다. 이것은 역시 마음적인 면에 빈곤함이 있다는 것, 소위 말하는 마음의 여유가 부족하기 때문이라고 생각합니다.

인간이란 묘해서 같은 것을 보고도 기뻐하는 사람이 있는가 하면 기뻐하지 않는 사람도 있다는 것입니다. 아니, 기뻐하지 않을 뿐 아니라 오히려 그것을 부족하게 생각하는 사람도 있습니다. 예를 들면 어머니가 아침에 깨워줍니다. 그것을 '아아, 어머니가 나를 깨워주셨다. 역시 어머니가 신경을 써서 깨워주셨어'라고 기뻐하는 사람과 '귀찮은 어머니야'라고 말하는 사람 두 가지 종류가 있다고 생각합니다.

어느 쪽이 좋겠습니까? 어머니는 아이가 지각하면 안 되니까 일부러 일찍 일어나서 깨워주십니다. 그런 어머니의 자애(慈愛)에 대해서 감사와 기쁨을 느끼느냐, 아니면 '귀찮다. 좀 더 자도록 내버려두면 좋겠는데'라고 생각하는 것과 어느 쪽이냐에 따라 전혀 양상이 달라진다고 생각합니다. 어느 쪽이 좋으냐 하면 어머니의 입장에서 생각해도 아이가 기뻐해주기를 바랄 것이며, 또 아이의 입장에서도 기쁜 마음으로 깨어나는 것이 좋을 것입니다. '아! 어머니 미안합니다. 일부러 깨워주셔서…. 내가 좀 더 빨리 내 스스로 일어나야 하는데' 이와 같이 말로 표현은 안 하지만 그런 마음가짐, 여기에 대단히 따뜻한 마음씨가 서로 오고간다고 생각합니다.

『마쓰시타 고노스케 발언집』 제32권 299쪽 14행째
1963년 3월 15일, 마쓰시타전기 여자신입사원 도입교육(68세 때)

이러한 발언에서 고노스케 씨가 개탄하고 있는 것은 내가 하는 말로 바꾸어 표현하자면 "왜 내가 존재하며 무엇을 위해서 살고 있는가 하는 문제의식이나 그에 대한 바람직한 해답을 가지고 있지 않기 때문에 청소년을

위시한 많은 사람들이 사는 보람을 잃고 이기주의적인 삶에 빠져있다."고 하는 것이 그 실태이며, 소위 '스피리추얼 케어(Spiritual care)'의 부족이 가져온 현대병이라고 말할 수 있습니다.

여기서 얼마간 나의 『사는 보람론』을 모르시는 분들을 위해 해설을 하자면, 고노스케 씨가 지적한 것은 바로 현대 사회에서 말하는 '스피리추얼 케어'의 부족이었음을 알 수 있습니다. 이때까지 일본의 의료, 복지 또는 교육의 현장에서 '케어'라는 말은 대부분 다음 두 가지 행위로 행해져 왔습니다.

1. 피지컬 케어(physical care)

피지컬이란 '육체의'란 의미이며, 인간의 물리적 요소(육체)의 건전성을 지키는 것을 '피지컬 케어'로 표현할 수가 있습니다. 예를 들면 신체의 부조(不調)나 통증을 완화시키기 위해서 의학적인 치료나 투약뿐만이 아니고 마사지나 리프렉솔로지 등 여러 가지 방법을 조합해서 행합니다. 교육 분야에 있어서는 '면학(勉學)면의 케어'가 여기에 해당한다고 말할 수 있습니다.

2. 멘탈 케어(mental care)

멘탈이란 '감정의'라든가 '정신적인'이란 의미이며, '치유'나 '격려' 등에 의해 인간의 감정적 요소(뇌의 감정적 반응)의 건전성을 지키는 것을 '멘탈 케어'라고 표현할 수 있습니다. 예를 들면 불안감이나 고독감 등의 마음의 동요를 진정시키기 위해서는 정신과나 심료(心療)내과에 의한 의학적인 치료나 투약뿐만이 아니고 격려하는 것, 옆에 있어주는 것, 상냥하게 대하는 것 등 인적 측면에 중점이 두어집니다. 교육 분야에서도 멘탈 케어 또는 멘탈 헬스 케어는 우울증, 괴롭힘, 자살 등 여러 문제와 관련하여 최근에 대단히 중요시되고 있습니다.

종전의 '케어'는 이들 '피지컬 케어'와 '멘탈 케어'의 두 가지 방법을 조합하여 행해져 왔습니다만 그것만으로는 아무래도 넘을 수 없는 벽이 있었습니다. 그것은 '케어'의 대상자로부터 인간이나 인생의 본질에 관련된 다음과 같은 질문을 받았을 때 나타나는 벽입니다.

- 왜 나는 태어났어요?
- 무엇 때문에 나는 살고 있나요?
- 왜 자살하면 안 되나요?
- 왜 우리는 서로 사랑하지 않으면 안 되나요?
- 왜 노력하지 않으면 안 되나요?
- 왜 정직하게 살지 않으면 안 되나요?

눈앞의 상대로부터 이와 같은 질문을 받았을 때 많은 일본인들은 정확하게 '자기 나름의 해답'을 설명할 수가 없습니다. 이럴 때에 '모처럼 태어났으니 자살 같은 걸 하면 아깝지 않겠는가?', '못살게 남을 괴롭히면 불쌍하지 않는가?'와 같은 표면적인 답변으로는 상대가 납득하지 않습니다. 또 '나도 잘 모르겠어', '네가 스스로 생각해보면 어때?', '언젠가 알게 될 때가 올 거야' 등으로 분명한 해답을 피하게 되면 대상자로부터 신망을 얻을 수가 없겠지요. 이를 때 필요한 것이 이때까지 경시되어온 다음의 제3의 '케어'입니다.

> 3. 스피리추얼 케어(spiritual care)
> '사는 보람을 가지기 쉬운 인생관'을 향한 브레이크스루(break-through)를 추장(推奬)하여 인생의 모든 일에 가치를 찾아내게끔 유도함으로서 인간의 스피리추얼한 요소(마음 또는 영혼)의 건전성을 지키는 것을 '스피리추얼 케어'라고 표현할 수가 있습니다.

단, 스피리추얼이란 말에 해당하는 좋은 일본말이 없습니다. 오히려 적당한 일본어가 없다는 사실 그 자체가 이때까지 일본에서는 스피리추얼한 것이 제대로 된 취급을 받지 못하고 온 것을 나타내는 것 아닐는지 모르겠습니다.

예를 들면 사전에 있듯 '영적(靈的)'이라고 번역해버리면 이 말에서 숭고한 것을 느낄 수 있는 분들(이 중 많은 분들은 종교를 가지고 있는 분들) 이외의 대다수의 일본 사람들에게는 나쁜 의미에서 오컬트(occult)적인 이미지나 어둡고 음침한 무드로 받아들일 위험성이 있습니다. 그 배경에는 '영(靈)'이란 말을 사용하여 사람들을 속여 나쁜 짓을 한 여러 가지 악질 조직이 존재한 역사가 영향을 주고 있습니다. 이 말에 지저분하고 더럽고 나쁘고 어두운 이미지가 없어 안심하고 사용할 수 있다면 얼마나 편할까 하고 생각하게 될 정도입니다. 그렇다고 해서 '정신적'이라고 번역해버리면 이번에는 앞서 말한 '멘탈 케어'와의 구별이 불명료하게 되어 일부러 '스피리추얼'이란 말을 사용하는 의미가 없어집니다.

그래서 나는 원어대로 '스피리추얼 케어'로 쓰든가 상황에 따라 '혼의 케어'라고 표현하고 있습니다. '혼(魂)'이란 말도 많은 일본인으로부터 경원시되기 쉬운 말이기는 합니다만 '영'이란 말에 비하면 더티한 이미지는 상당히 경감되기 때문입니다. 그 이유는 아마도 '영'이란 말에는 '악령(惡靈)'과 같은 무서운 숙어가 있어서 '당신은 악령에 씌었어요'라는 말로 나쁜 짓을 하는 사람들이 있는 반면, '혼'이란 말에는 더티한 사용법이 없으며 '일구입혼(一球入魂)', '투혼(鬪魂)' 등 사람들에게 용기를 주는 숙어로 사용된다고 생각합니다. 더욱이 상대와 상황에 따라 한문자가 아닌 '가타카나'를 쓰므로써 보다 소프트한 이미지를 자아낼 수 있어서 듣는 쪽의 저항감을 줄일 수 있는 것 같습니다.

어쨌든 '스피리추얼 케어'와 '멘탈 케어'의 본질적인 차이는 '멘탈 케어'가 '괜찮습니다'란 말만으로도 어느 정도 효과가 있는 것에 대해서 '스피리추얼 케어'에 있어서는 '인생에 관한 근본적인 의문'에 대해서 이로정연하게 해답하고 납득을 얻지 않으면 안 된다는 것입니다. '멘탈 케어'

가 의도적으로 '어쨌든 괜찮을 겁니다' 라고 (좋은 의미에서) 해답을 애매하게 하는 것에 대해서 '스피리추얼 케어' 에 있어서는 '그것은 이렇습니다', '그렇게 답을 할 수 있는 이유는 이렇습니다' 라고 정확하게 설명하지 않으면 효과를 바랄 수 없습니다.

바꾸어 말하자면 스피리추얼한 개념에는 애매한 것이 많기 때문에 더욱 역으로 애매한 대로 방치하지 않고 이로정연하게 설명하지 않으면 안 됩니다. 그것이 안 되면 '괜찮습니다, 죽는 것은 무섭지 않습니다', '괜찮습니다. 또 만날 수 있으니까요' 등으로 단순한 멘탈 케어의 레벨에 머물게 되어 상대를 마음속으로부터 '구원을 얻었다' 라는 기분으로 인도할 수 없습니다.

따라서 '스피리추얼 케어' 를 행하기 위해서는 케어를 행하는 본인(자기 자신)이 제대로 된 우주관, 인간관, 인생관을 가지고 '구원을 받았다' 는 상태가 되어 있지 않으면 안 됩니다. 자기 자신이 구원받지 못하고 있는데(이해하지 못하고 있는데) 타인을 구제한다는 것(제대로 설명을 해서 납득을 받아낼 수 있는)은 될 이가 없기 때문입니다.

그리하여 내가 『마쓰시타 고노스케 발언집』 전 45권을 모두 읽고 나서 확신한 바는, 전에 고노스케 씨가 도전한 '새로운 인간관, 인생관, 우주관의 창조' 는 바로 내가 『사는 보람론』으로 발표해온 여러 저작 군과 같이 인간에게 필요불가결한 '스피리추얼 케어' 를 실천하고자 하는 시도였다는 것입니다. 따라서 고노스케 씨의 발언은 단순한 '멘탈' 의 레벨에 머물지 않고 '스피리추얼' 레벨까지 당당히 깊이 들어 있는 것입니다.

이와 같은 깊은 문제의식을 이미 반세기 전부터 가지고 계셨던 것이 분명한 고노스케 씨는 현대에서 말하는 '스피리추얼 케어' 활동을 '새로운 이념'이라는 말로 예고하고 계십니다.

새로운 종교라고 할까, 새로운 이념이라는 것이 생겨나고 있는 것 아닌지

지금 세상은 여러 가지로 혼미한 상태에 있다고 보여 집니다. 이것이 사실인지 아닌지는 잘 모르겠습니다만 인편에 들어서 기억하고 있는 것은 아인슈타인이란 사람의 이야기입니다. 이분은 세계적인 세기의 과학자이지만 지금부터 30수 년 전에 이런 이야기를 했다고 합니다.

"인심을 안정시키고 바람직한 사회 정세를 실현하는 데는 역시 종교의 힘에 의하지 않으면 안 될 것이다. 어떤 세상이든 간에 종교라는 것이 여러 가지 형태로 존재했다."

초기의 종교라는 것은 공포종교였다. 신(神)이 있고 신이 화를 낸다. 그래서 여러 가지로 태풍이 불든지 홍수가 나든지 한다. 그것은 신이 노해서 일어난다. 따라서 그 신의 노여움을 가라앉히기 위해서 산 제물을 내놓는다든지 또는 무엇인가를 바쳐서 신의 노여움을 진정시키고 안정을 구했던 것이다. 이러한 가르침이 제1의 종교였다.

그런데 제2의 종교라는 것은 그런 공포의 종교가 아니다. 무섭다는 공포에서 자기 몸을 지키겠다는 가르침이 아니고 구원의 종교이다. 신 그 자체가 인간을 본질적으로 구원해주신다. 우리는 신에 의해서 구원을 얻는다는 구원의 종교로 바뀐다. 석가, 크리스트라는 시대를 전기(轉機)로 하여 공포의 종교에서 구원의 종교가 되었다.

신이 앙갚음을 한다고 생각했던 것이 제1의 종교였다. 신이 앙갚음을 하는 것이 아니고 신은 구원을 원칙으로 하고 계신다는 가르침이 제2의 종교가 되었다. 그것이 현재까지 2~3천 년 계속되어 온 것이다.

그런데 최근에는 더 이상 구원의 종교로서는 잘 안 되는 세상이 되었다. 신에게서 구원을 얻는다는 종교로는 잘 안 되는 세상이 되었다는 것이다. 많은 사람들은 "그런 종교로는 구원을 받을 수 없다, 만족하지 않는다는 시대가 된 것 같은 생각이 든다. 따라서 제3의 종교라는 것이 생겨날 것이라고 나는 생각한다. 그렇다면 제3의 종교는 요컨대 공포의 종교도 아니고 구원의 종교도 아니라면 무슨 종교인가 하는 것은 나도 잘 모르겠다. 그러나 이미 시대는 그렇게 돼버렸다." 이런 말을 하고 있습니다.

이 말을 생각해보면 어쩐지 그런 느낌을 받습니다. 현재의 혼미

한 세상을 보고 있으면 종교로 구원을 받는다는 일은 점점 줄어들고 있습니다. 2, 3일 전의 신문을 봐도 크리스트교의 교회에서 폭력배의 몽둥이 사태가 일어나 목사가 신도들에 의해 심한 구타를 당했다는 기사가 나와 있었습니다.

학교도 같아서 학교 학생은 선생에게서 가르침을 받는다, 선생에게서 학문도 도덕도 가르침을 받는다는 것이 이때까지의 일반적인 상식이었습니다. 그러나 최근의 학교 상태를 보면 선생이 가르치는 것이 아니고 선생이 학생들에게서 야단을 맞는다는 것입니다. 이와 같이 바뀌고 있는 것입니다. 이것이 오늘날의 상태입니다. 그렇다면 앞으로 어떻게 되는 것일까?

현대의 세상과 같아서는 안 되기 때문에 앞으로 무엇인가 새로운 종교라고 할까, 새로운 이념이라는 것이 생겨나지 않을까 생각합니다. 어떤 형태로 어떻게 생겨날 것인가를 알 수는 없지만 어떻게든 생겨날 것이라는 것이 아인슈타인의 이야기였던 것 같습니다.

『마쓰시타 고노스케 발언집』 제42권 202쪽 2행째

1969년 10월 18일, PHP연구소 진수회(眞修會)(74세 때)

이와 같이 고노스케 씨가 '새로운 종교라고 할까, 새로운 이념이라는 것이 생겨나는 것 아닌가'라고 예언한 14년 후에 WHO(세계보건기구)는

'종교와는 다른 중요한 개념' 으로서 '스피리추얼' 이라는 용어를 공식적으로 정의했습니다. 예를 들면 멘탈 헬스에 있어서 스피리추어리티(spirituality)의 전문가이며 나의 공동 연구자이기도 한 오오이시 가즈오(大石和男) 리쿄(立教)대학 교수는 WHO에 의한 '스피리추얼' 의 정의를 근거로 하여 다음과 같이 고찰하고 계십니다.

> 근년에 세계보건기구(WHO)에서는 스피리추얼한 가치관을 중시하는 자세를 명확히 하고 있다. 그 배경에는 현대의료 속에서 생명의 존엄, 즉 '생명' 의 소중함이 부각되어 인생의 최후를 위엄을 가지고 보내는 것을 목적으로 한 종말기 의료나 통증을 컨트롤하는 완화(緩和)의료를 중요시되게 된 것을 들 수 있다.
>
> WHO는 1989년에 완화의료를 '신체적, 심리적, 사회적, 스피리추얼한 면의 모든 것에 대응하는 포괄적인 의료' 로 정의하여, '모든 인간의 전체적인 복리와 관계가 있기 때문에 그 실시에 있어서는 인간으로서의 삶이 가지는 스피리추얼한 측면을 인식하여 중요시해야 한다' 는 견해를 나타냈다. 그리고 스피리추얼이란 말을 완화의료의 정의 속에 함께 넣었다.
>
> 이때까지 여러 사람이 스피리추어리티에 대해서 여러 가지 말로 정의를 나타내 왔다. 그것을 보면 정의하는 사람이 살고 있는 사회나 문화, 역사 등의 영향을 받아서 가지각색으로 조미(調味)되고

있다. 그래서 WHO에서는 '스피리추얼'이라는 말을 다음과 같이 정의하고 있다.

'스피리추얼'이란 인간으로서의 삶에 관련된 경험적인 한 가지 측면이며, 신체 감각적인 현상을 초월해서 얻은 체험을 표현하는 말이다. 많은 사람들에게 있어서 '살아 있다는 것'이 가지는 스피리추얼한 측면에는 종교적인 인자(因子)가 포함되어 있지만 '스피리추얼'은 '종교적'과 같은 의미는 아니다. 스피리추얼한 인자는 신체적, 심리적, 사회적 인자를 포함한 인간의 삶의 전체상을 구성하는 한 인자로 볼 수 있으며, 삶의 의미나 목적에 관한 관심이나 걱정과 관계가 있는 경우가 많다.(암의 완화 케어에 관한 전문 위원회 보고, 1983년) 요컨대 인간 전체를 생각할 때 무시할 수 없는, 눈에 보이지는 않지만 삶의 의미나 목적에 관한 대단히 중요한 요소라고 말할 수 있다.

『타이프 A의 행동과 스피리추어리티』, 오오이시 가즈오
2005년, 센슈(專修)대학 출판국, 111~112쪽.

여기서 주목할 것은 WHO가 '스피리추얼'은 '종교적'과 같은 의미가 아니라는 것을 명언하고 있다는 사실입니다. 실은 내가 과거 십수 년 간에 걸쳐 스피리추얼한 개념을 응용한 『사는 보람론』을 발표해온 과정에서 지긋지긋하게 들은 말이 '말하자면 종교이군요'라든지, '그렇다면 당신

의 배경에는 어느 교단(敎團)이 숨겨져 있습니까?' 등의 왠지 경멸의 표정에 찬 말들이었습니다. 아마도 '새로운 종교, 새로운 이념'이라고 발언한 고노스케 씨에 대해서도 같은 오해와 중상이 쏟아졌을 것으로 추측할 수가 있습니다.

내 자신은 특정한 종교단체에 속해서 신앙을 깊게 하는 쪽을 선택하는 분들에 대해서, 그것은 그것으로 훌륭한 삶이라고 생각하고 있습니다. 또 "왜 일본인들은 종교적 활동에 열성을 다하는 사람들을 제대로 존경하지 않고 역으로 경멸의 눈초리로 보는 경우가 많은 것일까?" 하고 일본 사회의 모습에 의문을 품고 있는 것도 사실입니다. 그러나 특정한 종교단체와 직접 관계를 맺지 않고 자기 나름의 우주관을 형성하여 인생의 양식(糧食)으로 삼는 것도 또한 훌륭한 신앙 스타일이라고 생각합니다. 그럼에도 불구하고 '신앙심을 가지는 것'과 '특정 종교단체에 속하는 것'을 따로 나누어 생각 못하는 사람들로부터 무척 많은 오해를 받아왔습니다. 아마도 고노스케 씨도 같은 오해를 받아 고생하지 않았나 생각합니다.

더욱이, 내 자신은 예를 들면. 불교적인 우주관도 크리스트교적인 우주관도, 그리고 유뇌(唯腦)론적인 우주관조차도 제각기 다른 훌륭한 점을 가지고 있다고 평가하고 있습니다. 따라서 '어느 한 가지 길을 택할 수가 없어서 모든 길을 구석구석까지 시야에 넣으면서 내 나름의 길을 개척해 가고 싶다'라고 바라고 있으므로 어떤 종교, 사상 단체에도 속하지 않도록 하고 있는 것입니다. 결코 어느 것도 싫어서 속하지 않는 것이 아니고 '어느 것도 모두 좋아하기 때문에 아무 곳에도 속하지 않고 있겠다'라고 하는 것이 진실이라고 이해해주시기 바랍니다.

그리고 이와 같은 나의 입장과 같은 것을 고노스케 씨도 다음과 같은 발언으로 발표하고 있습니다.

여러 가지 사상의 일부를 서로 살려서 비로소 번영의 움직임이 생겨난다

지금의 일본에서는 사상의 자유가 허용되어 있는 모습이 어떤 상태로 나타나고 있는가 하면, 전부가 평행선이고, 싸우고, 하루면 끝날 의안을 열흘이나 걸려 능률을 감퇴시키고 있는 상태입니다. 사상의 자유란 그런 것 때문에 허용되어 있는 것이 아니라고 나는 생각합니다.

만약 그렇다면 사상의 자유는 허용되지 않는 편이 낫다고 봅니다. 사회주의와 같이 한 가지 사상을 가지고 실시하는 쪽이 일이 빠를 것으로 생각합니다.

그러나 한 가지 사상이면 결코 진보 발전이란 것은 있을 수 없습니다. 자본주의만으로도 결코 진보하지 않습니다. 여러 가지 사상이 있어서 각각 그 일부를 서로 살려서 비로소 번영의 움직임이 생겨나는 것이라고 생각합니다. 거기에 사상의 자유를 허용하는 가치가 있다고 생각합니다.

종교도 마찬가지라고 생각합니다. 종교가 지금 650종류가 있습니다. 신흥 종교를 합하면 650이 넘습니다. 이 650의 종교가 서로 절차탁마(切磋琢磨)하면서 번영해 갑니다. 그리하여 서로가 힘을 합해서 많은 사람들을 도와갑니다. 거기에 국민의 행복이 생겨난다고 나는 생각합니다. 그것을 종교의 자유가 허용된다고 해서 교단끼리 싸움질이나 하고 서로를 망치게 한다면 종교의 자유를 허용하는 의미는 전혀 없다고 나는 생각합니다.

그러나 우리들 자신이 이미 스스로가 고정관념에 사로잡혀 자기가 옳다고 하는 자기 세계 속에만 틀어박혀 남을 비방하고 있지는 않는지. 만약 그런 일이 우리 상공(商工)업자 사이에도 있다면 그것이 우리 서로의 발전을 저해시키고 있다고 생각합니다. 지금 일본의 진정한 번영을 위해서는 국민 모두가 깊이 생각을 하지 않으면 안 됩니다. 그리하여 각자가 각자의 책임을 수행하고 곁들여 남을 돌보고 필요하다면 충고도 하면서 서로 손을 잡고 국가의 공존번영을 도모하지 않으면 안 되는 시기가 도래했다고 생각하는 것입니다.

『마쓰시타 고노스케 발언집』 제3권 88쪽 4행째
1966년 12월 21일, 모리구찌상공회의소 임시의원총회(72세 때)

더욱이 고노스케 씨는 당시의 종교 중에 바람직하지 못한 방법으로 포교를 진행하여 오히려 사람들을 혼란시키고 있는 단체가 있는 것을 다음과 같은 말로 명확하게 지적하고 있습니다. 내 자신도 꼭 같은 문제의식을 가지고 있습니다만, 아직 미숙한 나에게는 이때까지 고노스케 씨와 같이 당당하게 말로 표현할 용기가 없었습니다.

지금까지 어떤 종류의 종교 모습은 공(功)과 죄(罪)가 상반한다

따라서 천지(天地)의 은총은 이미 한없이 주어져 있다는 것을 서로가 충분히 인식하고 있지 않으면 안 됩니다. 은총은 이미 주어져 있기 때문에 어느 종교를 믿는다고 해서 특별히 주어지는 것이 아닌 것입니다. 이 인식이 미신을 피하는 첫째 길이며 또 올바른 신앙의 제 일보가 된다고 생각합니다.

그런데 아와 같이 천지의 은총이 이미 한없이 주어져 있다손 치더라도 이 주어지는 방법이 사람에 따라 다른 것인지 어떤지가 다음의 문제가 됩니다. 만약 우주 근원의 힘이 어느 사람에게는 많은 은총을 주고, 다른 사람에게는 벌을 준다는 식으로, 개개의 의식을 가지고 임하고 있다고 생각하면 여기에서 대단히 큰 미신이 생기는 것입니다. 즉 저 사람은 세 번 참배를 했으니까 특별한 은총을 주고, 이 사람은 한 번도 참배를 안 했으니까 벌을 주어야 하겠다는 식으로 하느님이나 부처님이 무엇인가 특별한 의식이라고나 할까 애증(愛憎)의 생각을 가지고 계신다고 생각하면, 이것은 진실을 심하게 왜곡시키는 것이 됩니다.

천지의 은총은 이런 모습으로 주어지는 것이 아니라고 생각합니다. 세 번을 참배하던 한 번만 참배를 하던 우주 근원의 힘은 그런 것과는 관계없이 눈부시게 빛나는 햇빛처럼 천지의 은총을 공평하게 모두에게 내리 붓고 있는 것입니다. (중략)

우주 근원의 힘은 선한 사람과 악한 사람 구별 없이, 현명한 자나 어리석은 자 구별 없이 모든 인간에게 평등하게 그 은총을 내리고 있는 것입니다. 우리 인간처럼 어느 한 가지 의욕을 가지고 주려고 하는 것이 아니고 전혀 무심(無心)의 모습에서 눈부시게 빛나는 햇빛과 같이 그 은총을 내려 붓고 있다고 생각하는 것입니다. 그러나 무심하다고 하더라도 혹시 내면에 인간에 대한 깊은 사랑이 숨겨져 있을지는 모르겠습니다. 그러나 그 은총이 너무나 광대하기 때문에 도저히 우리 인간의 작은 의식으로는 우주 근원의 힘의 의지를 판정할 수 없다고 생각합니다. 그만큼 큰 것입니다.

그런데 이때까지의 종교의 교화(教化) 방법을 돌이켜볼 때 어쩐지 하느님을 믿는 자만을 하느님이 도와준다는 식으로 설법하고 있는 것처럼 느껴집니다. 이 종교를 믿는 사람에게만 무엇인가 특별한 이익이 있다고 말하고 있습니다. 그리하여 불벌(佛罰)이라든지 신벌(神罰)이라고 하여 인간에게 공포심을 주고, 이것에 의하여 신앙으로 끌고 가려고 하고 있습니다. 물론 이런 방법 쪽이 빨리 신앙으로 인도할 수 있을지 모르겠습니다. 또 어차피 신앙으로 인도하면 되는 것이니까 이런 것들을 방편으로 사용해도 별 상관이 없지 않겠나 하고 생각할 수도 있겠습니다.

그러나 이 방편이 방편으로만 끝나면 좋겠습니다만 여간해서 그렇게 되지 않습니다.

방편과 진실이 혼동되어버려 드디어는 믿어서는 안 될 것을 믿어보기도 하고, 옳지 않는 것을 옳다고 보게 되어 여러 가지 미신이나 망상을 일으켜, 그 결과 생활을 혼란시키는 일이 대단히 많다고 생각합니다. 이런 의미에서 이때까지의 어떤 종류의 종교의 자세는 공죄상반(功罪相半)이라고 생각합니다. 즉 방편의 효과가 있다면 있었다고 할 수도 있지만, 또한 그 방편으로 인한 큰 폐해가 생겨났다고 생각합니다.

그래서 이러한 폐해를 피하고 서로가 미신에 빠지지 않게 하기 위해서는 천지의 은총은 무심의 모습으로 모든 인간에게 평등하게 주어진다는 것을 차제에 확실히 재인식해야 한다고 생각합니다. 천지의 은총은 평등하며 무심이다.

—이것이 올바른 신앙에 들어가는 제2의 요점입니다.

『마쓰시타 고노스케 발언집』 제37권 274쪽 17행째

1949년 10월, 'PHP어록 22'(54세 때)

이와 같이 '하느님을 믿는 자만을 하느님이 도와주신다, 이 종교에 귀의(歸依)하는 자에게만 무엇인가 특별한 이익이 있다고 하여 불벌(佛罰)이나 신벌(神罰)이라고 하여 인간에게 공포심을 심어주고 이것으로 신앙으로 끌고 가겠다'라고 하는 일부 기존 종교의 포교 테크닉에 관해서 고노스케 씨는 당당하게 비판하고 계십니다. 그 결과로 '방편과 진실이 혼동된다'라고 하는 나쁜 사태가 생겨 사람들이 종교에서 떨어져 나가는 원인이 되고 있다고 하는 것입니다.

그래서 고노스케 씨가 깨달은 것은 '방편과 진실이 혼동되어 믿어서는 안 되는 것을 믿는다든지 옳지 않는 것을 옳다고 본다든지 여러 가지 미신이나 망상을 일으켜 생활이 흐트러진다'라고 하는 곤란한 현상을 피하기 위해서는 단순히 타인의 말을 따라 믿는 것이 아니고, 각자가 자기 나름의 논리적인 인간관, 인생관, 우주관을 확립하는 것이 필요하다는 처방을 내리는 것이었습니다. 이 발견에 관해서 고노스케 씨는 다음과 같이 이야기합니다.

믿는 마음을 높여나감과 동시에 이해를 깊게 하지 않으면 안 된다

그러나 속는 경우에도 상대가 너무나 순진하게 믿으니 속이고자 한 사람도 신(神)과 같은 상대에게 감화되어 번연(飜然)히 자기의 행동을 뉘우치고 고치는 일도 있는 것입니다.

종교적 면에 관해서 생각해봐도 그것은 역시 신앙이 중심입니다. 부처님의 뜻이나 하느님의 섭리가 큰 힘이 되어 깊은 은혜가 되어 나타난다고 믿음으로써 비로소 불교나 크리스트교의 가르침도 살고, 그 사람을 구원하고 인도하는 효과를 나타내는 것입니다. 그러나 "크리스트교나 불교의 설법은 일단 알 수 있다. 그렇지만 실제로 하느님이나 부처님의 힘이 있는지 어떤지 눈으로 볼 수도 맛볼 수도 없으니까 이것은 믿을 수가 없다."고 하여 의심하는 마음이 생기면 아무리 좋은 교리를 설명해도 신앙이 생기지는 않습니다. 따라서 종교는 이것을 믿는다는 마음의 싹틈을 기초로 하여, 점점 나아가서 고마움을 느끼게 되고 드디어 신앙 삼매(三昧)의 경지에 들어가서 절대적인 귀의(歸依)를 하게 되는 것입니다.

비단 종교뿐만이 아니고 일상적인 일에 있어서나 가정생활에 있어서나 친구, 사제, 노사 사이에서도 믿는 마음이 강하면 강할수록 일이 스무스하게 진행되며 좋은 결과를 가지고 온다고 생각하는 것입니다. (중략)

종교에 대해서 생각해 보면 신앙함으로써 종교의 최고원리를 깨닫고, 하느님의 사랑이나 부처님의 자비를 체득하여 신앙 삼매경에 들어 평화로운 인생을 보내는 사람도 대단히 많습니다. 오늘날의 정신문화는 그러한 종교를 중심으로 발달해온 것입니다. 그만큼 큰 효과가 있었습니다만, 그러나 종교는 신앙만으로 일체의 성과를 얻고 있는가 하면 그렇지는 않습니다. 믿는 것만으로는 미신에 빠지는 일이 있습니다. 과거의 역사를 보더라도 이런 사례가 많이 있습니다. 믿는 것만으로는 진리에 입각한 교리를 착오 없이 신앙을 행하고자 해도 거기에 오해가 생긴다든지 또 사교(邪教)라는 것이 알게 모르게 생겨서 소위 말하는 미신에 빠지기 쉬운 것입니다. 궤도에서 벗어나 탈선된 상태에서 진행해가는 경우도 많은 것입니다. 따라서 단순히 믿는 것만으로는 올바른 성과를 거둘 수 없습니다. 진정으로 올바른 신앙의 마음가짐을 살리기 위해서는 한편으로 좋은 이해, 좋은 판단, 좋은 인식이라는 것이 없어서는 안 된다고 생각합니다.

즉 믿는 마음을 높임과 동시에 그것과 병행해서 이해를 깊게 해 나가지 않으면 안 된다고 생각합니다.

그러나 이해를 높이더라도 만약 마음에 의심의 생각이 강하면 사물은 쉽게 실행으로 옮겨가지지 않습니다.

학문이나 체험에 의해서 인식한 진리를 믿는 마음 위에 얹어 맞추어 나가지 않으면 안 됩니다. 즉 이 믿는다는 마음의 움직임을 정확한 이해 위에 얹어서 살려나가는 것으로 신해(信解)가 합쳐 온전한 것이 되는 것입니다.

그래서 우리는 믿는 것과 사물을 이해해가는 것의 두 가지를 함께 합쳐서 완성해나가는 마음가짐을 갖지 않으면 안 된다고 생각합니다.

『마쓰시타 고노스케 발언집』 제37권 175쪽 11행째

1949년 2월, 'PHP어록 14'(54세 때)

또한 고노스케 씨는 올바른 신앙의 본연의 자세에 관해서 '어디까지나 사상이나 조직을 위해서가 아니라 제각각의 인간이 자기 자신의 행복을 위해서 신앙을 하는 것이다'라고 생각하여 다음과 같이 주장합니다.

인간이 사상(思想)의 하인이 되어서는 안 된다

요즘과 같이 어지러운 세상을 생각해보면 과연 이것이 인간의 진정한 모습인지 어떤지 의심이 갑니다. 과거는 전쟁으로 얼룩졌지만 그것은 과거의 모습입니다. 점점 문화가 발달하여 인간이 달의 표면을 걸어 다니는 상태가 되었으므로 이젠 지상의 인간 생활에는 평화가 와도 좋을 것 같습니다. 고도한 문화생활이라는 것을 생각할 수도 있다고 생각됩니다.

그러나 사실은 그렇지 못하고 오히려 투쟁이 더 심해져가고 있습니다. 왜 그런 일이 생기느냐 하는 것인데, 나는 결국 우리 인간이 원래 가지고 있는 위대함을 잃고 있는 데서 온다고 생각합니다. 종교는 인간의 행복을 위해서 존재합니다. 학문도 마찬가지입니다. 모든 것이 인간이 주가 되어야 합니다. 하느님의 가르침을 설법

하는데 있어서도 주체는 인간입니다. 인간의 행복을 위해서 하느님의 가르침을 설법하는 것입니다. 인간의 행복을 진전시키기 위해서 종교가 있다고 생각할 수 있습니다.

따라서 어떤 경우라도 인간이 주체가 되지 않으면 안 됩니다. 인간이 주된 자리에 서지 않으면 안 됩니다. 그런데 인간이 하인이 되고 인간의 주된 자리가 바뀐 데서 앞서 말한 과오가 되풀이 되어온 것 같은 느낌을 받습니다. 이것은 대단히 중요한 일이라고 생각합니다.

우리가 회사를 경영해나가는데 있어서도 역시 사회관, 인생관이란 것을 대단히 중요한 것으로 생각하지 않으면 안 된다는 것은 더 말할 나위도 없습니다. 경영에서 생겨나는 결과물이라는 것은 사람들을 행복하게 하는 것이 되지 않으면 안 됩니다. 사람들의 행복이 될 수 없는 일은 해서 안 된다고 생각합니다.

인간이 경영의 하인이 되는 것을 허용해서는 안 됩니다. 인간을 위해서 경영이 존재하는 것입니다. 끊임없이 이렇게 생각을 하지 않으면 안 된다고 생각합니다.

종교를 가르치는 사람들도 처음에는 인간을 위해서라고 생각했을 것입니다. 석가님의 설법에 있어서도 사람들의 불행을 보고 행복한 인생을 보낼 수 있도록 여러 가지를 생각하셔서 인간의 나아갈 길이라는 것을 가르쳤습니다. 인간을 가장 중요시하고 중심에 두고서, 그 다음에 인간이 걸어갈 길은 이렇게 되어야 한다는 식으로 연구하셨다고 생각합니다. 그러고 나서 그 후에 교단이라는 것이 생겼습니다.

따라서 교단도 또한 인간을 중심에 둔 것이어야 합니다. 교단을 위해서 인간이 하인이 되어서는 안 된다고 생각합니다. 그것은 전부가 모두 다 그렇지는 않습니다만 자칫하면 인간이 교단의 하인인 것 같은 착각에 빠져 있습니다. 그런 곳에서부터 큰 재앙(災殃)이 일어난다고 생각합니다.

오늘날 새로운 사상이 많이 생겨나고 있습니다. 그 사상에 의해서 보다 나은 인간 생활이라는 것이 탐구되어야 한다는 것은 바람직하다고 생각하며, 또 그런 탐구는 없어서는 안 된다고 생각합니다.

그러나 인간이 사상의 하인이 되어서는 안 된다고 생각합니다. 그러나 오늘날 사상을 위해서 얼마나 많은 사람들이 잔학(殘虐)한 일을 당해 왔는지 그것은 여러분이 잘 알고 계시는 바와 같습니다. 이것은 우리가 애당초 바라던 바와 다른 것입니다. 그렇기 때문에 우리는 지금 크게 반성하고 다시 생각해야할 시점에 와 있다고 생각합니다. 인간을 하인으로 삼아서는 안 된다는 것을 분명히 우리의 인생관과 사회관으로 가지고 있지 않으면 안 된다고 생각합니다.

『마쓰시타 고노스케 발언집』 제3권 368쪽 13행째

1969년 8월 19일, 시도부현(市都府縣)

농협중앙회연합회 상근임원연수회(74세 때)

이와 같은 문제의식에 근거하여 고노스케 씨가 시작한 것이 현재에도 'PHP'로 알려져 있는 연구활동이었습니다. 내가 볼 때는 '고노스케 씨 특유의 스피리추얼 케어 활동'이 되는 이 활동에 대해 다음과 같은 설명이 있습니다.

마음도 풍요롭고 신체적으로도 넉넉한 모습

PHP연구란 얼른 말하자면 인류에 번영을 가져다주는 방책의 연구이며, PHP운동이란 PHP연구를 조성하고 연구의 성과를 보급하여 이것을 실천하여 번영을 실현하는 운동입니다. 우리는 인생의 의의를 '인류에게 끊임없이 높여지는 번영을 가져오게 함으로써 평화와 행복을 실현하는데서' 구합니다. 이것을 단축시켜 '번영에 의하여 평화와 행복을'이라는 것을 우리들의 연구와 운동의 모토로 내걸고, 이 모토의 영어 'Peace and Happiness through Prosperity'의 머리글자를 따서 PHP연구라고 하고 PHP운동이라고 부릅니다. 여기서 번영이라는 것은 단순히 부자가 된다든가 생활이 풍족하게 된다는 것뿐만이 아니고 말하자면 물심일여(物心一如)의 번영이라는 것으로서, 좀 더 쉽게 풀이하자면 '마음도 풍요롭고 신체적으로도 넉넉한' 그런 모습을 말하는 것입니다.

『마쓰시타 고노스케 발언집』 제36권 27쪽 2행째

1946년 11월, PHP활동취지서 팸플릿(51세 때)

이상에서 서술한 바와 같은 소위 '과학과 종교를 통합하면서 새로운 길을 모색한다'는 고노스케 씨의 발상에 관해서 다음과 같은 해설이 더해지고 있습니다.

인류 번영의 근원은 천지(天地)자연의 이치에 맞추는데 있다

우리는 우선 인생의 올바른 의의를 파악한 후에 우리들의 일을 해나가기를 바랍니다. 우리는 모두에서 말했듯이 인생의 의의를 '인류에게 끊임없이 높여지는 번영을 가져오게 함으로써 평화와 행복을 실현하는데서' 구하고 싶습니다. 그리고 그 방법은 단적으로 말한다면 천지자연의 이치에 따르는 것에 귀착한다고 생각합니다. 과학도 종교도 천지자연의 이치에 따르는 곳에 그 가치를 찾을 수 있습니다. 우리 인간의 지정의(知情意)도 원래 자연으로부터 주어진 것이며 우리는 이것을 최대한으로 활용해서 그 완전한 조화하에 행동해야 할 것으로 믿습니다. 그런데도 불구하고 종전에는 걸핏하면 자연을 경시하고 인간의 지혜와 재각(才覺)이라는 것의 힘을 그 한계 이상으로 너무 중요시했다고 생각합니다. 인류 번영의 근원은 천지자연의 이치에 맞는 곳에 있습니다. 이것이 금후의 정치, 경제의 요체(要諦)이기도 합니다. 즉 자연으로부터 주어진 인간성이라는 것을 살리는 곳에서 번영이 일어납니다. 우리는 항상 이점을 반성하여 언제나 겸허한 마음으로 일을 하지 않으면 안 됩니다.

PHP연구가 목적으로 삼는 것은 요컨대 앞서 말한바와 같은 의미에서 인류에게 번영을 가져오게 하는 방책을 세우는데 있습니다. 자연으로부터 주어진 인간성이라는 것을 아무 것에도 구애받지 않고 순수하게 관찰하여 이것을 정확하게 분석하고 이해해 나가는 곳에 번영의 열쇠가 있습니다. PHP연구는 이러한 생각에서 그 연구를 진행시켜 그 성과를 PHP운동에 의해서 넓게 경영상에 또는 정치 경제의 실제적인 면에 표현해 나가고자 하는 것입니다. 이러한 생각은 종전에도 없지는 않았으나 각종 사정으로 제약을 받아 다소 천지자연의 이치에 맞춰야 하는 노력이 부족하게 되어 개인의 지혜와 재각에 너무 의존하여 효과를 올리지 못한 것입니다. 우리는 이 이치를 명확히 하여 이것에 대한 구체적인 방책을 세워 얼마간이나마 사회에 공헌하고자 하는 것입니다.

『마쓰시타 고노스케 발언집』 29쪽 10행째

1946년 11월, PHP활동취지서 팸플릿(51세 때)

이와 같은 고노스케 씨의 문제의식을 이때까지 경영학자로서 스피리추얼 케어의 연구를 추진해온 나의 입장과 큰 공통점이 있습니다. 세상에는 '경영이란 돈을 버는 것이다'라고 생각하는 사람이 많은 것 같습니다만, 그런 분들을 위해서 내가 대학의 제1회에서 강의에서 가르치고 있는 다음의 정의를 소개해두겠습니다.

'영리(營利)조직의 경영'이란 '모든 경영자원의 가치를 최대한으로 발휘시키면서 모든 존재의 행복을 추구함으로써 필요 경비금액을 상회하는 매출금액을 회수하여 차액으로서의 적정한 이익을 획득하는 것'입니다.

이와 같이 나는 결코 경영을 통해서 적정한 이익을 올리는 것을 부정하고 있는 것은 아닙니다. 태고의 옛적부터 인간은 노동을 통해서 생활의 양식(糧食)을 획득해온 것이며, 그 노동을 효율적, 효과적으로 행하기 위해서 개발되어온 학문이 '경영학'인만큼, '가치 있는 노동을 통해서 적정한 이익을 올린다'라고 하는 정당한 사회적 행위를 내가 부정할 이유가 없습니다. 간혹 사람들을 속여서 부정한 이익을 올리는 경영자가 나타나 세상을 어지럽게 하므로 '경영이란 더러운 행위다'라든지, '경영학은 돈벌이를 도우는 비열한 행위다' 등으로 오해를 받게 됩니다만 그러한 선입견은 큰 잘못입니다. 세상의 많은 경영자나 기업은 사회를 위해서, 사람들을 위해서 경영노력을 쌓아 그 보수로서 정당한 이익을 얻고 있는 것입니다. 따라서 경영학의 본질이 '모든 존재를 행복하게 하는 올바른 경영의 추구'에 있음은 틀림없습니다.

이와 같은 관점에서 경영학자로서 '노동자의 멘털 헬스', '일하는 보람의 향상'에 관하여 고찰하는 중에 나는 종래의 경영학이 직면하고 있는 큰 벽을 깨달았습니다. 그것은 "왜 나는 살고 있는가?" 하는 근본 명제에 대한 '내 나름의 해답'(사는 보람의 원천)을 가지고 있지 않는 많은 일본인 노동자에 대해서 경영자나 상사가 표면적인 '일하는 보람'만을 따로 떼어서 가지도록 명령을 해도 대단히 어렵다는 현실이었습니다.

예를 들면 '일하는 보람'의 큰 원천은 '나는 이 직장에서 근무할 수 있어서 행복하다', '나는 이 일을 담당하게 되어서 행복하다', '나는 이 사람들과 함께 일할 수 있어서 행복하다' 등으로 현상을 받아들이고 긍정하는 마음입니다. 이런 감정을 가지기 위해서는 '왜 나는 이 직장에 있는가?', '나는 왜 이 일을 담당하고 있는가?', '왜 나는 이 사람들과 같이 일을 하고 있는가?'라는 본질적인 명제(命題)에 대해서 '내 나름의 해답'을 가지고 있을 필요가 있습니다. 왜냐 하면 '이 직장에 근무하는 이유도, 이 일을 하고 있는 이유도, 이 동료들과 같이 일을 하고 있는 이유도 전혀 알 수 없다'라고 한다면 이 일을 통한 진정한 행복감 같은 것을 얻어질 수가 없기 때문입니다.

그리고 이와 같은 본질적인 의문에 대한 해답을 가지기 위해서는 우선 그 대 전제가 되는 '왜 나는 살고 있는 것일까?'라는 근본 명제에 대해서 자기 나름의 해답을 찾아둘 필요가 있습니다. 왜냐 하면 '내가 살고 있는 이유'와 '이 일을 하고 있는 이유'와의 사이에 깊은 연관성을 찾지 못하는 경우에는 그 직장에서 일하는 이유도 '생활비를 벌기 위해서'라는 표면적인 것으로 끝나버리기 때문입니다.

이와 같이 내가 경영학자로서 깨달은 것은 노동자가 본질적인 '일하는 보람'을 가지기 위해서는 보다 근본적인 명제인 '인간으로서의 사는 보람을 창조하는 기본 원리의 해명이나 유효한 수법의 개발'이 꼭 필요하다는 것이었습니다. 특히 '왜 나는 살고 있는가?'라는 명제에 대한 해답의 원천이 되는 '신앙심'이라고 부르는 것이 부족한 많은 일본인에 대해서는, 사는 보람을 창조하는 본질적인 방법으로서 스피리추얼한 영역에까지 깊이 파고들어가 볼 필요가 있었습니다.

그러나 내가 수십 년 전에 용기를 내서 스피리추얼한 영역에 당당히 파고 들어섰을 때, 일본의 경영학자 중에서 이해를 나타내준 분은 극히 적었습니다. 애당초부터 당시의 경영학계에서는 '경영학'을 '모든 존재에 있어서의 행복을 추구하는 학문'으로 해석하는 학자로는 나 외에는 존재하지 않았던 것입니다.

그런데 학술계에서는 상대를 해주지 않던 나의 문제의식과 동일한 내용의 것을 내가 태어나기 16년이나 전에 고노스케 씨가 당당하게 발언하고 연구하여 실천하셨던 것입니다. 물론 '경영의 신'이라고 불리던 유명인이었던 고노스케 씨였기에 가능했던 위업이었으며, 『사는 보람론』 활동을 시작했던 당시는 아직 20대의 신출내기 연구자에 지나지 않았던 내가 학술계에서 전혀 상대를 해주지 않았던 것은 당연하다고 하겠습니다.

그러나 당시 이미 명 경영자로서 이름을 날리고 있었으므로 고노스케 씨의 언동은 좋든 나쁘든 매스컴이나 회사 사원이나 소비자로부터 주목을 받았던 것이며, 무명의 연구자였던 내가 시작한 『사는 보람론』 활동과는 달리 받는 압박감과, 짊어져야 할 책임은 현격하게 컸을 것입니다. 그와 같은 지위와 상황에 있으면서 고노스케 씨가 새로운 인생관, 인간관, 우주관을 찾는 PHP 활동을 시작한 용기에 대해서 나는 정말 머리가 숙여집니다.

제2절 인간의 가치와 인생의 이상(理想)

일찍이 고노스케 씨는 '인간의 행복이란 무엇인가?'라는 어려운 질문에 대해서 그의 특유의 매력적인 시침떼기를 연출하면서 유머러스하게 이렇게 답하고 있습니다.

인간의 행복이란 과연 어떤 것인지

인간의 행복에 관한 것입니까? 그것은 어려운 문제지요. 인간의 행복이란 과연 어떤 것인지. 완전하게 답을 할 수는 없지만 두 가지 견해가 있다고 생각합니다.

한 가지는 주관적으로 행복하다고 생각하는 것. 또 한 가지는 객관적으로 행복하다고 생각하는 것입니다. 이 둘이 일치하는 것이 우선 행복이라고 생각해도 좋을 것 같습니다. 그렇다는 것은 사람에 따라 행복관이 다르고, 또 객관적으로 봐서 저 사람은 행복하다고 하는 것도 이것 또한 중요한 문제라고 생각합니다. 따라서 이 두 가지가 일치된 모습에서 대체적인 행복이라는 것을 생각할 수 있다고 봅니다. 그 이상의 것은 좀 간단히 답할 수 없을 것 같습니다.

『마쓰시타 고노스케 발언집』 제2권 104쪽 5행째

1963년 11월 8일, 토카이은행 경영상담소 경영강연회(68세 때)

이와 같이 '간단히 답할 수는 없을 것 같습니다'라고 회답의 어려움을 인정하면서 좋은 인상을 남겼습니다. 그러나 동시에 '행복이란 간단히 답을 할 수 없을 정도로 심오한 것이다'라고 시사하여주는 고도의 화술이 바로 고노스케 씨의 타고난 재능이라고 말할 수 있을 것입니다.

고노스케 씨가 행복의 의미에 대해서 명언하고 있지는 않지만, 예를 들면 다음의 발언 중에는 고노스케 씨의 독특한 인간관이 명시되고 있습니다.

자유자재로 신(神)을 만들고 있는 것이 인간입니다

기온신사(祇園神社)라는 것이 교토에 있습니다. 여기는 기온이라는 유명한 향락가인 이 거리를 지켜주는 신을 모시는 곳인데, 이 신이 어느 정도의 힘을 가지고 있는지는 잘 모르겠지만 모두가 인정을 하고 있습니다. 그래서 여기를 참배해서 새전(賽錢)을 올립니다. 이것은 역시 형태가 없는 것, 모습이 없는 것이지만 신이 계신다고 하는 것, 신의 힘이라는 것, 그 권위라는 것을 인정하기에 모두 참배하는 것입니다. 그것은 그것으로 질서가 이루어지고 있습니다. 그 거리의 질서도 이루어지고 있습니다. 그와 같은 눈에 보이지도 않고 돈도 들지 않는 권위라는 것을 우리가 만들어내어 제사를 지내곤 합니다. 우리는 이런 재치 있는 일을 할 수 있습니다.

내가 인간이라는 것이 위대하다고 생각하는 것은, 자기의 발상으로 신이라는 것을 창조하고 있는 것입니다. 그 창조한 신에게 두 손 모아 절을 합니다. 그것으로 지혜를 얻습니다. 그 지혜를 얻어서 자기가 성장합니다. 그 성장한 지혜를 가지고 보다 높은 신을 만듭니다. 그리하여 그보다 높은 신에게 또 두 손 모아 절을 합니다. 그리하여 자기도 성장시킵니다. 이와 같이 하여 점점 내용이 충실한 원만하고 부족함이 없는 신을 우리는 지금 계속 창조하고 있는 것입니다. 그런 것을 할 수 있는 것이 인간입니다. 자유자재로 신을 만들고 있는 것이 인간입니다. 그래서 나는 "인간은 만물의 왕자다." 하는 것을 책에 썼습니다.

『마쓰시타 고노스케 발언집』 제4권 347쪽 10행째

1977년 1월 25일, 교토 경제동우회 신춘임시총회(82세 때)

이와 같이 '신은 인간이 사고에 의하여 창조한 개념이다'라고 하는 생각을 취하면서 그 신의 개념을 활용해서 인생을 풍요롭게 하고자 하는 적용 방법을 나는 학술적으로 '유뇌론 베이스(base)의 스피리추얼 케어'라고 부르고 있습니다.

단, 고노스케 씨 자신은 다른 발언 중에서 '정신적인 우주의 법칙'이나 '신불(神佛) 또는 운명, 천명의 존재'를 대 전제로 삼고 있으므로 소위 말하는 유뇌론자라고 판단할 수는 없습니다. 따라서 이 발언은 결코 신을 부정한다든지, '인간이 신보다 위대하다'라고 주장하고 있는 것도 아니고, '신을 인식하는 것이 그 사람의 인생에 좋은 영향을 주는 것이다'라는 것을 고노스케 씨의 독특한 말주변으로 표현한 것이라고 할 수 있습니다.

또 내가 보기에는 고노스케 씨는 '신은 존재한다'는 것을 '절대적인 진리'로 강요하지 않으려고 항상 주의하고 있었던 것 같습니다. 왜냐하면 예를 들면 다음과 같은 발언 중에 그 마음가짐을 엿볼 수 있기 때문입니다.

신이라는 것이 존재한다는 것도 가설인 것입니다

어쨌든 이 우주의 기본적인 힘, 만물의 근원적인 힘을 우리는 확실히 인식하여 그것을 중심으로 하여 일상생활의 모든 것을 조립해 나가지 않으면 안 됩니다. 우리는 생활, 생활이라고 말하고 있지만 그 기반은 이 힘에 의해서 지탱되고 있으며, 이것에 감사하는 데에서 현실 생활을 과오 없이 진행시켜나가고 있다고 생각합니다.

그런데 어떤 설이든 모두가 가설입니다. 과학의 원리도 일단은 모두가 가설입니다. 일단 정한 설로서 우주의 신비를 설명해 가서 그 시대의 사람들이 납득할 수 있는 동안은 그것이 원리라고 믿는 것입니다. 그러나 그 설이 벽에 부딪쳐 막히게 된다든지, 보다 넓게 사실을 증명할 수 있는 새롭게 발견된 설이 생기면, 이것이 전의 설을 대신해서 원리가 되는 것입니다.

신이 존재한다는 것도 가설입니다. 실제는 알 수 없습니다. 왜 가설이 필요한가 하면 인간의 번영생활에 도움이 되는 것, 필요한 것은 가설로서 인정하면 되는 것입니다. 그것을 믿음으로써 번영을 가져올 수 있다면 가설이라도 아무 상관없다고 생각합니다. 이때까지의 불교의 설법도 가설입니다. 그러나 거기서부터 인간의 현실의 생활이 번영하게 됩니다. 반대로 번영이 파괴된다면 그것을 버리고 새로운 근거를 찾지 않으면 안 됩니다. 그렇게 해서 찾은 새로운 가설로 인간 생활이 번영한다면 그것으로 족한 것입니다. 즉, 번영을 가져오는 것이 진리라고 생각해도 좋다고 생각합니다.

『마쓰시타 고노스케 발언집』 제37권 266쪽 8행째

1950년 5월, 'PHP어록 29'(55세 때)

이와 같이 '인간의 번영생활에 도움이 되는 것, 필요한 것은 가설로서 인정하면 됩니다. 그것을 믿는 것으로 번영을 가져올 수 있다면 가설이라도 아무 상관없다고 생각합니다'라고 하는 고노스케 씨의 주장은 내가 『사는 보람론』에서 채용해온 '사상(思想)에서 사고(思考)에의 전환'이라는 논법과 크게 상통하는 점이 있습니다.

여기서 잠깐 나의 『사는 보람론』을 알지 못하는 여러분들을 위해서 해설하자면, 나의 『사는 보람론』이 주장하는 '과학적 스피리추얼 케어'의 본질은 '사상에서 사고에의 전환'이라는 것에 집약됩니다. 이념으로서의 우열을 묻는 배타적 의론에 빠지기 쉬운 '사상(ideology)'이 아니고 인생을 전향적으로 살기 위한 도구로서의 유연성이 풍부한 '사고법(thinking)'이 본질인 점을 강조하고, 각자가 '보다 사용하기 쉬운 도구'가 되도록 자기에게 맞추어 가공하면서 적시에 적절하게 활용하면 좋다고 생각합니다. 즉 『사는 보람론』은 '따르는 것'이 아니고 '활용'하는 것이며 그런 의미에서 '종교'와 구별된다고 말할 수 있습니다.

그리고 이 활용해야 할 '사고'를 나는 '브레이크스루(breakthrough) 사고'라고 부르고 있습니다. 브레이크스루 사고란 '모든 사물에는 의미와 가치가 있으며 표면적으로는 실패, 좌절, 불행과 같이 보이는 것도 모두가 자기의 성장을 위해서 준비되어 있는 순조로운 시련이다'라고 하는 신념을 가짐으로써, 그 시련에 과감하게 도전하는 것만으로 그것을 극복한 것과 같은 가치가 있다고 하는 긍지를 가지며 인생의 시련을 적극적으로 극복하고자 하는 사고법입니다.

그와 같은 '브레이크스루 사고'를 유발시키기 위해서 내가 추진하고 있는 '스피리추얼 케어'에는 다음 두 가지 타입이 있습니다.

1. '트랜스퍼스널 이론 베이스' 타입

트랜스퍼스널(transpersonal)이 '개인을 넘어선'이란 의미의 말이며, '개인의 뇌를 넘어서 의식이 확대된 상태'나 의식이 뇌의 외부 환경(예를 들면 우주)과 연결된 상태를 표현하고 싶을 때 사용됩니다. 따라서 트랜스퍼스널 이론 베이스의 스피리추얼 케어란 '인간의 정체는 뇌(또는 뇌 의식)가 아니고 뇌의 외부에 존재 가능한 무엇인가(예를 들면 영혼)이다'라고 하는 인간관에 근거한 스피리추얼 케어를 말합니다.

2. '유뇌론 베이스' 타입

유뇌론이란 것은 '인간의 정체는 뇌(또는 뇌 의식)이다'라는 인간관에 근거하고 있으며, 트랜스퍼스널한 개념은 부정하는 사고방식입니다. 따라서 이단(異端)적인 예외를 제외한 일반적인 유뇌론에서는 의식이 뇌를 넘어서 외부(예를 들면 우주나 다른 사람의 뇌)와 연결된다든지 뇌를 넘어선 의식체(예를 들면 영혼)가 존재한다는 등의 트랜스퍼스널한 인간관은 인정하지 않습니다. 유뇌론의 관점에서 보면 유뇌론적 인간관에 합치하는 것만이 과학이기 때문에 크란스퍼스널한 인간관에 대해서는 '비과학적인 환상에 지나지 않는다', 또는 '과학의 이름에 부합하지 않는다'라고 간주합니다.

이와 같이 써보면 유뇌론적인 인간관은 나의 『사는 보람론』과는 근본적으로 다른 서로 용납되지 않는 것 같이 생각되지만 실은 놀랍게도 내 저서의 독자 중에는 유뇌론자를 자인하는 사람들이 적지 않습니다. 실제로 '나는 유뇌론자이지만 당신의 저서에 관해서는 공감하고 활용하고 있습니다'라고 말하는 편지가 내 연구실에 많이 옵니다. 그런 편지를 분석해보면 다음과 같은 사고법의 존재가 명확히 들어납니다.

> '유뇌론 베이스' 타입의 기본 이념
>
> '스피리추얼한 개념은 뇌의 창조물에 지나지 않는다'라고 가정해도 '인간의 뇌가 스피리추얼한 개념을 창조하고 그 활용에 의해서 자기 스스로를 안락하게 하고 고무격려(鼓舞激勵)하고 사랑을 실천하여 존재 가치를 높이고자 한다'라고 하는 현상(現象)의 존재는 분명한 사실이며 부정할 수가 없습니다. 그리고 그와 같은 현상이야말로 바로 '신이나 불의 자애(慈愛)'로 부르기에 어울리는 사실인 것도 또한 확실합니다.
>
> 따라서 신이나 불로 불리는 기능은 뇌의 내부에 '스스로의 존재 가치를 높여주는 존재'로서 분명히 실존하고 있는 것이 되어, 뇌에는 유전자의 소행으로서 스피리추얼한 개념의 창조 기능이 구비되어 있음을 알 수 있습니다. 일반적으로 그 기능의 작용이 강한 인간을 '신앙심이 강한 사람'이라고 부르고 약한 인간을 '신앙심이 부족한 사람'이라고 부릅니다. 혹은 종교의 영향을 받은 경우는 뇌는 그 기능을 '신'이나 '불'이라고 자칭하며, 종교의 영향을 받지 않는 경우에는 뇌는 그 기능을 '도덕심', '양심' 등으로 이름을 붙입니다.

이와 같이 이해하면 유뇌론으로 해석을 해도 '뇌 기능의 창조물로서의 스피리추얼한 개념'은 뇌의 내부에 분명히 실존하고 있는 것이 됩니다. 그렇다면 '뇌라는 것은 그렇게 훌륭한 사는 보람의 창조 기능을 구비한 정말로 고마운 장치다'라고 크게 기뻐하고 우주에 대해서 솔직하게 감사하면 되는 것이 아닌지요.

따라서 '나는 유뇌론자이기는 하지만 뇌가 창조해준 최고의 혜택으로서 스피리추얼한 개념을 이성적으로 믿으며 살아가고 싶다'라고 하여 뇌의 훌륭한 기능을 크게 활용해야 할 것입니다.

이와 같은 사고방식의 존재를 알았을 때 나는 대단히 놀랐습니다. 왜냐하면 이 '유뇌론 베이스의 스피리추얼 케어'는 나의 『사는 보람론』의 본질을 완전히 파악하고 있으며 "진리가 어떤 것이 되든 자기의 인생을 보다 가치 있는 것으로 만들고자 하는 의지를 가지고 살아가자."고 소리 높여 호소하고 있기 때문입니다. 비록 스피리추얼한 개념의 실재(實在)를 마음속으로부터 믿지 못하더라도 스피리추얼한 개념의 존재를 '가정(假定)'하면서 전향적으로 살아가고자 하는 자세…, 그 사고 방법은 결과적으로 '과학적 근거와 같은 것을 구하지 않고 무심으로 신앙한다'라고 하는 깊은 신앙심과도 일치하고 있는 것입니다.

얼마나 심원한 의미를 내포하고 있는 기적적인 현상이겠습니까…. 언어상으로는 서로 양립될 수 없는 것 같은 두 가지의 인간관, 즉 종교와 '유뇌론'이 『사는 보람론』을 매개로 하여 서로가 '과학적 근거의 얽매임에서 해방된 삶' 으로서 훌륭히 연결된 것입니다.

예를 들면 '신(神)이나 불(佛)'의 개념에 관해서도 나의 『사는 보람론』에 있어서는 '신이나 불은 실재하고 있는가' 라는 진리의 검토보다도 '신이나 불(이라는 말로 상징되는 사고방식)을 믿으며(활용하면서) 매우 전향적으로 살아가고 싶다' 라고 하는 선택적 결단(합리적 신앙심)의 환기(喚起)를 중요시하고 있습니다.

따라서 '특정 종교에 대해서 강한 신앙심을 가지는 사람' 도 '종교를 부정하지만 합리적 판단으로서 신불(神佛)의 개념을 활용하면서 살아가는 사람' 도 '진리의 진위(眞僞)를 추구하는 과학적 사고의 수렁에서 해방된다' 는 의미에서 같이 '잃는 일이 없을 진정한 행복' 의 경지에 도달할 수가 있습니다.

그 다음에 나는 스피리추얼 케어의 기본 방침을 다음과 같이 정하고 있습니다.

> 스피리추얼 케어의 기본 방침이란 인생의 모든 사실과 현상에 의미나 가치를 발견할 수 있을 적절한 사고법이나 유익한 정보를 효과적으로 전함으로써 상대가 스스로 '마음의 자기 치유력' 을 높여나가도록 인도하는 것입니다.

바꾸어 말하자면 '어쩌면 우주에는 인간을 진정한 행복으로 인도할 수 있는 심원한 구조나 법칙이 있을지도 모른다' 는 희망이나, '적어도 최소한 그렇게 가정하면서 살아가는 것이 바람직하지 않겠는가'라는 합리적인 판단에 도달하도록 자문자답해주는 것이 스피리추얼 케어의 기본 방침이라고 말할 수 있을 것입니다.

흥미로운 것은 『사는 보람론』의 수업을 받은 대학생들이 쓴 리포트를 분석해 보면 다음과 같은 '사고형'과 '진리형'으로 나눠져 있는 것을 알 수 있었습니다.

[사고형]

『사는 보람론』의 내용 그 자체에는 반신반의하면서도 그와 같은 인생관으로 살아가는 것의 의의나 가치는 합리적으로 인정하여 '유효한 사고방식으로서 활용해보고 싶다'라고 판단하는 타입을 말합니다. 이와 같은 학생들도 더 나아가서 전술한 바와 같은 '트랜스퍼스널 이론 베이스'의 타입과 '유뇌론 베이스'의 타입으로 나눠져 있었습니다.

[진리형]

『사는 보람론』의 내용을 '우주의 진리'로 받아들인 다음 인생의 자기 이해를 깊게 하고 '우주의 진리에 따라 전향적으로 살아가는 것이 올바른 삶이다'라고 자기 자신에게 타이르는 것을 좋아하는 타입을 말합니다. 이와 같은 학생들은 "자기가 찾고 있던 진리를 겨우 만날 수 있었다!"고 감격하여 기쁨에 넘친 문장을 쓰는 것이 특징입니다.

단 '스피리추얼 케어'는 종교가 아니고 교조(教祖)도 존재하지 않기 때문에 그 기쁨이 '매력적인 교조에 대한 충성'이란 형태로 영속(永續)되는 것은 아닙니다. 한 때는 열정이 식기도 하고 또 무엇인가의 시련에 직면하여 이에 대한 기억을 되살리기도 하면서 어느 정도의 시간을 두고 마음속 깊이 침투해 가는 것이 아닌가 생각합니다.

이와 같이 학생들의 리포트에서는 각자가 자기의 성격이나 가치관에 적합한 활동 방법을 잘 선택하고 있다는 실태가 떠올랐습니다. 이 사실은 대상자의 특성에 맞는 스피리추얼 케어가 필요함을 강조함과 동시에 전달방식을 잘 연구하면 종교와는 다른 인류 구제의 방법으로서 스피리추얼 케어를 많은 사람들이 받아들일 수 있는 가능성을 나타내고 있습니다.

아마도 고노스케 씨도 아직 '스피리추얼 케어'라는 용어가 활용되지 않았던 시대에 이와 같은 문제의식을 품고 '제3의 종교 또는 이념'이라는 것을 모색하셨다고 생각됩니다. 그리하여 그와 같은 고노스케 씨의 시도는 다음과 같은 '새로운 인생관'으로서 결실을 맺었습니다.

진정, 인간은 숭고하며 위대한 존재다

새로운 인간관의 제창

우주에 존재하는 모든 것은 항상 생성(生成)하고 끊임없이 발전한다. 만물은 날마다 새로운 것이며 생성발전은 자연의 이법(理法)이다.

인간에게는 이 우주의 움직임에 순응하면서 만물을 지배하는 힘이 그 본성으로서 주어져 있다. 인간은 끊임없이 생성 발전하는 우주에 군림하여 우주 속에 잠재하고 있는 위대한 힘을 개발하고 만물에게 주어진 각각의 본질을 찾으면서 이것을 살리고 활용함으로써 물심일여(物心一如)의 진정한 번영을 낳게 할 수가 있는 것이다.

이러한 인간의 특성은 자연의 이법에 의하여 주어진 천명(天命)이다. 이 천명이 주어져 있기 때문에 인간은 만물의 왕자가 되고 그 지배자가 된다. 즉 인간은 이 천명에 근거하여 선악을 판단하고 시비를 가리고 일체의 사물의 존재 이유를 명확히 한다. 그리고 아무것도 그러한 인간의 판정을 부정할 수 없다. 진정, 인간은 숭고하고 위대한 존재다.

이 뛰어난 특성이 주어진 인간도 개개의 현실 모습을 보면 반드시 공정하고 힘이 센 존재하고 할 수는 없다. 인간은 항상 번영을 추구하면서도 때때로 빈곤에 빠지고 평화를 바라면서도 어느덧 분쟁에 몰입하고, 행복을 얻고자 하면서 도리어 종종 불행에 빠지곤 한다.

그러한 인간의 현실적인 모습이야말로 스스로에게 주어진 천명을 깨닫지 못하고 개개의 이해득실이나 지혜 재각(才覺)에만 사로잡혀서 걸어가고 있는 결과 외에 아무 것도 아니다.

즉 인간의 위대함은 개개의 지혜나 개개의 힘으로는 충분히 발휘할 수는 없다. 동서고금의 선철제성(先哲諸聖)을 비롯하여 많은 사람들의 지혜가 자유롭게 아무런 방해도 받지 않고 높여지고 융합될 때 그때그때의 종합된 지혜는 중지(衆智)가 되어 천명을 살리는 것이다. 바로 중지야 말로 자연의 이법을 널리 공동생활에 구현시켜 인간의 천명을 발휘시키는 최대의 힘이다.

진정, 인간은 숭고하고 위대한 존재다. 우리 서로가 이 인간의 위대함을 깨닫고 그 천명을 자각하여 중지를 높이면서 생성 발전의 대업을 경영하지 않으면 안 된다.

장구(長久)한 인간의 사명은 이 천명을 자각하고 실천하는데 있다. 이 사명의 의의를 밝히고 그 달성을 성취하기 위하여 여기에서 새로운 인간관을 제창하는 바이다.

『마쓰시타 고노스케 발언집』 제38권 230쪽 1행째

1972년 5월, 마쓰시타 고노스케(77세 때)

이와 같은 새로운 인간관의 목적은 '진정, 인간은 숭고하고 위대한 존재다' 라고 단언함으로써 우리들의 용기를 북돋아주고 그렇게 하여 '중지'를 높이면서 생성 발전의 대업을 경영하지 않으면 안 된다' 라고 우리 인간의 사명에 대한 자각을 촉구하여 고무격려(鼓舞激勵)하는 데 있다고 봅니다. 여기서 고노스케 씨는 더 나아가서 '새로운 인간도(人間道)'를 제창함으로써 보다 구체적인 실천 방법을 다음과 같이 해설하고 있습니다.

예(禮)의 정신에 입각하여 중지를 살리면서 모든 것을 용인하고 적절한 처우를 해나간다

새로운 인간도의 제창

인간에게는 만물의 왕자로서 위대한 천명이 있다. 그러한 천명의 자각 위에 서서 일체의 것을 지배 활용하여 보다 좋은 공동생활을 만들어내는 길이 즉 인간도다.

인간도는 인간을 진정한 인간답게 하고 만물을 진정한 만물답게 하는 길이다. 그것은 인간과 만물을 일체 있는 그대로 인정하고 용인하는 데서 출발한다. 즉 사람이나 사물이나 삼라만상(森羅萬象) 모든 것은 자연의 섭리에 의하여 존재하는 것이며, 한 사람이나 한 사물이라도 이것을 부인하고 배제해서는 안 된다. 여기에 인간도의 근본이 있다.

있는 그대로의 용인 위에 서서 모든 것을 하늘에서 주어진 사명과 특성을 확인하면서 자연의 이법에 따라 적절한 조치나 처우를 하여 모든 것을 살려나가는 데에 인간도의 본의(本義)가 있다. 이러한 조치나 처우를 과오 없이 진행시켜 나가는 일이야말로 왕자인 인간 공통의 귀중한 책무다.

이러한 인간도는 풍요로운 예의 정신과 중지에 근본을 둠으로써 비로소 원활하게 보다 올바르게 실현된다. 즉 항상 예의 정신에 뿌리를 두고 중지를 살리며 일체를 용인하고 적절한 처우를 하는 데서 만인만물의 공존공영의 모습이 공동생활의 각 방면에 자연히 생겨나는 것이다.

정치, 경제, 교육, 문화, 기타 물심양면에 걸친 인간의 여러 가지 활동은 모두 이 인간도에 근본을 두고 힘차게 실천해 나가지 않으면 안 된다. 거기에서 모든 것이 그때에 따라 바른 자리를 잡고 모든 것이 조화 속에서 살아나며 공동생활 전체의 발전과 향상이 날로 새롭게 창조되는 것이다.

바로 인간도야말로 인간의 위대한 천명을 여실히 발휘시키는 대도(大道)다. 이것이 새로운 인간도를 제창하는 이유인 것이다.

『마쓰시타 고노스케 발언집』 제38권 320쪽 1행째

1975년 1월, 마쓰시타 고노스케(80세 때)

이 '새로운 인간관', '새로운 인간도'에 관해서는 이미 훌륭한 책(이 책의 「끝으로」 참조)들이 여러 가지 출판되고 있기 때문에 여기서는 어중간한 보충이나 논평은 가하지 않고 있는 그대로를 소개하는 것으로 끝내겠습니다. 아무쪼록 독자 여러분이 제각기 자기 나름대로 고노스케 씨의 의지를 미루어 헤아려주시기 바랍니다.

단, 고노스케 씨의 인간관, 인간도를 이해하는데 도움이 되는 알기 쉬운 사례를 곁들인 발언을 한 가지 소개해 두겠습니다.

인간은 신(神) 정도는 아니지만
역시 그런 자애(慈愛)의 마음을 가지고 있다

신이 있느냐 없느냐에 대해서는 견해가 여러 가지 있습니다만 우리가 속된 말로 신이라고 말하고 있는 것은 결국 일체의 사물에 대해서 대단한 자애의 마음을 가지고 있다고 생각합니다. 그런 중에 신의 존귀함이 있다고 봅니다. 만약 신이 인간을 약하니까 저 사람을 괴롭히자고 생각하여 고통을 주고 아무렇게나 다룬다면 신의 가치가 없다고 생각합니다. 약한 자든 강한 자든, 악인이든 선인이든 같이 어떻게든 더 좋게 도와주겠다는 자애의 마음을 가지고 있는 중에 신으로서의 진정한 가치나 존귀함이 있다고 나는 생각합니다.

우리들 인간은 신만큼은 아니지만 역시 그런 자애의 마음을 가지고 강한 자에게 겁을 낸다든지, 약한 자를 업신여긴다든지 하지 않고 모두가 평등한 생각을 가지고 봉사해 갑니다, 그리하여 서로가 잘 되게끔 노력합니다, 이런 곳에 인간의 우수성이 있으며 또 그렇게만 한다면 전쟁을 해도 좋은지 나쁜지 저절로 알 수 있게 된다고 생각합니다.

또 그렇게 된다면 자기라는 것을 항상 반성하기 때문에 자기의 가치 판단도 할 수 있게 됩니다. 자기가 어느 정도의 사람인지를 알 수 있게 됩니다. 그렇게 되면 자만해지지도 않게 됩니다. 또 자기가 다소 부족하더라도 비관하지 않습니다. 부족하면 좀 더 노력해서 조금이라도 더 좋아져서 모두가 기뻐하도록 돼야 하겠다고 생각합니다. 부모나 형제나 선배도 기뻐하도록 자기가 노력하므로 선배로부터도 부모로부터도 '착한 아이다. 좋은 아이다'라고 마음속으로부터 기뻐해주시게 됩니다. 그리하여 그 사람에게는 여러 가지 의미에서 세상에서 많은 도움과 지도가 이루어지게 된다고 생각합니다.

마쓰시타전기도 나는 그렇다고 생각합니다. 지금 2만 몇 천 명이나 되는 사람들이 있습니다만, 이 사람들이 모두 마음을 합쳐서 봉사를 하겠다는 생각을 가진다면 "마쓰시타전기의 사람들은 훌륭한 사람들이니까 같은 값이면 마쓰시타전기를 편들어주자, 마쓰시타전기를 도와주자."고 하여 많은 사람들이 우리에게 접촉해

올 것입니다. 이것이 마쓰시타의 번영의 모습이 되는 것입니다.

그렇기 때문에 여러분들이 앞으로 몇 년 동안 여러 가지로 연구해서 그 결과 기술은 기술로서 높여가지 않으면 안 됩니다. 지식도 마찬가지입니다. 그와 같이 열심히 하지 않으면 안 되겠지만 동시에 그렇게 배운 지식이나 학문이라는 것을 훌륭하게 이 세상을 위해서, 많은 사람들을 위해서 능숙하게 사용해가는 정신 그 자체를 양성하지 않으면 안 됩니다. 이점을 여러분에게 나는 특별히 부탁드리겠습니다.

『마쓰시타 고노스케 발언집』 제32권 195쪽 9행째
1960년 9월 1일, 마쓰시타전기 사장 강화회(65세 때)

이와 같이 '약한 자나 강한 자나, 악인이나 선인도 같이 어떻게든 더 잘 도와주고 싶다는 자애심을 가지고 있는 데에 신으로서의 진정한 가치나 존귀함이 있다는 것입니다. 우리 인간은 신 정도는 아니지만 역시 그런 자애의 마음을 가지고 강한 자를 겁낸다든지 약한 자를 깔보지 않고 모두 평등한 생각을 가지고 봉사하자' 고 호소하고, '배운 지식이나 학문이라는 것을 훌륭하게 이 세상 사람들을 위해서 능숙하게 사용해가는 정신 그 자체를 양성하지 않으면 안 됩니다. 이 점을 여러분에게 나는 특별히 부탁드리겠습니다'라고 사원들을 향해서 간절히 간원(懇願)하는 고노스케 씨.

사회에 봉사한다는 생각으로 경영해간다면 '마쓰시타전기의 사람들은 훌륭한 사람들이니까 같은 값이면 마쓰시타전기를 편들어주자. 마쓰시타전기를 도와주자'고 많은 사람들이 우리에게 접촉해 오게 되어 그것이 마쓰시타전기의 번영 모습이 된다고 역설하는 그분이야말로 바로 세상에서 '경영의 신'이라고 불리는 이유일 것입니다. 현재는 말로서 이런 종류의 경영 이념을 내거는 회사가 일반적이 되었습니다만, 그 원류를 거슬러 올라가면 그 하나가 바로 고노스케 씨의 이 말에 도달하게 됩니다.

여기서 또 한 가지 고노스케 씨가 '도(道)'라는 말을 사용해서 삶의 방법을 설명한 중요한 발언을 소개하겠습니다.

꼭 해야 할 때에 목숨이 아깝다든가, 그렇게 하면 손해를 본다는 말을 한다면 무사도(武士道)에 어긋난다

말의 내용은 다소 다릅니다만 옛날 일본에는 무사도 정신이라는 것이 있어서 한 때는 이 무사도 정신이 세상을 지배했던 것입니다. 이 무사도 정신에도 여러 가지가 있습니다만 결국 그런 무사도 정신이 가르치는 것은, 역시 해서는 안 될 때는 하지 말아야 한다는 것입니다. 간단한 것입니다.

꼭 해야 할 때에는 하지 않으면 안 된다는 것입니다. 꼭 해야 할 때에 목숨이 아깝다든가 그렇게 하면 손해를 본다는 등의 말을 한다면 무사도에 어긋나는 것입니다. 꼭 해야 할 때는 자기의 이해득실이나 일신상의 문제를 모두 돌보지 않고 꼭 해야 한다는 사명감에 입각해서 하는 것이 무사도입니다.

또 아무리 나의 체면이 손상되더라도 해서는 안 될 때는 안 해야 되는 것입니다. 저 사람은 비겁한 자다는 말을 듣더라도 해서는 안 될 일은 무슨 말을 들어도 안 한다는 것이 무사도 정신입니다.

단순히 이해관계나 체면에 의해서 사물을 결정해서는 안 되는 것입니다. 체면이나 이해득실이라는 것을 초월하여 사물의 진실에 직면해서 일을 처리해야 하는 것입니다. 사물의 진실에 의해서 일을 처리하는 것이니까 어떤 경우에는 세상 여론이 잘못되어 있는 탓으로 여론의 공격을 받게 됩니다. 그 결과 자기의 신분을 망치는 경우도 생깁니다. 그렇다 하더라도 그 진실을 위해서는 내가 해야 한다는 것이 무사도의 정신입니다.

이것으로 인하여 일본이 대단히 큰 인간적 성과를 올렸던 시대가 있었다고 생각합니다. 지금은 시비선악(是非善惡)을 전부 이해득실에 의해서 결정하는 듯한 감이 있습니다. 이것은 인간으로서 대단히 큰 문제라고 생각합니다.

인간이 만약 이해득실만으로 시비선악을 결정한다면 이것은 다른 동물과 크게 다를 바가 없다고 생각합니다. 그러나 인간은 빵에 의해서 움직일 경우도 있지만, 빵에 의해도 움직이지 않는 높고 존귀한 무엇인가를 동시에 가지고 있다는 데에 인간의 존귀함이 있다는 것입니다. 이러한 것을 여러 가지 각도에서 결정한 것이 일본의 무사도 정신이라고 나는 생각합니다.

마쓰시타전기의 경영도 좋은 의미의 무사도 정신의 경영이 되지 않으면 안 된다고 생각합니다. 돈벌이가 되니까 한다든가, 돈벌이가 안 되니까 안 한다는 것만으로 모든 것을 결정해서는 안 됩니다. 돈벌이가 되니까 한다는 경우도 정당한 경우는 그것으로 좋습니다. 그러나 어떤 경우에는 돈벌이가 안 되더라도 하지 않으면 안 될 경우가 있습니다.

『마쓰시타 고노스케 발언집』 제26권 43쪽 14행째
1961년 8월 7일, 마쓰시타전기 회장 강화회(66세 때)

이와 같이 '꼭 해야 할 때는 하지 않으면 안 된다. 해서는 안 될 때는 무슨 말을 들어도 안 한다'라고 하는 무사도 정신을 기업경영 속에 들여온다면, 정말로 이 세상을 위해서 많은 사람들을 위해서 틀림없이 유익할 것이다…. 이와 같은 사명감 또는 미학(美學)이 고노스케 씨가 말하는 '인간도' 즉 '항상 예의 정신에 근거하여 중지를 살리며 일체를 용인하고 적절한 처우를 행한다'라고 하는 철학으로 발전하여, '만인 만물의 공존공영의 모습이 공동생활의 각 면에 저절로 나타난다'라고 하는 이상(理想) 사회의 실현에 공헌할 것입니다.

독자적인 인간관, 인생관, 우주관을 구축하면서 기업경영을 통한 이

상사회의 실현을 지향한 고노스케 씨…. 이 절의 마지막에 그가 '성공'의 의미에 관해서 말한 유명한 말을 소개해 두겠습니다.

성공이란 마음속으로부터 역경을 즐기며 웃을 수 있는 것

'성공'이란 어떤 것인가. 어제 밤에 생각해봤습니다.

종래에는 세간에서 성공이라고 한다면, 예를 들면 사업가가 그 경영하는 사업에 있어서 소기의 목표에 도달하여 만족할만한 상태로 번영해가는 것이라든지, 학자가 연구에 몰두하여 그 결과로 위대한 학설을 발표할 수 있게 된다든지, 그 외에 부자가 된다든지, 이와 비슷한 여러 가지가 있다고 생각합니다. 물론 이것도 성공에 포함되는 것은 틀림없지만, 그것은 일면에 지나지 않고 아직 완전한 성공이라고 말할 수 없다는 생각이 들었습니다. 불우한 지위에 있더라도, 빈곤한 환경에 있더라도, 사람들에게 비방을 받더라도, 마음속으로부터 그 역경을 즐기며 웃을 수 있다는 것을 말하는 것이 아닐까 생각해 봤습니다.

이렇게 생각하면서 나의 현재를 되돌아볼 때, 유감스럽게도 아직 그런 심경에 도달하지 못합니다. 역시 남들처럼 경영에 차질을 초래하면 비관도 하고 조급히 그것을 만회하려고 허덕지덕 안달합니다. 이런 의미에서는 나는 아직 성공한 자라고 말할 수 없습니다.

앞으로는 더 많이 수양하도록 노력하여 어떠한 경우에도 웃고 지낼 수 있는 심경에 도달하고 싶다고 나는 그때 결심했습니다.

여러분도 한 번은 '성공'이라는 것을 생각해본 일이 있겠습니다만, 그 한 가지 시사하는 것으로서 내가 지금 말하는 점을 겸해서 생각해봐주시기 바랍니다. 그리하여 상호간 그러한 성공을 향해서 노력하여 정진해 나갔으면 합니다.

『마쓰시타 고노스케 발언집』 제29권 319쪽 3행째
1945년 11월 17일, 마쓰시타전기사원에의 강화(50세 때)

이 발언을 남긴 당시의 고노스케 씨는 아직 50세의 젊은 나이였으며 46세의 현재의 나와 비교해서 불과 네 살 차이밖에 없습니다. 그와 같은 젊은 시절의 고노스케 씨가 이미 성공의 의미에 관해서 '불우한 지위에 있더라도, 빈곤한 환경에 있더라도, 사람들에게 비방을 받더라도, 마음속으로부터 그 역경을 즐기며 웃을 수 있다는 것을 말하는 것이 아닐까'라고 통찰하고 있었다는 것은, 나에게는 큰 충격으로 받아들여졌습니다.

왜냐하면 얼마 전에 어떤 취재진에게서 '이이다 선생이 생각하는 성공의 의미는 무엇입니까?'라는 질문을 받고 "글쎄요… 어떻게 답을 해야 좋을지 아직 나는 잘 모르겠습니다…."고 한심한 답변을 한 직후였기 때문입니다. 그러나 내 자신은 역경에 불타는 타입이며 언제나 역경을 대단히 즐기고 있기 때문에 고노스케 씨의 정의를 따른다면 충분히 성공하고 있다고 말할 수 있을 것 같습니다.

이와 같이 '마음속으로부터 역경을 즐기고 웃을 수 있는 것이야말로 성공이라는 것이다' 라고 하는 고노스케 씨의 개념의 규정은 파란만장한 입신출세의 인생을 꿋꿋하게 살아온 고노스케 씨이니만큼 설득력 만점이며, 이 글을 읽게 되는 많은 사람들을 앞으로도 구제해나갈 것이 틀림없습니다.

제3절 생성 발전의 사생(死生)관

운명 또는 천명, 그리고 그런 것들로부터 주어지는 천분(天分) 중에 특히 중요한 것 중의 하나가 '죽음'에 관한 것임은 틀림없습니다. 과연 고노스케 씨는 어떤 사생관을 가지고 있었을까요.

인간은 신의 의지에 의하여 살고
신의 의지에 의해서 죽는 것 같습니다

인간의 사생관이란 것은 그런 것 아닌가 생각합니다. 인간의 성질이라는 것도 인간의 의지 이외의 무엇인가에 의해서 결정된다고 봅니다. 제일 먼저 생각하지 않으면 안 되는 것은 역시 신의 의지에 의해서 이 세상에 태어나서 신의 의지에 의해서 이 세상을 떠난다는 사실일 것입니다. 살아 있는 동안에 신의 의지는 한 사람 한 사람에게 한 가지씩의 사명을 주고 있습니다. 그런데 그것을 우리는 알 수가 없습니다. 어림잡아 그것을 헤아려 알아차린다든지, 또는 경험에 의한다든지 또는 경험해 본 사람들의 가르침에 의해서 알아차립니다. 알아차리고 나서는 그 주어진 운명에 가까운 생활을 해 나간다는 것이 가장 행복한 삶이라고 생각합니다.

그런 것을 알아차리면 "나는 어떤 운명으로, 어떠한 신의 뜻에 의해서 여기에 태어났을까? 아마도 이럴 것이다. 그렇다면 나는 그 뜻대로 성실하게 해나가자. 적당한 때가 오면 신이 죽음을 선고해 줄 것이다. 그때까지는 신에 의해서 얻어진 목숨이니만큼 소중하게 하지 않으면 안 되겠다." 이러한 생활태도가 거기에 생겨나는 것 아니겠습니까. 기본적인 사생관만큼은 이렇게 생각하는 것이 좋을듯합니다.

『마쓰시타 고노스케 발언집』 제43권 164쪽 3행째
1961년 11월 7일, PHP연구회(66세 때)

이와 같이 고노스케 씨는 '적당한 때가 오면 신이 즉음을 선고해줄 것이다. 그때까지는 신에 의해서 얻어진 목숨이니만큼 소중하게 하지 않으면 안 되겠다'라고 운명론 중에서 생각함으로써 마음의 안락함을 얻고 있었다고 생각합니다. 단 고노스케 씨가 생각하는 '죽음'이란 단순히 신 곁으로 돌아간다는 것만이 아니고, '생성 발전'이라는 독자적인 용어를 사용하면서 보다 다이나믹한 우주의 구조 속에 짜여져 들어 있습니다. 이러한 해석 방식은 다음 발언으로 명백해 집니다.

매일이 새로운 태어남이다

이것을 다른 말로 표현하면 낡은 것은 멸망하고 새로운 것이 태어난다는 것입니다. 모든 것은 한 순간도 정지하고 있지 않습니다. 끊임없이 움직이고 끊임없이 변화하고 있습니다. 낡은 것은 얼마 안 가서 멸망하고 이것에 대신해서 새로운 것이 잇따라 태어나는 것입니다. 이 모습, 이것이 생성 발전의 모습입니다. 그리하여 만물 모두가 이것에 따라 움직이고 있는 자연의 이법(理法)입니다. 즉 낡은 것이 없어지고 새로운 것이 생겨나는 것은 모두 이 자연의 이법에 따라 영위(營爲)되는 모습이며, 이것은 움직일 수 없는 우주의 섭리(攝理)가 아닐까 생각합니다.

이와 같이 생각하면 살아 있는 것이 죽음에 이르는 것도 실은 생성 발전의 모습이라는 것을 알 수 있는 것입니다. 죽음이라는 것은 멸망을 말합니다. 그러나 그것은 다음의 새로운 생의 새싹을 낳고 있는 것입니다. 계속해서 죽고 계속해서 태어나는 것—이것은 우주의 섭리이며 생성 발전의 모습이라고 생각하는 것입니다.

『마쓰시타 고노스케 발언집』 제37권 28쪽 11행째

1949년 9월, 'PHP어록 20'(54세 때)

이와 같은 사생관에 따라 고노스케 씨는 죽음이 모든 것의 끝이 아니고 우주의 큰 생성 발전의 과정임을 나타냅니다. 고노스케 씨의 사생관은 개개의 인간의 죽음에 초점을 맞추어 일희일우(一喜一憂)하는 것이 아니고, 인간 전체의 생성 발전의 큰 시야에서 이야기하는 것이 특징입니다.

따라서 고노스케 씨는 탄생 때의 죽음이나 뜻밖의 죽음의 의미에 관해서도 큰 시야로 해석하는 것의 효과를 다음과 같이 지적하고 있습니다.

생이 있는 모든 것을 통한 원리를 분명히 자각하고 있지 않으면 안 된다

그러나 초목 전체의 생장의 모습을 보면 날로 새로워지며 매일 매일 다시 태어나고 있어 전체로서는 언제나 생성 발전의 모습을 갖추고 있는 것입니다. 이와 마찬가지로 인간도 개별적으로 본다면 여러 가지 뜻밖의 죽음도 있겠지만, 전체로 본다면 인류는 언제나 날로 새롭게 다시 태어나고 있어 끊임없이 생과 사의 유전(流轉)의 모습을 취하면서 생성 발전하고 있는 것입니다.

따라서 개별적인 경우에는 인정상 견디기 어려운 슬픈 사실이라고 할지라도 그것으로 전체를 추측해서는 안 되는 것입니다. 인류 전체를 통해서 볼 때의 개별적인 죽음이나 더욱 나아가서 생명이 있는 모든 것을 통해서 볼 때의 그 원리를 명확히 자각하고 있지 않으면 안 된다고 생각합니다. 이 원칙을 자각하면 인정상 슬퍼할 수는 있겠지만, 그 슬픔 때문에 마음이 흔들려 인생을 잘못 그르치는 일은 일어나지 않을 것이라고 생각합니다.

『마쓰시타 고노스케 발언집』 제37권 35쪽 12행째
1949년 9월, 'PHP어록 20'(54세 때)

이와 같이 '인정상 견디기 어려운 슬픈 사실이라고 할지라도 그것으로 전체를 추측해서는 안 되는 것'이라는 문제의식에 의해서 고노스케 씨는 죽음이라는 현상을 어디까지나 인간의 생성 발전이라는 큰 시야로 해석하려고 노력합니다. 실제로 자기 인생에서 주위 사람들을 잇달아 잃어간 고노스케 씨에게 있어서 '바로 옆에 있던 사랑하는 사람들의 죽음도 또한 우주의 큰 구조 속의 한 토막 부분이며 필연인 동시에 불가결한 현상이다'라고 생각했던 것이 큰 구제의 역할을 했을 것입니다.

따라서 생전의 고노스케 씨는 죽음 후의 생명 등, 스피리추얼한 개념에 관해서 다음과 같은 개인적인 견해를 분명히 하고 있습니다.

인간이 죽으면 그 생명은 그 후 어떻게 되는가?

불교에서는 개개의 생명은 그 사람이 죽은 후에도 그대로 남아 있어서 그것이 다시 이 세상에 환생되어 태어난다고 하는 것 같은

데, 그것은 이 세상에서의 행위에 따라 다음 내세(來世)의 모습이 좋게도 되고 나쁘게도 된다는 것입니다. 따라서 이 세상에서 올바른 행위를 하라고 하는 한 가지 교화(敎化) 방법으로서 설법된 것이 아닌가 하는 생각이 듭니다. 그러나 이런 설법 방법은 지금 사람들에게는 조금 이해하기 어려운 점이 있지 않을지요.

나는 생명이라는 것은 육체가 없어지는 것으로서, 우주라는 생명체에 귀납(歸納)되는 것인데, 거기서는 더 이상 개성은 없어지는 것이 아닌가 생각합니다. 그렇다면 개개인이라는 것은 그 죽음과 동시에 완전히 아무런 흔적도 없이 사라지는가 하면, 결코 그렇지 않습니다. 개개인이 살아 있을 때의 생각, 행위, 실적이라는 것은 이 세상에 영원히 남습니다.

실제로 지금으로부터 2,000년 전에 돌아가신 석가님의 생각, 행위, 실적이라는 것은 지금도 훌륭히 계속 살아 있습니다. 석가님이 아니더라도 모든 사람의 살아 있을 동안의 발자취, 실적, 생각이라는 것은 현실적인 사실로서 남게 됩니다. 따라서 만약 교화가 목적이라면 '좋든 나쁘든 개개인의 실적으로 남게 되므로 이 세상에서 보다 더 좋게 살도록 노력하세요' 라고 설법하는 것이 어떨는지?

그리고 그와 동시에 개개인의 실적을 후일까지 남겨 전하기 위해서 그 사람이 죽으면 그 사람의 이력서라고 할까 공적서 같은 것을 만들어 그것을 보존하게 하는 것도 한 가지 방법이 아니겠는가 생각합니다.

그것은 그렇다 치고 나는 새로운 생명은 역시 대 우주의 생명체에서 나와 그것이 개개의 육체와 결합하여 새로운 개개의 인간이 태어난다고 생각합니다. 그리하여 그 사람의 사후(死後)는 우주의 생명체로 다시 돌아갑니다. 그것은 예를 들면 같은 철로 만들어진 것이지만 괭이도 있고 칼도 있습니다. 그런데 그것이 쓸모가 없어지면 용광로에 들어가 녹여져서 다시 같은 철이 됩니다. 거기서는 이때까지의 괭이나 칼 같은 구별이 없어지지만, 그 용광로의 철로 다시 다른 괭이나 칼이 새로 만들어집니다.

죽음 후의 생명이 돌아가는 대 우주의 생명체라는 것은 마치 이 용광로와 같은 것으로 생각할 수 있지 않을지? 따라서 죽음 후의 생명에 관해서는 우주의 생명체에 귀납되어 일체(一体)가 되어 개별적으로는 더 이상 존재하지 않는다고 생각하는데 어떨는지?

『마쓰시타 고노스케 발언집』 제43권 336쪽 3행째

1974년 3월 9일, PHP연구회(79세 때)

고노스케 씨는 '혼'이라는 말은 사용하지 않았지만 '사후의 생명'이라는 무엇인가가 존재하는 가능성에 대해서는 부정하지 않고 있습니다. 단 '우주의 생명체에 귀납되어 일체가 됨에 따라 개별적으로는 더 이상 존재하지 않는다'는 표현을 보면, '각각의 의사를 가진 개체적인 존재'로서의 '혼'에 관해서는 최소한 사후의 존재는 인정하지 않습니다.

따라서 고노스케 씨의 생명관, 사생관에 관해서는 '인간에게는 혼이 있고 사후의 생명도 있지만 그것은 개별적인 의사를 가진 혼으로서 존재하는 것이 아니고 우주와 일체화돼서 개성은 살아진다'라고 하는 표현으로 요약할 수 있을 것 같습니다. 고노스케 씨가 '환생'을 지지하고 계셨다는 정보는 없습니다만 만약 지지하셨다고 하더라도 개성을 가진 채로 '전생의 누군가의 환생'이라는 형태가 아니고 일단 우주와 일체화돼서 융합한 후에 전혀 새로운 제로 상태의 혼으로 환생한다고 생각하신 것은 아닌지.

어쨌든 사후의 생명의 존재를 인정하면서 살아간다는 생각에 대해서는 나는 '사후생(死後生) 가설'이라고 이름 붙여 다음과 같은 사고방식을 제시하고 있습니다.

> 인간은 트랜스퍼스널한(물질로서의 자기 자신을 넘어선 정신적인) 존재이며, 그런 의미에서 '자기라는 의식(혼)'은 육체적인 죽음을 넘어서 영원한 존재다.

이와 같은 가설에 서게 되면, 신시대의 '죽음'의 정의란 '죽는다는 것은 육체를 떠나서 산다는 것이다'라고 하는 것으로 변해갈 것입니다.

또 사후생 가설은 경영학적인 '절대 우위(優位)의 전략'(어떤 시나리오가 되더라도 내가 승리를 취할 수 있는 방법)으로서 합리적으로 설명할 수가 있습니다.

사생후 가설을 인정하지 않는 경우는 비록 자기 설이 옳다 하더라도 죽음 후에는 의식이 없기 때문에 자기의 올바름을 맛볼 수가 없으며, 만약 죽음 후에 의식이 있는 경우에는 자기의 잘못을 통감하게 됩니다. 따라서 '어느 쪽이든 자기에게 바람직한 결과는 얻을 수 없다는 것이 확실하다'라고 하는 공허감, 패배감 속에서 살지 않으면 안 될 가능성이 있습니다.

한편으로 사후생 가설을 인정한다면 자기 설이 옳다고 할 때는 죽음 후에도 의식이 있기 때문에 자기의 올바름을 맛볼 수가 있는 한편, 비록 자기가 틀렸다 하더라도 자기의 의식이 존재하지 않기 때문에 결코 자기의 잘못을 알 수는 없습니다. 따라서 '어떻게 되든 자기에게 바람직한 결과가 얻어지는 것이 확실하다'라고 하는 안심감, 승리감 속에서 살아갈 수 있습니다.

그렇다면 생전의 고노스케 씨는 어디까지 진정으로 스피리추얼한 세계의 존재나 사후의 생명(혼)의 존재를 믿고 있었을까? 나의 추측으로는 마음속으로부터 확신하고 있었다기보다는 전술한 바와 같은 합리적 사고에 근거하여 '스피리추얼한 개념을 활용하면서 살아간다는 것을 선택했다'라고 하는 것이 사실이 아닌가 생각합니다.

왜냐하면 들리는 바에 의하면, 생전의 고노스케 씨 가까이에 있던 많은 사람들이 현재도 스피리추얼한 개념을 믿지 않고 있으며, 나의 『사는 보람론』에도 흥미를 나타내지 않고 있다고 듣고 있기 때문입니다. 만약 생전의 고노스케 씨가 스피리추얼한 개념을 굳게 믿고 있었다든지, 스스로 스피리추얼한 체험을 했다면 당연히 가까이에 있던 사람들에게도 그 스피리추얼한 가치관이나 삶의 방식이나 체험이 틀림없이 올바르게 전파(傳播)되었을 것입니다. 그러나 현실이 그렇지 않다고 한다면 최소한 가까이에 있던 사람들이 볼 때 고노스케 씨가 스피리추얼한 개념을 마음속으로부터 굳게 믿고 있었다든지 현실적으로 스피리추얼한 체험을 해서 주위에 전했다고는 볼 수 없습니다.

단 혹시나 '이 사람들에게는 어차피 내 체험을 이야기해도 믿어주지 않을 것이다'라고 판단한다든지, '오컬트(occult) 경영자'로 불리게 되어 회사에 폐를 끼치는 것을 피하기 위해서 스피리추얼한 실 체험에 관해서는 절대로 말하지 않았을지도 모르겠습니다만…. (일찍이 나도 신용을 잃게 되는 것을 겁내어 나의 스피리추얼한 실 체험에 대해서 오랜 동안 가족이나 친구들에게도 숨기고 있던 시기가 있었으므로 그 기분은 잘 알고 있습니다.)

어쨌든 '신(神)도 가설이다'라고 말하는 등 합리적 사고를 할 수 있는 고노스케 씨이니만큼 전술한 바와 같이 '인정하는 경우와 인정하지 않는 경우 중 어느 쪽이 더 유리할까?'라는 관점에서 '신(神), 불(佛)'이나 '사후의 생명'과 같은 스피리추얼한 개념을 '활용'하고 있었다는 것일는지 모르겠습니다. 실리학적으로 분석한다면 유소년기의 고노스케 씨가 자기의 어려운 환경을 '운명론'을 사용해서 자기 자신을 납득시킨 체험이 '유용한 가치관을 선택해서 활용한다'라고 하는 삶의 방식에 연결되어간 가능성을 대단히 높다고 생각됩니다. 그것은 그것으로 스피리추얼 케어의 한 가지 스타일, 즉 '유뇌론 베이스의 사고형(思考型)의 스피리추얼 케어'

로서 나는 대단히 바람직한 일이었다고 생각합니다.

(적어도 내가 8월 20일 아침에 대화를 나누고 그 후도 이 책의 집필에 관해서 지도나 격려를 해주신 '고노스케 씨의 혼'은 생전의 기억을 가지고 있는 개별의 의식으로서 분명히 존재하고 있으므로, 죽음 후의 고노스케 씨가 개성을 가지고 있는 하나의 혼으로서 죽음 후의 생명을 스스로 실체험하고 계시는 것은 틀림없습니다. 고노스케 씨의 혼은 지금 현재도 분명히 존재하여 우리를 지켜보고 계십니다.)

에필로그—하지 않으면 안 된다는 사명감

『마쓰시타 고노스케 발언집』(전 45권, 총계 15,000쪽 이상이 되는 대저서)을 다 읽고 나서 지금 내 마음 속에는 63세이던 고노스케 씨가 신입사원들에게 한 다음 말이 빛나고 있습니다.

> 여러분이 마쓰시타전기에 입사해 온 것은 여러분의 희망에 의해서만 이루어진 것이 아닙니다. 여러분의 방침, 희망에 근원을 두고는 있습니다만 그러나 그것을 결정하는 데에는 여러분의 힘 이상의 것이 거기에 있었습니다. 그 힘의 작용이라고 할까 그런 것에 의해서 양자가 결합됐다는 것을 나는 여기서 분명하게 생각해보고 싶습니다.
>
> 따라서 금후 이 결합된 서로의 관계라는 것은 서로의 단순한 개인적 의식만으로는 끊을 수 없다는 것을 동시에 생각할 수가 있습니다. 그만큼 양자가 결합한 사실이라는 것은 강력한 것입니다. 그렇게 생각해 본다면 금후 여러분이 회사에서 일을 할 때, 그리고 또

회사가 여러분을 거느리고 활동해나가는데 있어서는 강력한 무엇인가가 생겨나리라고 생각하는 것입니다.

단순한 개인적인 의식이 아닙니다. 단순한 개인적인 의식에 의해서 모든 것이 결정된다는 것은 달리 표현하자면 정말 믿음직스럽지 못한 일이라는 말이 됩니다. 그것은 오합지중(烏合之衆)의 집단에 지나지 않다는 말이 될 것 같습니다. 서로의 강한 희망과 의지에 의해서 결합되기는 했지만, 그것뿐만이 아닌 보다 큰 것이 거기에 작용하고 있었다고 하는 생각을 분명히 가진다면 금후의 양자의 관계나 또는 일하는 과정에서 일어나는 여러 가지 곤란한 문제도 비교적 그런 것을 고통으로 생각하지 않고 극복할 수 있지 않을까 생각합니다. (중략)

'나는 회사를 선택하고 직종을 선택함에 있어서 여러 가지 생각해봤다. 생각해 본 결과 이렇게 결심한 것이다. 이렇게 결심한 것이 혹은 불행한 일이었을지도 모르겠다. 혹은 행복한 일이었을지도 모르지만 일단 결심한 이상 이점을 단호히 밀고 나가서 거기에서 광명을 찾아나가겠다. 만약 거기에 암흑이 있다면 그 암흑을 광명으로 바꾸어 나가자'라고 하는 열의와 성의가 있지 않으면 안 된다고 나는 생각합니다.

그런 생각을 여러분이 가지고 나간다면 마쓰시타전기는 여러분들의 안주(安住)의 땅이 되고 광명의 땅이 될 것이라고 생각합니다. 그렇지 않고 단순한 재능이나 단순한 학식을 가지고 광명을 찾아간다는 것은 나는 있을 수 없다고 생각합니다.

『마쓰시타 고노스케 발언집』 제32권 68쪽 4행째

1958년 4월 4일, 마쓰시타전기입사식(63세 때)

회사와 사원 쌍방이 가지는 운명에 의해서 서로가 결합되는 것, 이것이 취직한다는 것이라고 고노스케 씨는 입사식에서 설명하고 있습니다. 그리고 운명으로 결합되고 제각각의 천분을 살리기 위해서 모인 신입사원들에 대해서 훌륭한 말을 선물하고 있습니다. 고노스케 씨의 말 중에서도 특필할 명언의 하나가, 이 입사식에서 말한 "거기에 암흑이 있다면 그 암흑을 광명으로 바꾸어 나가자."고 하는 부르짖음입니다.

경영자의 사명이 사원에게 희망을 계속 주는 것이라면 이것만큼 용기를 북돋워줄 말이 어디 따로 있겠습니까? 바로 이것이야말로 바로 사람의 마음을 사로잡는 명인이었던 고노스케 씨의 면목이 여실히 들어나는 대목입니다.

또 이 책에서 해득한 고노스케 씨의 이념은 내가 『사는 보람론』에서 사용하는 말로 바꾸어 쓰자면 '연결감의 구축'이라는 개념으로 표현할 수 있을 것 같습니다. 예를 들면 무심코 듣고 흘려버릴 다음 말 중에도 '연결감'의 중요성이 확실히 나타나 있음을 알 수 있을는지요.

발전하고 있는 점포라는 것은 그 집의 주인공을 중심으로 하여 열 명이면 열 명의 점원이 모두가 장사에 강한 관심을 가지고 그리고 유쾌하게 일을 하고 있을 때 대단한 발전이 생겨난다고 생각합니다. 그런데 그렇지 않고 다소의 불평불만이 있다 하여 그것을 강하게 발언하고 또 그것을 태도로 나타내는 곳은 이상하게도 쇠퇴해 갑니다. 이것은 주인공의 지도가 적절하지 못할 수도 있고, 혹은 점원들의 자제(自制)력이 부족하다든지 여러 가지가 있을 수 있겠습니다만 결론적으로는 전체가 잘 융화하고 일에 흥미를 가지고 경영을 하고 있는 점포는 힘차게 번영하고 있습니다.

이런 것을 생각해 본다면 사업이 아무리 커지더라도 이치는 같다고 생각합니다. 마쓰시타가 금후 더 크게 되더라도 지금 말씀드린 대로 홋카이도(北海道)에 있는 사람의 노고가 큐슈(九州)에 있는 사람의 가슴에 와 닿고, 서로가 거기에 마음과 마음을 통하게 하는 그런 상태로 마쓰시타전기 전 부서가 돼 있지 않으면 안 됩니다. 그렇게만 된다면 이상적인 성과가 나타나며 사회를 위해서도 좋고 대중을 위해서도 좋은 활동을 생산인으로서 할 수 있을 것으로 생각합니다.

왜냐하면 그런 사고방식을 통해서 여러 가지 창의적인 연구가 이루어지기 때문입니다. 일에 대단한 흥미를 가지고 이것을 하나의 사명으로 또 천직으로 생각하고 여기에 정열을 쏟아 해나가는 모습에서 여러 가지 창의적인 연구라는 것이 생겨나는 것입니다. 소위 말하는 발명이 생겨나는 것입니다. 제품상에 발명이 생겨나는 것뿐만이 아니고, 판매상으로도 발명이 생겨나는 것입니다. 전화 한 통화 거는 데도 발명이 생겨나는 것입니다.

한번 전화기를 들고 고객에게 전화를 걸면 상대방은 왠지 모르게 그 열의에 마음이 끌려 "알았어, 그렇다면 나쇼날(national)[1] 상품을 사자."는 결심을 하게 되리라고 생각합니다. 모처럼의 주문을 전화 받는 방법의 잘못으로 거절당하는 일이 없는지, 그런 일이 있어서는 안 되겠습니다만, 오늘날의 마쓰시타에서 이 많은 사람들 중에는 그렇게까지 용의주도하게 생각을 하지 않는 분도 있지 않나 생각합니다.

점점 일이 늘어나고 그 범위가 넓어지면, 어지간해서는 모두가 지금 말씀드린 바와 같은 이상적인 과정을 향해서 수업해나간다는 것은 어렵다고 봅니다. 그러나 그 어려운 것을 서로의 노력으로 성공으로 이끌어가지 않으면 안 된다고 생각합니다.

『마쓰시타 고노스케 발언집』 제23권 198쪽 12행째

1961년 1월 10일, 마쓰시타전기 1961년도 경영방침(66세 때)

그렇습니다. 여기서 고노스케 씨는 '홋카이도에 있는 사람의 노고가 큐슈에 있는 사람의 가슴에 와 닿고, 서로가 거기에 마음과 마음을 통하게 하는 그런 상태'라는 표현으로 사원 상호간의 '연결감'의 구축을 호소

---

1 마쓰시타전기의 상표.

한 다음, '전화기를 들고 고객에게 전화를 걸면 상대방은 왠지 모르게 그 열의에 마음이 끌려 "알았어, 그렇다면 나쇼날 상품을 사자."는 결심을 하게 되리라고 생각합니다'라고 시사함으로써 사원과 고객의 '연결감'의 중요성을 강조하고 있습니다. 그리고 이러한 양호한 '연결감'을 우수한 제품이나 서비스의 제공을 위시한 사회봉사를 통하여 확대해 간다면 "마쓰시타전기의 사람들은 훌륭한 사람들이니까 같은 값이면 마쓰시타전기의 편을 들어주고 마쓰시타전기를 도와주자."고 많은 사람들이 접촉해 오게 되어 회사의 번영으로 연결되어 간다는 것입니다.

이상과 같이 '우주(신과 불?)와 자기와의 연결,' 자기와 소울 메이트들(인연이 있는 사람들)과의 연결, '회사와 세상(고객을 포함)과의 연결, '경영자와 사원의 연결', '사원 상호간의 연결', 그리고 '마음속 깊숙이 있는 진정한 자기(혼)와의 연결' 등 여러 가지 '연결감'을 구축하여 존중해나가는 것이 모든 존재의 행복의 추구에 연결되어 간다는 것…. 그와 같은 '진리'를 당시의 사람들에게 전달하기 쉬운 말로 바꾸어 표현한 사람이 마쓰시타 고노스케라는 위대한 인물이었다고 지금 나는 확신하고 있습니다.

종교가라면 아무런 저항을 받지 않을 것 같은 보편적인 명언이라도 그 대단한 고도 경제성장 시대에 우리나라를 대표하는 영리조직의 경영자였던 고노스케 씨가 말한다면, "여보시오! 그럴싸하게 무슨 말을 하는 거야. 잠꼬대는 잘 때 하는 거야!" 등으로 조소를 받게 된 경우도 있었을 것입니다. 십 수 년 전에 경영학자라는 입장에서 스피리추얼한 개념을 도입한 『사는 보람론』을 발표하여 찬사와 중상이 소용돌이치는 폭풍우의 바다 속에 던져졌던 나에게는 외람되지만 당시의 고노스케 씨의 노고가 나의 일과 같이 이해할 수가 있습니다. 그랬기 때문에 그 8월 20일 아침에 같은 천명을 가지는 나를 향해서 이 책의 집필을 의뢰해주신 것이 아니겠습니까.

이와 같이 생각하면 지금의 나에게는 다음과 같은 고노스케 씨의 말씀이 대단한 무게로 나의 마음에 울려 퍼집니다.

> 성공을 바라는 이상 성공할 때까지 중단하면 안 됩니다. 내가 죽어도 반드시 뒤를 이어줄 사람이 있습니다. 그 사람이 계속 해나갑니다. 석가님도 불법을 넓혀나가는 데에 있어서 여러 가지 말씀을 하시고 돌아가셨습니다. 그렇지만 그것이 교전(教典)이 된 것은 200년 후입니다. 석가님이 이러 이러한 말씀을 한 것을 제자의 그 제자가 교전으로 나타낸 것입니다.
>
> 그렇기 때문에 여러분이 뜻을 세워서 이것을 해야 하겠다고 생각할 경우에 반드시 성공한다고 보장할 수는 없습니다. 그러나 성공할 때까지는 중단하지 않겠다고 마음에 명세하고 해나간다면, 만약 여러분이 도중에 죽어도 반드시 후계자가 있습니다. 실패한다는 것은 대부분의 경우 성공할는지 어떨지 잘 모르는, 도중에서 중단해버리기 때문입니다. 따라서 도중에서 뜻을 꺾어서는 안 됩니다. 어디까지나 뜻을 잃지 않도록 해나가면 어떤 일이든지 반드시 성공한다고 생각합니다.

『마쓰시타 고노스케 발언집』 제5권 151쪽 6행째

1979년 1월 24일, 오사타청년회의소 1월 월례회(84세 때)

그렇습니다. 고노스케 씨의 인생은 끝났습니다만 고노스케 씨의 여러 가지 말씀은 생전에 아무런 면식이 없던 손자나 증손자의 세대인 나에 의해서 이렇게 확실하게 인계되고 있지 않습니까. 아마도 앞으로도 나와 같은 공부가 부족한 미숙한 사람(더욱이 공인된 제자가 아님)이 아니고, 훨씬 우수한 내력을 지닌 수 많은 제자들에 의해서 여러 가지 형태로 계승되어 생성 발전해 나갈 것입니다.

너무나도 이색적인 작품인 이 책은 '정식적인 제자들에 의한 정통파의 고노스케론' 속에 고려될 리는 없을 것입니다. 그러나 "거기에 암흑이 있다면 그 암흑을 광명으로 바꾸어 나가자."고 하는 고노스케 씨의 호소에 따라 적으나마 이 책이 독자 여러분의 마음속에서, 여러분의 인생에 빛을 발할 수 있게 되면 다행이겠습니다.

이 책의 「프롤로그」에서 소개한 고노스케 씨의 혼과 내가 주고받은 직접 대화에 관해서는 나의 뇌가 망상한 꿈에 지나지 않는다고 일소에 붙일 분이 많을 겁니다. 그것은 그것으로 엔터테인먼트 작품으로서 웃으면서 즐겨주시면 좋겠다고 나는 완전히 달관(達觀)하고 있습니다.

그러나 내 자신에게 있어서는 그 대화가 거짓 없는 현실이었다는 것 또한 완전한 사실입니다. 그 체험이 '꿈'에 지나지 않았다면 우선은 누구보다도 내 자신이 "아아! 재미있는 꿈을 꾸었다." 하고 웃어넘기고 끝을 냈을 것입니다. 독자 여러분은 "그 대화가 사실이라면 그 증거를 보여라."고 말씀하시겠지만 나는 지금 바로 그 확고한 물증을 보여드릴 수가 있습니다. 그렇습니다. 바로 이 책의 존재야말로 그 확고한 물증인 것입니다.

만약 그 대화가 단순한 꿈이었다면 나는 결코 이 책을 집필하는 일이 없었을 것입니다. 왜냐하면 프롤로그의 대화 중에 내가 고노스케 씨에게 호소한 바와 같이 이 책의 집필은 나라고 하는 한 개인의 입장에서 합리적으로 '손익 계산'을 한다면 결코 득이 되는 일이 아닌 것이 분명하기 때문입니다. 단기간 중에 방대한 개인 시간을 할애하고 가족과의 여름 휴가를 날려버리고, 고심참담(苦心慘澹)하면서 이 책을 집필해도 너무나도 이색적인 내용으로 세상의 웃음거리가 된다든지, 고노스케 씨의 비판자들을 적으로 돌리게 된다든지, 고노스케 씨와 가까운 관계자 여러분으로부터 꾸지람을 받게 된다든지 등 인간관계에서 부담해야 하는 리스크가 너무 커서 수지가 맞지 않습니다. 이미 『사는 보람론』의 저자로서 많은 사람들로부터 여러 가지 지원을 받고 있는 내가 지금 이 시점에서 꼭 이 책을 세상에 내야 하는 이유를 내 개인의 입장에서 찾아낼 수 없다는 것을 아실 것입니다.

더욱이 8월의 시점에서 나는 별도로 두 권의 책의 집필을 준비 중에 있었습니다. 한 권은 어느 대학 교수와의 공저로 12월에 출판을 예정하고 있었으며, 다른 한 권은 『사는 보람론』의 신간으로 다음 해 3월에 출판 예정이었으므로, 그 전에 책 한 권을 더 쓴다는 것은 거의 불가능했던 것입니다. 고노스케 씨의 희망대로 11월에 출판하려면 아마도 9월 말에는 원고 마감이 돼야 하기 때문에 12월에 예정하고 있던 공저의 집필과 출판을 상당히 뒤로 늦추도록 공동 집필자 선생님에게 머리를 숙여 부탁을 하지 않으면 안 되었던 것입니다. 이와 같이 모든 면에서 봐도 이 책의 집필은 나에게 있어서 유리한 계책은 아니었던 것입니다.

그럼에도 불구하고 내가 이 책을 발표한 이유…. 이것이야말로 '그 고노스케 씨와의 대화는 내 개인에게 있어서 완전한 현실이었다'라고 하는 확실한 실감인 것입니다. 제26권 44쪽에 있는 바와 같이 "꼭 해야 할 때는 하지 않으면 안 됩니다. 꼭 해야 할 때에 목숨이 아깝다든지, 손해를 보게 된다는 말을 한다면 무사도(武士道)에 어긋나는 것입니다. 꼭 해야 할 때는 나의 이해관계나 일신상의 문제를 무시하고 꼭 해야 한다는 사명감에 입각해서 한다는 것이 무사도입니다."고 말하는 고노스케 씨의 질타와 격려를 받으면서 '분명히 나만이 쓸 수 있는 책이니까 내가 쓰지 않으면 누가 쓰겠나?'라고 자문자답한 결과 그 사명감이 이 책이라는 '물증'으로 결실이 되었습니다.

"꼭 해야만 할 때는 자기의 이해관계나 일신상의 문제를 무시하고 꼭 해야 한다는 사명감에 입각해서 하십시오."…. 이 책의 집필 중 『마쓰시타 고노스케 발언집』 전 45권을 독파하는 도중에 고노스케 씨로부터 몇 번이고 직접 들었던 이 말씀이야말로 내 마음에 영원히 남게 될 보물입니다. 앞으로도 이 말씀을 명심해서 이번 생의 목숨이 있는 한 열심히 정진(精進)하겠습니다. 고노스케 씨, 둘도 없는 보물을 주셔서 정말로 감사합니다.

끝으로

1. 마쓰시타 고노스케 씨에 관해서 좀 더 깊게 공부하고자 희망하시는 분에게

이 책에 의해서 고노스케 씨의 인생이나 사고방식에 관해서 보다 넓고 깊게 배우고자 희망하시는 경우는 다음의 대표적인 서적을 참고해주시기 바랍니다. (내 자신은 소위 말하는 '고노스케론'에 관한 지식이 전혀 없으므로 이 서적들은 PHP종합연구소의 연구원이 선정해주셨습니다.)

마쓰시타 고노스케 저 『나의 행동방식과 사고방식』(PHP연구소)
마쓰시타 고노스케 저 『길을 열다』(PHP연구소)
마쓰시타 고노스케 저 『장사를 할 때의 마음가짐』(PHP연구소)
마쓰시타 고노스케 저 『인생살이의 마음가짐』(PHP연구소)
마쓰시타 고노스케 저 『실천 경영학』(PHP연구소)
마쓰시타 고노스케 저 『소 사장 제도―일의 요령, 인생의 맛』(PHP연구소)

마쓰시타 고노스케 저 『순수한 마음가짐이 되려면』(PHP연구소)
江口克彦 저 『마음은 연제나 여기에 있다—마쓰시타 고노스케 수문록(隨聞錄)』(PHP연구소)
江口克彦 저 『송옹(松翁) 논어』(PHP연구소)
江口克彦 저 『성공의 법칙—마쓰시타 고노스케는 왜 성공했는가』(PHP연구소)
佐藤悌二郎 저 『마쓰시타 고노스케 성공에의 궤적(軌跡)—그 경영 철학의 원류와 형성과정을 찾아서』(PHP연구소)
존 P. 콧타 저 『고노스케 론—'경영의 신' 마쓰시타 고노스케의 이야기』(다이아몬드 사)
北康利 저 『동행이인(同行二人) 마쓰시타 고노스케와 걷는 여행』(PHP연구소)
PHP연구소 편 『사람을 보는 눈, 일을 보는 눈—마쓰시타 고노스케 에피소드집』(PHP연구소)
PHP종합연구소 연구본부 편 『마쓰시타 고노스케 핸드북』(PHP연구소)
PHP종합연구소 편 『마쓰시타 고노스케, 경영의 진수(眞髓)』(PHP연구소)
PHP종합연구소 편저 『마쓰시타 고노스케가 직접 말을 건네다, 일에서 중요한 것』(PHP연구소)
PHP종합연구소 편 『감동의 경영, 좀 좋은 이야기—마쓰시타 고노

스케 에피소드집』(PHP연구소)

2.이 책의 전제가 되는『사는 보람론』에 관해서 좀 더 깊이 배우고자 하시는 분들에게

이 책은 종계 170만 부를 넘는 베스트셀라가 된 나의 저작 군(群)을 암묵의 전제 지식으로 하여 집필하고 있습니다. 물론 이 책에서 처음으로 나의『사는 보람론』에 접했던 분들에게도 최소한의 이해가 가능하도록 배려는 했습니다만 좋으시다면 다른 저작도 한 번 읽어 봐주시면 감사하겠습니다.

단 나는 수많은 저서를 발표했으므로 어느 책부터 읽어야 효율적으로『사는 보람론』을 배울 수가 있는가에 대해서는 자주 문의를 받습니다. 그럴 때는 다음의 한 권을 권해드리겠습니다.

『[결정판] 사는 보람의 창조—스피리추얼한 과학연구에서 해독(解讀)하는 인생의 구조』(PHP연구소, 2006)

또 문고판의『사는 보람의 창조』는 출판상의 어려운 사정(문고 한 권에 수록하기 위한 자수 제한 등) 때문에 아직도 10년 이상 전의 오래된 내용 그대로입니다. 그 후 십 수 년 동안에 스피리추얼한 과학적 연구는 크게 진보했으며 『[결정판] 사는 보람의 창조』에서는 구판을 반 이상 수정하면서 대폭적으로 손을 보았으므로 아무쪼록 이쪽을 읽어주시면 좋겠습니다.

한편으로 나의 저서 중에서 특별히 재미있고 감동적이라는 정평을 받고 있는 것은 다음의 세 권입니다.

『사는 보람의 창조 II—영원한 사랑, 우연히 만나게 되는 생명』(PHP문고판, 2007)

『트윈 소울—죽어가던 내가 체험한 기적』(PHP연구소, 2006)

『교수의 사랑—그는 어떻게 해서 운명의 사람을 찾아냈는가?』(PHP연구소, 2008)

또 '스피리추얼한 내용을 중심 테마로 한 책에 대해서는 저항을 느껴 다른 방법에 의해서 같은 정신성을 높이고 싶다'라고 희망하시는 분에게는 다음 책을 소개합니다.

『사는 보람의 음악요법—'연결감'이 가져오는 기적의 스피리추얼 케어』(PHP연구소, 2008년)

『사랑의 논리—우리는 이디까지 사랑하면 용서 받을 수 있는가』(PHP문고판, 2002년)

이들 책에는 스피리추얼한 내용은 거지반 나와 있지 않습니다만 다른 수법에 의해서 같은 주장을 전개하고 있습니다. 유뇌(唯腦)론자, 회의(懷疑)주의자들로부터도 넓은 평가를 받고 있으므로 누구에게나 안심하고 권해드릴 수 있습니다.

3. 이이다 연구소의 홈페이지(Web-site)에 관해서

나에 관한 프라이베이트한 정보는 인터넷 상에서 공개하고 있는 홈페이지, 「이이다 후미히코 연구실에 어서 오십시오!」를 읽어주십시오. 나의 강연 CD 등의 입수 방법, 나로부터의 최신 메시지, 자기소개나 저서의 소개, 작은 드라마틱 스토리, 받은 편지의 소개, 대학에 있어서의 나의 강의 내용, 기타 비밀 정보 코너 등, 여러 가지 정보를 만재(滿載)하여 되도록 주에 한 번은 경신하고 있습니다. 세계 각국에서 매일 2,000명이 방문하고 있으며 2008년 10월 시점으로 470만 명을 넘는 액세스 수에 도달하고 있습니다.

나의 홈페이지의 URL은 다음과 같습니다.

http://homepage2.nifty.com/fumi-rin

이 책을 읽어주신 독자 여러분에게 마음속으로부터 깊은 감사를 드립니다.

앞으로도 인생의 의미나 가치에 관한 연구를 계속 발표해가겠으므로 아무쪼록 언제까지나 좋은 동지로 있어주시기를 간절히 바랍니다.

이이다 후미히코